Helmut Ries
Kronprinz Wilhelm

Foto mit Widmung des Kronprinzen an seinen langjährigen Leibjäger (1919).
(Privatarchiv)

Helmut Ries

Kronprinz Wilhelm

Seit 1789

Verlag E.S. Mittler & Sohn GmbH
Hamburg · Berlin · Bonn

Schutzumschlagfoto: Keystone Pressedienst

Ein Gesamtverzeichnis der lieferbaren Titel der Verlagsgruppe Koehler/Mittler schicken wir Ihnen gern zu.
Sie finden es aber auch im Internet unter:
www.koehler-mittler.de

Die Deutsche Bibliothek – CIP-Einheitsaufnahme

Ries, Helmut:
Kronprinz Wilhelm/Helmut Ries. –
Hamburg; Berlin; Bonn: Mittler, 2001
ISBN 3-8132-0775-7

ISBN 3 8132 0775 7

Layout und Produktion: WA-Druckberatung, München
Druck und Weiterverarbeitung: Hans Kock, Buch- und Offsetdruck GmbH, Bielefeld
Printed in Germany

Inhaltsverzeichnis

Vorwort

Es ist nicht die Absicht des Verfassers, den schon vorliegenden Lebensbeschreibungen des letzten deutschen Kronprinzen eine weitere hinzuzufügen. Herre und später Jonas haben nach seinem Tode bereits sorgfältig recherchierte und gut dokumentierte Biographien vorgelegt. Vor allem Jonas wird von Autoren häufig zitiert, welche sich in der Folgezeit mit dem Kronprinzen beschäftigt haben. Und doch – beide Darstellungen sind Beispiele dafür, daß es uns nicht gegeben ist, den ganzen Menschen zu Papier oder über die Zunge zu bringen, wie Bismarck in einem Brief an Leopold von Gerlach schreibt[1].

So scheint ein weiterer Beitrag zu dem vergeblichen Leben des letzten deutschen Thronfolgers gerechtfertigt, zumal einige neue Quellen erschlossen werden konnten.

Ein Schwerpunkt dieser Studie liegt auf dem tragischen Verhältnis des Kronprinzen zu seinem Vater – fast könnte man von einer Tradition des Hauses Hohenzollern sprechen. Mir ist kein Bild bekannt, welches den Kaiser zusammen mit seinem ältesten Sohn zeigt. Das mag Zufall sein, doch in seinem Buch »Ereignisse und Gestalten« erwähnt der Kaiser seinen Ältesten nur dreimal kurz. Die erstaunlich sparsamen, ja dürftigen Hinweise auf den Sohn stehen in auffälligem Gegensatz zu der Ausführlichkeit, mit welcher sich der Kronprinz in seinen fast gleichzeitig erschienenen Erinnerungen mit dem Vater auseinandersetzt, ihn verteidigt, ihn in Schutz nimmt – selbst da noch in Schutz nimmt, wo außenstehenden Beobachtern die Verteidigung schwerfällt.

Der Kaiser, daran kann heute kaum noch ein Zweifel bestehen, war ein Opfer des hyperkinetischen Syndroms, einer Stoffwechselkrankheit des Zentralnervensystems. Die dadurch hervorgerufenen verhängnisvollen Veränderungen seines Wesens werden in dem Kapitel »Der Vater« aus medizinischer Sicht dargestellt.

Im Mittelpunkt dieses Buches aber steht sein ältester Sohn, der Kronprinz, welcher vielen seiner Zeitgenossen als leichtsinnig und oberflächlich galt, als Schürzenjäger, als Kriegstreiber.

Dieses Zerrbild von ihm ist bis in die Gegenwart hin weit verbreitet, auch die nach seinem Tode erschienenen Biographien haben daran kaum etwas geändert.

Daß er anders, daß er mehr war, hat niemand besser ausgedrückt als seine Frau, die Kronprinzessin aus dem Hause Mecklenburg-Schwerin. In den Erinnerungen an ihren Mann schrieb sie kurz nach seinem Tode: »Hätte der Kronprinz die Stellung erhalten, für die er geboren war, dem deutschen Volke wäre mit Sicherheit vieles erspart geblieben[2].«

Ich habe in diesem Buch versucht, ein Bild des deutschen Kronprinzen zu zeichnen, welches ihm eher gerecht wird, als das vorherrschende Cliché. Ob dies gelungen ist, möge der Leser entscheiden.
Die von mir benutzten Quellen spiegeln die tiefgreifenden politischen Pendelausschläge des letzten Jahrhunderts wider. Bei der Fülle des Stoffes ist es wohl unvermeidbar, daß sich hier und da Irrtümer und Fehler finden. Dazu einige Beispiele: Jonas irrt, wenn er das Hauptquartier der V. Armee, den Ort Stenay, an die Marne verlegt[3], Stenay liegt an der Maas. Schwerwiegender ist seine Behauptung, der Kronprinz habe sich unerlaubt von seinem Regiment in Danzig-Langfuhr entfernt, um an einer Sitzung des Reichstages teilzunehmen[4]. Aus den Aufzeichnungen Mackensens, seines Vorgesetzten, geht hervor, daß dieser ihm Urlaub dafür bewilligt hatte. Auch die Bemerkung von Jonas, der Kronprinz habe sich ohne Wissen und Zustimmung seines Stabschefs Schulenburg nach Holland abgesetzt[5], ist unzutreffend, wie aus den Kriegserinnerungen des Generals Eberhardt hervorgeht.
Bei Herre wiederum findet sich der schwerwiegende weil diffamierende Irrtum, daß der Kronprinz Anhänger des »Ausblutungsgedankens« gewesen wäre, welcher Falkenhayn bei der Schlacht um Verdun beherrscht hat[7]. Das Gegenteil ist durch Zeitzeugen belegt. Auch kann ich Herre nicht folgen, wenn er schreibt: »Nachdem Kronprinz Wilhelm nunmehr seine Augen für immer geschlossen hat, sind alle moralischen Bindungen hinfällig geworden[7].« Moralische Bindungen, so meine ich, sollten auch über den Tod hinaus Gültigkeit haben.
Im Anhang finden sich einige Erklärungen zu Personen und Begriffen, welche dem Leser vielleicht nicht geläufig sind, sowie Übersetzungen der fremdsprachigen Redensarten und Sprichwörter in alphabetischer Reihenfolge der Anfangsbuchstaben. Der Leser kann davon ausgehen, daß alle in diesem Buch genannten höheren Offiziere und Beamte im Staatsdienst nobiltiert sind. Der General Groener ist einer der wenigen Ausnahmen. Zur besseren Lesbarkeit habe ich das Adelsprädikat generell weggelassen.
Einem guten Brauch folgend möchte ich einer Anzahl von Personen danken, welche mir bei der Fertigstellung des Buches nützliche Ratschläge gegeben haben. Sie können hier nicht alle genannt werden, aber einige möchte ich hervorheben:
Seine Hoheit Prinz Christoph zu Schleswig-Holstein ermöglichte den Zugang zu dem Schlossarchiv Glücksburg, welches die Briefe der Kaiserin Auguste Viktoria an ihre Schwester Caroline Mathilde verwahrt. Frau Dr. Gundermann, vom Geheimen Staatsarchiv Berlin, gab mir wichtige Literaturhinweise und war bei der Beschaffung von Archivmaterial behilflich. Herr v. Strantz, Generalbevollmächtigter des Hauses Hohenzollern, hat mir im Rahmen seiner Möglichkeiten Entgegenkommen gezeigt und Frau Karin Diethelm verdanke ich den Einblick in das Privatarchiv der Familie Esternaux.
Für die kritische Durchsicht einzelner Kapitel sowie Hinweise und Anregungen danke ich Herrn Admiral a.D. Carl G. Liebig, Herrn Prof. Dr. Stribrny, Herrn

Dr. Franz Uhle-Wettler, Herrn Reinhard Uhle-Wettler, Herrn Klaus-Heinrich Bill, Herrn Caj von Rumohr, Herrn Dr. Glawischnig sowie Herrn Dieter Weldt, welcher einen großen Teil der Bilder für die Wiedergabe herrichtete.
Besonderen Dank schulde ich der Stadtbücherei Glücksburg, ihrer Leiterin Frau Cornelia Jetter, den Mitarbeitern, welche über Jahre hinaus alle Literaturwünsche freundlich und zuverlässig erfüllt haben. Und schließlich gilt mein Dank Frau Brigitte Andresen, welche das ganze Manuskript für mich geschrieben und verwahrt hat. Mitgeholfen haben auch Frau Birte Marquardsen und meine Tochter Frau Eva Ries. Ohne diese vielseitige Hilfe wäre dieses Buch nicht zustande gekommen.

Vier Hohenzollern-Generationen: Kaiser Wilhelm I. mit seinen Nachfolgern. Auf seinem Schoß der spätere Kronprinz.
(Kurt Zentner: Kaiserliche Zeiten, Bruckmann, München 1964)

Die Zeit

Geschichte ist das Einzige, obwohl unvollkommene Mittel, die Gegenwart zu verstehen.

Jean Rudolphe v. Salis
»Die Weltgeschichte der neuesten Zeit«

Das Kaiserreich – ein eigenartiger Zwitter, hinter dessen noch stehender feudalen Fassade sich in fieberhaftem Tempo eine Umschichtung der wirtschaftlichen und gesellschaftlichen Struktur vollzog, die mehr und mehr mit den noch festgehaltenen Staatsformen in Widerspruch geriet.

Armin Mohler
»Die konservative Revolution«

Vier Generationen des englischen Königshauses. Queen Victoria mit ihren Nachfolgern. (André Maurois: Eduard VII und seine Zeit, Verlag Piper & Co., München 1933)

Als der Kronprinz geboren wurde, steckte das zweite Deutsche Reich selber noch in den Kinderschuhen. Erst wenige Jahre zuvor hatte Bismarck es in Versailles aus der Taufe gehoben. Nur zögernd nahm der preußische König 1871 die Kaiserkrone an, die sein Bruder und Vorgänger Friedrich Wilhelm IV. im Jahre 1849 noch abgelehnt hatte.
Über 500 Jahre regierten die Habsburger von Wien aus das Deutsche Reich, aber bei der zweiten Reichsgründung blieb Österreich, die kunstvoll verschachtelte Doppelmonarchie, der Vielvölkerstaat abseits. Es war die von vielen sogenannte kleindeutsche Lösung, die Idee des Nationalstaates beherrschte die Geister.
Im Geburtsjahr des Kronprinzen, es ist das Jahr 1882, entdeckt Robert Koch den Tuberkelbazillus und begründet somit das Zeitalter der Bakteriologie. Seit einem Jahr fährt in Berlin eine elektrische Straßenbahn, und wenig später stellt Carl Benz seinen selbstfahrenden Kraftwagen, das Automobil vor. Der erste synthetische Farbstoff, das Indigoblau, wird 1880 von dem Chemiker Adolf Bayer entwickelt. All das sind nur Kapitel in der atemberaubenden Geschichte der industriellen Revolution.
Es war nicht die gute alte Zeit, in welche der Prinz Wilhelm hineingeboren wurde, es war die Neue Zeit, prächtiger als alle vorhergehenden und voller Verheißungen. Sie lud zu Tisch, der reich gedeckt war, aber die Speisen waren vergiftet.
Handarbeit wird zunehmend durch Maschinen ersetzt, was sich besonders verheerend in der Landwirtschaft, aber auch für zahlreiche handwerkliche Berufe auswirkt. Die Dinge des täglichen Lebens werden mehr und mehr in Fabriken, statt in den traditionsreichen handwerklichen Betrieben hergestellt.
Die Arbeitslosen – ein Begriff, den es bis dahin nicht gab, ziehen in die schnell aufschießenden Industriegebiete Berlin, Mitteldeutschland und das Ruhrgebiet. Eine große Binnenwanderung setzt ein, zwei Millionen Menschen wechseln ihren angestammten Wohnsitz auf der Suche nach Arbeit.
Noch im Jahre 1871 hatten zwei Drittel der Deutschen in kleinen ländlichen Gemeinden gewohnt und nur ein Drittel in den Städten. Bis zum Jahr 1914 kehrt sich dieses Verhältnis um. Jährlich verlassen an die Hunderttausend Menschen Deutschland in der Hoffnung auf ein besseres Leben in der Neuen Welt.
Der Verarmung ganzer Bevölkerungsschichten steht der Reichtum einer kleinen, durch die Entwicklung begünstigten Gruppe gegenüber. Der schnell erworbene Wohlstand verändert die Menschen, vom preußischen Geist der Schlichtheit und Bescheidenheit ist nicht mehr viel zu merken. Hatte der alte Kaiser noch etwas von diesem Geist in das Neue Reich hinübergetragen – es heißt, daß selbst seine Badewanne nach Bedarf aus dem nahegelegenen Hotel gemietet und ins Schloß transportiert werden mußte – so wurde unter dem Enkel bald alles prächtiger, glanzvoller, aber auch kostspieliger.
Die sozialen Spannungen führten zu Unruhen. Im Februar 1892 ziehen in Berlin Massen von Arbeitslosen durch die Straßen und plündern die Geschäfte. Es kommt zu bürgerkriegsähnlichen Zuständen.

Die Fürstin Radziwill, welche am Pariser Platz wohnt, schreibt darüber in einem Brief: »Seit Donnerstag versammelt sich eine Menge wenig geduldiger, durch Agitatoren aufgehetzter Arbeiter, die mit Beschimpfungen nicht sparen, Geschäfte ausrauben, Gruppen bilden, die verkehrsreichen Straßen und Plätze besetzten, murren, fluchen und drohen. Gestern wurde auf dem Alexanderplatz, heute aufs Neue an der Schloßbrücke gekämpft, und zwar ziemlich heftig, da Blut floß.
Die Truppen werden marschbereit gehalten, die ganze Polizei ist auf den Beinen, der Pariser Platz wurde von einer Truppe berittener Schutzmannschaft besetzt, die unter unserem Fenster steht ...[8]«
Verständnis für die hoffnungslose Lage dieser »aufrührerischen« Menschen ist aus dem Brief nicht herauszulesen. Adel und Bürgertum standen dem Phänomen der Massenarbeitslosigkeit und der Zerstörung von Ordnungen, welche über Jahrhunderte hinweg Gültigkeit gehabt hatten, ratlos gegenüber.
Es gab allerdings Kräfte, welche das Elend lindern und den sich neu bildenden Arbeiterstand in die Gesellschaft einbinden wollten. Von katholischer Seite hat sich vor allem der Mainzer Bischof Ketteler der Arbeiterfrage angenommen. Vor ihm hatte schon der Pfarrer Adolf Kolping durch Gründung der Gesellenvereine mit Erfolg versucht, Not und Elend der damals noch auf Wanderschaft Arbeit suchenden Handwerksgesellen zu lindern. In den Kolpingverein trat auch der protestantische Wandergeselle August Bebel ein, welcher als Drechsler in Freiburg Arbeit gefunden hatte. Als Führer der Sozialdemokratischen Partei und Mitglied des Reichstages wird er später berühmt und gefürchtet werden.
Der Hofprediger Stoecker, ein großer Redner und Organisator auf evangelischer Seite, übernimmt 1877 die Berliner Stadtmission und macht aus ihr ein wirksames Instrument gegen Armut und Prostitution in der Hauptstadt des Reiches. Weniger erfolgreich war er mit der Gründung einer »christlich-sozialen Arbeiterpartei«. Es gelang ihm nicht, die Arbeiter aus der straff organisierten, durch hauptamtliche »Agitatoren« – so nannten sie sich – geführten sozialdemokratischen Partei herauszulösen[9].
Fast zwanzig Jahre später gründete Friedrich Naumann, ein evangelischer Theologe und christlich-sozialer Politiker, den »national-sozialen Verein«, mit dem gleichen, zweifellos von Stoecker inspirierten Programm, die Arbeiterschaft für den Staat zu gewinnen. Auch dies ohne Erfolg. Die schnell anwachsende sozialdemokratische Partei vertritt 1884 mit über 500 000 Stimmen fast neun Prozent der Wählerschaft. Kurz vor dem Ersten Weltkrieg, im Jahre 1912, stellt sie, trotz Behinderung durch das Dreiklassenwahlrecht in Preußen, die stärkste Fraktion im Reichstag.
Die Sozialdemokraten erwarteten von diesem Staat nichts, die Abschaffung der Monarchie hatten sie auf ihre roten Fahnen geschrieben.
Was aber tat der Staat? Er versuchte auf zweierlei Weise, Herr der Lage zu bleiben. Weniger Wohlwollende haben die Maßnahmen als Regieren mit Zuckerbrot und Peitsche beschrieben, doch waren die Krankenversicherungsgesetze Anfang der

achtziger Jahre des 19. Jahrhunderts mehr als Zuckerbrot. Sie boten dem von der Hand in den Mund lebenden Arbeiter erstmals einen gewissen Schutz vor Not und Verelendung, die ja in der Regel die ganze Familie betraf. Später wurden diese Maßnahmen durch sogenannte Arbeiterschutzgesetze ergänzt, welche Invalidität, Altersversorgung, Frauen- und Kinderarbeit regelten.

Nein, dies war mehr als Zuckerbrot.

Bleibt die Peitsche: Zweimal innerhalb kurzer Zeit hatten 1878 Attentäter – einer davon war Mitglied der sozialdemokratischen Partei – auf Kaiser Wilhelm I. geschossen, welcher beim zweiten Mal schwer verwundet wurde. Die allgemeine Empörung über diese Untaten nutzte Bismarck, um das sogenannte Sozialistengesetz im Reichstag durchzubringen. Es verbot jegliche außerparlamentarische Opposition. Agitatoren – das heißt die geistige Führerschaft der Sozialdemokraten – wurden verhaftet, festgesetzt; sie flohen ins Ausland oder wurden ausgewiesen.

Einer von Ihnen, Johann Most, hat in den Vereinigten Staaten eine führende Rolle im Kampf um bessere Lebensbedingungen der Arbeiter geführt. Allerdings war er von Natur her ein Umstürzler, der die Lehren des Anarchisten Bakunin in die Tat umsetzen wollte. Man nannte ihn den Hohepriester der Gewalt. Daß er nicht mit acht anderen führenden Anarchisten im Jahre 1886 an den Galgen kam, – sechs davon waren Deutsche –, verdankte er dem Umstand, daß er im Gefängnis saß, als im Verlaufe der blutigen Streikunruhen sieben Polizisten durch eine Bombe zerrissen wurden. Dieses Mal war er unbeteiligt[10].

Das bis zum Jahre 1890 mehrfach verlängerte Sozialistengesetz bedeutete praktisch den Ausnahmezustand in Preußen. Es vergiftete über lange Zeit die Beziehungen zwischen den Arbeitern und dem Staat, mit dem sich Adel und Bürgertum identifizierten. Das Gesetz war Ausdruck der Ratlosigkeit gegenüber dem Phänomen, daß menschliche Arbeitskraft durch Maschinen vernichtet wurde – eine Entwicklung, die auch heute noch nicht abgeschlossen ist.

Doch darf man es nicht nur negativ sehen, denn es zwang die Sozialdemokraten in eine legale parlamentarische Opposition. Den radikalen Utopisten war die Möglichkeit genommen, durch Aufhetzung der Massen das Staatsschiff zum Kentern zu bringen.

Kritik – ja Ablehnung dieses nach außen hin doch so glanzvollen Staates kam aber noch aus anderen Bereichen des politischen Spektrums. Allerdings handelte es sich hier nicht um eine geschlossene, gut organisierte Front wie bei den Sozialdemokraten. Es waren Einzelne, welche – aus verschiedenen Lagern stammend – das Wilhelminische Reich ablehnten und mit der Feder bekämpften. Sie warfen ihm geistige Leere, falschen Pathos und blinden materialistischen Fortschrittsglauben vor. Das zweite Kaiserreich war nicht das Reich, das sie sich erträumt hatten, ihre Sehnsucht galt dem Dritten Reich, welches sie sich deutscher, inniger, geistiger vorstellten. Dieses Dritte Reich sollte nicht nur die Reihe fortsetzen vom Ersten, dem Heiligen Römischen Reich Deutscher Nation und dem kleindeutschen Reich der Hohenzollern – es sollte über diesen stehen – ein Endreich gewissermaßen, in welchem die politische Spaltung von »Rechts« und »Links« aufgehoben und überwunden war[11].

Es ist viel, und wie man sieht, auch gefährliche Romatik in diesem Ruf nach dem Idealstaat. Die Namen der Rufer in der Wüste sind heute meist vergessen. Zu ihnen gehören Paul de Lagarde, Julius Quidde, August Julius Langbehn (Der Rembrandt-Deutsche), Johannes Schlaf, der das Wort vom Dritten Reich gebrauchte und Moeller van den Bruck, der es aufgriff und zum Titel seines vielgelesenen Werkes machte, das 1923 erschien. Moeller van den Bruck sah allerdings auch die Gefahren, welche in dem Begriff des Dritten Reiches steckten. In seinem Vorwort schreibt er: »Der Gedanke des Dritten Reiches ist ein Weltanschauungsgedanke, der über die Wirklichkeit hinaushebt. Nicht zufällig sind die Vorstellungen, die schon bei dem Begriffe sich einstellen, bei dem Namen des Dritten Reiches, und ebenso bei einem Buche, das von ihm den Titel empfängt, von vorneherein ideologisch bloßgestellt, sind seltsam wolkig, sind gefühlvoll und entschwebend und ganz und gar jenseitig. Das Deutsche Volk ist nur zu geneigt, sich Selbsttäuschungen hinzugeben. Der Gedanke des Dritten Reiches könnte die größte aller Selbsttäuschungen werden, die es sich je gemacht hat. Sehr deutsch würde es sein, wenn es sich auf ihn verließe, wenn es sich bei ihm beruhigte. Es könnte an ihm zugrunde gehen[12].«

Das revolutionäre Chaos nach dem verlorenen Kriege gab dann den Nährboden, auf welchem die Prophezeihung Moeller van den Brucks als Saat aufgehen konnte. Was die Außenpolitik dieser Zeit anbelangt, so stehen in ganz Europa liberale, imperialistische Ideen im Vordergrund. Die Expansion beherrscht die Außenpolitik – nicht nur in Deutschland –, doch wird der stürmische Aufstieg des zweiten Deutschen Reiches und seine Rolle als Newcomer im Club der etablierten Europäischen Mächte mit besonderer Aufmerksamkeit und zunehmendem Mißtrauen verfolgt.

Mißtrauen und Angst um die eigene Position werden noch verstärkt durch die aktive Kolonialpolitik und den damit verbundenen Aufbau der Deutschen Flotte.

Fast alle deutschen Kolonien werden in den achtziger Jahren durch Kauf erworben. Innerhalb kurzer Zeit entsteht ein Kolonialreich von weit über zwei Millionen Quadratkilometern. Allerdings sind die Besitzungen bescheiden im Vergleich zu denen der Engländer, welche im Jahre 1914 33 Millionen Quadratkilometer beherrschen und auch Frankreich besaß mit 9 Millionen Quadratkilometern im Jahre 1914 etwa dreimal soviel wie Deutschland. Der deutsche Besitz übertraf nur wenig denjenigen der Portugiesen und Holländer und auch vom Wert der Ländereien war er kaum mit demjenigen der anderen Kolonialmächte zu vergleichen[13]. Nur Togo konnte schon nach wenigen Jahren seine Verwaltungskosten durch Einnahmen decken[14].

Solche Überlegungen zählten allerdings wenig bei den anderen europäischen Mächten, insbesondere England. Es war die Dynamik des deutschen Aufstiegs, der beunruhigte. Dazu kam die zunehmende Unberechenbarkeit, die Sprunghaftigkeit der deutschen Außenpolitik unter dem Vater des Kronprinzen, Wilhelm II., welcher 1888 mit 29 Jahren die Nachfolge des an Kehlkopfkrebs früh verstorbenen Friedrich III. antrat.

Doch unabhängig davon: Die Welt war zu klein geworden, so schien es, für den unersättlichen Appetit der großen Europäischen Raubkatzen. Es war nur eine Frage der Zeit, daß sie sich gegenseitig auf Leben und Tod bekämpfen würden. Den Platz an der Sonne, von dem die Deutschen träumten, würden die anderen Mächte ihnen nicht freiwillig einräumen.

Auch der Kronprinz hat von diesem Platz an der Sonne gesprochen. Auch er war der Meinung, daß er den Deutschen zustehe, aber er gehörte nicht zu den Träumern, die glaubten, daß dieser Platz ohne Kampf zu haben war.

Die Eltern des Kronprinzen.

Das Gesicht des Kaisers zeigt die Spannung, in welcher er sein Leben lang stand. Neben ihm die Kaiserin, welche ihn mit – fast mütterlicher – Fürsorge betrachtet. (Quelle: »Unser Kaiser«, Georg Westermann Verlag, Braunschweig 1993)

Die Mutter

Alles Beste unserer Kindheit, nein mehr: alles Beste an dem, was Elternhaus und Familie nur geben können, danken wir ihr.

Kronprinz Wilhelm

»Eine Seele, die zu trösten wußte«.

Kaiserin Augusta

Auguste Victoria Luise Feodora Jenny wurde am 22. Oktober 1858 um halb acht Uhr auf dem Gut Dolzig in der Niederlausitz geboren. Ihr Vater, der Herzog Friedrich zu Schleswig-Holstein hatte im Jahre 1848 aktiv am Aufstand der Schleswig-Holsteiner gegen die dänische Herrschaft teilgenommen. Dieser Aufstand richtete sich gegen die Abtrennung Schleswigs von Holstein, denn sie sollten bleiben – »ewich tosamende ungedeelt«, wie es in dem alten Vertrag von Ripen hieß. Die Erhebung – anfangs vom Deutschen Bund unterstützt – scheiterte nach wechselvollen Kämpfen wegen des diplomatischen Eingreifens der großen Mächte. Die herzogliche Familie wurde ausgewiesen und mit ihr mußten viele Deutsche das Land verlassen, so auch Theodor Storm, der in seiner Heimatstadt Husum als Advokat tätig war. Nach dem Willen der Dänen sollten die Schleswig-Holsteiner nun auch Dänisch sprechen und denken.

So kam es, daß Auguste Victoria in der Verbannung aufwuchs, in sehr bescheidener bürgerlicher Umgebung. Zu ihren Taufpaten gehörten allerdings durch freundschaftliche und verwandtschaftliche Beziehungen der Familie die spätere Kaiserin Augusta und ihre zukünftige Schwiegermutter, die älteste Tochter der Queen Victoria. Sie beide gaben ihr die Namen, mit denen sie als geschichtliche Persönlichkeit in Erinnerung geblieben ist: Auguste Victoria. Ihre Briefe an die Schwester Caroline Mathilde in Glücksburg allerdings zeichnete sie stets nur mit einem V für Victoria.

Von ihrer Jugend in der Lausitz ist wenig überliefert.

Geprägt wurde sie durch das einfache Leben auf dem Lande und die dramatischen politischen Ereignisse ihrer Zeit. Prägend war auch die gradlinige, bei aller Liebenswürdigkeit doch feste und wohl auch beherrschende Persönlichkeit ihres Vaters: Eigenschaften, welche auch seine älteste Tochter auszeichneten. Hier bestand Wesensverwandtschaft. Zu der hochnervösen Mutter, welche zu »Ausbrüchen« neigte – (Ausbrüchen, die später eine stationäre psychiatrische Behandlung erforderten)[15] – war das Verhältnis schwierig, doch ertrug Auguste Victoria die häufigen unangenehmen Auftritte mit musterhafter Sanftmut, wie berichtet wurde[16].

Im Jahre 1849 hatte ihr Großvater, der Herzog Christian August, von dem Hamburger Kaufmann Arnemann einen großen Besitz an der Hamburger Elbchaussee gegenüber dem Weinlokal Jacob erworben. Nienstedten gehörte zu jener Zeit zu Holstein und damit gleichzeitig zur Dänischen Krone und zum Deutschen Bund. Hierher kam auch Auguste Victoria mit ihren Eltern zu Besuch. Am 6. Juli 1865, also nach der Befreiung der Herzogtümer, wurde der Geburtstag ihres Vaters an der Elbchaussee gefeiert. Nienstedten glich einem Wallfahrtsort, Tausende von Menschen bevölkerten die Straßen, Deputationen kamen und gingen, um ihrem Herzog zu huldigen. Im Gegensatz zu seinem Vater hatte Friedrich VIII. den Anspruch auf Schleswig-Holstein nie aufgegeben[17].

Auguste Victoria hat aber trotz der veränderten politischen Verhältnisse ihre Heimat auch später nur besuchsweise wiedergesehen. Die Preußen, und für

Auguste Victoria mit ihrer Lieblingsschwester Caroline Mathilde, genannt Calma, zur Linken, und der kleinen Luise Sophie zur Rechten. Die Ehe ihres Bruders Ernst Günther blieb kinderlos. Die jüngste Schwester Feodora starb 1910 36-jährig, unverheiratet. Die Feodora-Schokolade verdankt ihren Namen dieser Prinzessin. (Herzogin Victoria Luise: »Deutschlands letzte Kaiserin«, Göttinger Verlagsanstalt 1971)

Preußen steht in dieser Zeit der Name Bismarck, hatten die Annexion der Herzogtümer längst beschlossen und verweigerten dem Herzog die Rückkehr dorthin. Schleswig-Holstein sollte nun preußisch werden.
Befreundet war Fritz Holstein, wie er genannt wurde, seit der gemeinsamen Studentenzeit an der Bonner Universität, mit dem Prinzen Friedrich Wilhelm von Preußen, dem späteren Kaiser Friedrich III. Diese Freundschaft hielt bis zu seinem Tode 1880, trotz der Verbitterung über die demütigende Behandlung durch Preußen. Diese Freundschaft begründete auch die Ehe seiner ältesten Tochter mit dem ältesten Sohn Friedrich Wilhelms, dem späteren Kaiser Wilhelm II.
Nach vielen Überlegungen und langen Verhandlungen wurde die Hochzeit der beiden am 27. September 1881 in Berlin gefeiert. Vorher war die Braut überall herumgereicht und begutachtet worden, so auch von der Königin Victoria in London, die ja die Großmutter des Bräutigams war. Alle waren sich einig: Eine hübsche, anmutige, bezaubernde junge Frau.
Auch Kaiser Wilhelm I. war angetan von der Braut seines Enkels. In einem Brief schreibt er:
»Das erste was ich berichte, ist die hohe Zufriedenheit mit der die Individualität der Braut, die schlanke Erscheinung mit ungemein gewinnender freundlicher Eigentümlichkeit und Würde vereint, allgemein erfreut und ein sehr angenehmer Zuwachs unserer Familie, da ein vortrefflicher Charakter mit gediegener Erziehung unverkennbar ist[18].«
Und ihre Schwiegermutter, die damalige Kronprinzessin Victoria, schreibt an ihre Mutter, die Queen: »Ich bin entzückt, daß du Victoria nett, liebenswürdig und hübsch findest. Ich habe sie immer dafür gehalten, und bin sicher, daß sie aller Herzen gewinnen wird. Ihr Lächeln, ihr Wesen und ihr Ausdruck müssen sogar die borstigen Berliner mit ihren scharfen Zungen und ihrem schneidenden Sarkasmus über Jeden und Alles entwaffnen[19].«
Die Ehe mit dem brillanten, unruhigen, seine innere Unsicherheit mit Forsche überspielenden Mann bedeutete für Auguste Victoria eine ständig wachsende Bewährungsprobe. Ihre christliche Erziehung, ihr fester Charakter und die Fähigkeit zum Ausgleich kamen ihr dabei zugute. Ihr Sternbild war die Waage. Die Spannung zwischen Wilhelm und seinen Eltern hat sie nicht ausgleichen können. Da sie zu ihrem Mann hielt, verlor sie die anfangs vorhandene, fast überschwengliche Sympathie ihrer Schwiegermutter.
Ihre Ehe hat sie nicht kommentiert, das entsprach nicht ihrer Art. Allerdings soll sie sich bei der Schwester des Kaisers 1882 über ihren egoistischen und kindischen Mann beklagt haben[20], und im Jahre 1909 äußerte sie sich dem Grafen Eulenburg gegenüber besorgt über die unvorsichtige Weise, in der ihr Mann mit dem englischen Botschafter gesprochen habe. Als Eulenburg sie bat, den Kaiser doch mal wieder auf die Gefahren solcher Redeweise gegenüber Fremden und besonders Diplomaten hinzuweisen, erwiderte die Kaiserin: Ich kann leider gar nichts machen, der Kaiser sagt in solchem Falle immer: Geh weg, du verstehst nichts davon[21].

Nein, sie hatte keinen Einfluß auf ihren Mann, aber schließlich – wer hatte den schon. Bezeichnend ist ein Ausspruch des Kaisers, welcher – auf die Frauenfrage angesprochen (sie war auch schon um die Jahrhundertwende ein großes Thema), sagte: »Ich fühle mich am wohlsten bei der Lösung, die meine Frau getroffen hat. Sie hält es nämlich mit den drei K's, Küche, Kinder, Kirche[22].« Über diese drei K's schütteten die führenden Frauenrechtlerinnen später ihren ganzen Hohn und Spott aus. Der Persönlichkeit der Kaiserin wird das herabsetzende Wort ihres Mannes nicht gerecht. Zumindesten könnte man sagen, daß noch ein viertes K dazu gehörte, das K für Kaiser, ihren Mann. In gewisser Weise ihr achtes Kind, dem sie mit ihrer mütterlichen Stärke mehr Kraft gab, als ihm bewußt wurde.
Daß bei der Gegensätzlichkeit der Naturen noch viele Gemeinsamkeiten nach dem Abklingen des ersten Gefühlsüberschwangs übrigblieben, ist nicht wahrscheinlich.
Gewiß, im Vergleich zu ihren Vorgängerinnen auf dem Thron war Auguste Victoria kein politischer Mensch. Dazu fehlte es ihr an Geschmeidigkeit und wohl auch an Übersicht. Darüber hinaus war ihrem Wesen die Fähigkeit zur Intrige fremd – einer Eigenschaft, welche die Politik der Wilhelminischen Ära mehr bestimmte, als es dem Staate gut tat.
Daß sie ihren Mann in seinen Schwächen kannte und hier und da versuchte, Unheil zu verhüten, zeigt ein Brief an den Reichskanzler Bülow aus dem Jahre 1899 anläßlich des Besuches von Cecil Rhodes in Berlin. Auf die Reiseabsichten des Kaisers Bezug nehmend schreibt sie: ... »sich nach allem, was vorgefallen, ist wieder in diese Gesellschaft zu begeben (Regatta in Cowes), sich der Gefahr dieser Segelei auszusetzen und – last not least – sich durch irgendeinen Kniff der Engländer im letzten Moment wieder schlagen zu lassen, das empört mich zu sehr im Sinne des Deutschen Kaisers sowohl meines Mannes. Ich hoffe, Sie verhindern es. Sie werden vielleicht sagen, warum diesen langen Brief gerade heute. Aber ich fürchte, bei dem englischen Diner heute abend könnte der Kaiser sich hinreißen lassen, Versprechen abzugeben, die nachher sehr schwer zu redressieren sind. Falls Sie den Kaiser diesen Vormittag noch sehen sollten, würde vielleicht doch noch ein beruhigendes Wort von Ihnen etwas langsamere Umdrehungen der Maschine hervorrufen. Natürlich ist dies ohne Wissen des Kaisers geschrieben. Es sieht hinterrücks aus, aber wo so viel auf dem Spiel steht, und Sie solchen günstigen Einfluß haben, werden Sie verstehen, wie ich es meine...«[23].
Wenn sie in den letzten Kriegsjahren versuchte, politische Entscheidungen zu beeinflußen, so geschah das, weil die Unsicherheit ihres Mannes immer offensichtlicher wurde. Ihm wollte und mußte sie beistehen in Krisen, in welche ihn die große internationale Politik und seine eigene Veranlagung – der Mangel an Menschenkenntnis und Takt, das völlige Fehlen von politischem Gespür – gestürzt hatten.
Auguste Victoria, die Schleswig-Holsteinerin, hatte ein ausgeprägtes – man möchte sagen – preußisches Pflichtgefühl. Sie stand täglich um 6 Uhr auf, und legte

sich oft erst nach Mitternacht zur Ruhe. Der Tag war angefüllt mit den vielen großen und kleinen Aufgaben der Repräsentation und dem unermüdlichen Einsatz für Arme und Kranke. Schon die Kaiserin Augusta hatte hier viel getan. Der Aufbau des Deutschen Roten Kreuzes war ihr Werk, wie auch die Verbesserung des Krankenhaus- und Lazarettwesens. Auguste Victoria setzte diese Arbeit fort. Im Jahre 1887 übernahm sie die Schirmherrschaft über den neugegründeten evangelisch-kirchlichen Hilfsverein und bald darauf auch den Vorsitz des evangelischen Kirchenbauvereins, welcher unter ihrer Leitung zu einem wichtigen Instrument der Inneren Mission wurde.
Anfang der siebziger Jahre gab es in Berlin 46 Kirchen[24], eine geringe Zahl, gemessen an der rasch anwachsenden Bevölkerung der neuen Reichshauptstadt. Immerhin hatte Berlin schon mehr als 800 000 Einwohner[25], die Kirchen boten aber nur Platz für vierzig- bis sechzigtausend Menschen.
Doch war auch der Kirchenbesuch gering. Nach Schätzung kamen nur etwa zehn- bis zwanzigtausend Protestanten (also nur ca. 2 %) regelmäßig in den sonntäglichen Gottesdienst[26]. So stand wohl mehr die Wiederbelebung des christlichen Lebens und weniger die Abhilfe eines Notstandes Pate bei dem großen Projekt. Innerhalb kurzer Zeit wurden durch den Kammerherrn von Auguste Victoria, einem Herrn v. Mirbach, 25 Millionen Mark gesammelt, die zum Bau von fünfzig Kirchen in den einzelnen Stadtteilen von Berlin und in der Umgebung der Stadt dienten.
Herr Mirbach wurde denn auch in Hofkreisen als der kirchliche Eroberer Berlins bezeichnet, der Volksmund nannte ihn etwas weniger respektvoll den Glockenaugust[27].
Die unbekümmerten Sammelaktionen für den Kirchenbau bei allen betuchten Bürgern – mit Vorliebe wandte er sich an jüdische Banquiers – riefen zunehmend Ärger hervor, die Beschwerden häuften sich[28]. Der Kaiser wollte ihn fallen lassen, doch die Kaiserin setzte sich für ihn ein. Ihr Brief an den Reichskanzler Bülow zeigt die besten Seiten ihres Wesen:

d. 4. August 1904

Geehrter Graf.
Ihr Schreiben vom 1. August aus Norderney ist heute in meine Hände gelangt und beeile ich mich daßelbe zu beantworten. Sie werden verstehen, daß der Inhalt dieses Schreibens mich sehr beunruhigt. Ich verstehe vollkommen, daß Sie, geehrter Graf, als Reichskanzler es für Ihre Pflicht halten, mich darauf aufmerksam zu machen, daß diese Mirbachsche Sache leider so viel Beunruhigung hervorruft, daß es besser wäre, auch politisch, H. v. M. im jetzigen Moment fallen zu lassen. Gewiß wäre es bequemer, und würde Vielen den Mund stopfen. Ich gebe zu, daß Mirbach manche Fehler gemacht hat. Die Sammelwuth, zum Besten der guten Sache, hat ihn zu weit geführt insofern er zu leichtgläubig war, u. an alle Menschen, (auch an solche, die es nicht immer verdienten) mit zuviel Vertrauen

herangetreten ist; anständige Ansichten voraussetzend, die nicht vorhanden waren. Dies ist nicht Weltklugheit, Gewiß bin ich, das glaube ich, wissen Sie geehrter Graf am besten, Selbst die Letzte, die dem Kaiser irgendwie schaden möchte. Aber einem Mann, der soviel geleistet hat, in den weitesten Kreisen, in allen Provinzen durch s. Liebesthätigkeit doch wiederum sehr viel dazu beigetragen hat, um die Liebe zu Kaiser u. Thron zu stärken, jetzt, wo er hauptsächlich durch Presseverleumdung u. Eifersucht der verschiedenen Kreise, wie von einer dunklen Wolke verhüllt steht, ihn auch von meiner Seite durch Undankbarkeit und Schwäche fallen zu lassen, das würde ich für zu unvornehm halten. – Mirbach ist mir 22 Jahre ein treuer Diener und Freund gewesen, hat mir auch in den ersten Jahren meiner Ehe, als es gar viele Menschen gab, die meinen Einfluß auf den Prinzen gerne brechen wollten, und nicht glauben wollten, daß es in unserer Lebensstellung noch reines häusliches Glück geben konnte; da hat er mir in manchen trüben Stunden geholfen. Es thut mir leid, Ihre so besetzte Zeit mit langen Auseinandersetzungen in Anspruch zu nehmen. Ich will mich kurz fassen. In so weit will ich auf Ihren Vorschlag eingehen. Ich will meinen Oberhofmeister veranlassen, seine Vereinsthätigkeit nieder zu legen. Dies ist ein großes Opfer, er wird sehr schwer zu ersetzen sein. Aber als Oberhofmeister wünsche ich ihn zu behalten. Ich bin auch überzeugt, daßs dies möglich ist. –
Als Se. Majestät d. Kaiser am 6. Juli mit Lucanus und mir vor seiner Abreise über das Thema sprach, war auch dies die Lösung. Warum sollte es jetzt nicht mehr durchführbar sein? Damals glaubte ich nicht ganz so weit gehen zu müssen, aber ich gebe zu, daß man gewisse Concessionen machen muß. Aber ganz vom Hofe entfernen, dagegen bin ich ganz entschieden. Live it down, wie der Engländer sagt; es ist nicht das erste Mal, daß der Kaiser sowohl als ich dies gethan. Was hat der Kaiser damals gethan, als alle Welt über Krupp herfiel bei seinem Tode[29]? Den Schild der Freundschaft hat er über ihn gehalten, und Sie geehrter Graf und ich, haben es damals edel und schön gefunden, trotzdem es recht viele Menschen gab, die diese Auffassung nicht theilten, ja nicht einmal verstehen konnten. Fürchte Gott, thue recht u. scheue Niemand. Dies ist meine Devise stets gewesen. Ich glaube nicht, daß ich dem Kaiser schade, wenn ich diese Devise auch jetzt aufrecht erhalten. – Ich weiß, daß es den Kaiser beunruhigt, auf die Nerven geht, immer wieder diese Sache zu hören. Se. Majestät ist im Grunde viel zu groß u. hoch denkend, als daß er nicht selbst meiner Ansicht wäre, wenn es ihm im richtigen Lichte vorgestellt würde. – Ich hoffe, daß Ihrer großen Klugheit und weltmännischen Gewandtheit es gelingen wird, diesen von mir vorgeschlagenen Ausweg, auch practisch durchführbar zu machen. Sie würden mich zu großem Danke verpflichten.

Stets Ihre herzl. ergebene dankbare
Auguste Victoria I. R.

P. S. dieser Brief ist von keinem beeinflußt, Mirbach weiß nicht, daß ich ihn geschrieben habe. Es steht Ihnen frei, dem Kaiser davon Kenntniß zu machen[30].

Tatsächlich gab es auch Kritik und Spott für die energisch betriebene Missionierung und Auguste Victoria bot den Spöttern ein Ziel durch ihr strenges pietistisch gefärbtes Luthertum.
Das Katholische, »der altböse Feind«, war ihr fremd und unheimlich, und daß ihr einziger Bruder katholisch heiratete, war für sie eine Enttäuschung[31].
Unter der Führung Preußens wurden die Gegensätze zwischen Protestanten und Katholiken in den ersten Jahren des II. Deutschen Reiches eher betont als überbrückt, und das machte es dem katholischen Süden und Westen schwer, den neuen gemeinsamen Staat zu bejahen und anzunehmen. Durch Spott und Kritik ließ Auguste Victoria sich aber nicht in ihrer Absicht beirren, das kirchliche Leben im protestantischen Berlin zu erneuern. Die meisten ihrer Kirchen hat sie selbst eingeweiht, so auch die »Kaiser-Wilhelm-Gedächtniskirche« im Zentrum der Stadt.
Der Kirchenbau war aber nicht ihr einziges Betätigungsfeld. Hinzu kam der Einsatz für die von ihr gegründete Frauenhilfe in den Gemeinden, welche der Betreuung von Kindern, Kranken und Alten diente. Sie gründete und förderte Schulen, in denen junge Mädchen auf ihren Beruf, und das hieß in dieser Zeit Hausfrau und Mutter, vorbereitet wurden. Überall setzte sie Zeichen durch ihren unermüdlichen Einsatz und viele Frauen aus dem Bürgertum und dem Adel folgten ihrem Beispiel. Daß sie sich dabei bis an die Grenzen ihrer Kraft und darüber hinaus verausgabte, geht aus einem Brief der Fürstin Radziwill aus dem Jahre 1903 hervor. Sie schreibt: »Sie wissen aus den Zeitungen, daß die Kaiserin vom Pferd gestürzt ist, ganz am Ende des Grunewalds, und daß sie sich den Arm zwischen Ellbogen und Knöchel (gemeint ist wohl das Handgelenk) gebrochen hat. Aber es scheint, daß nicht das Pferd ausgeglitten ist, sondern die Kaiserin, denn sie konnte sich vor Müdigkeit nicht mehr halten. Täglich steht sie um sechs Uhr früh auf, sie legt sich erst gegen Mitternacht zu Bett, und in diesen achtzehn Stunden ist sie keine Minute still, denn sie möchte dem Kaiser überallhin folgen und immer auf der Höhe der Geschäftigkeit ihres Gatten sein. An jenem Tag, einem Freitag, waren sie beide mit ihrem Sohn Adalbert um neuneinviertel Uhr morgens aufgebrochen. Sie hatten sich zu dem großen Turm begeben, der über die Havel ragt, und um den freien Ausblick zu haben, hatten die Majestäten die zweihundertzweiundneunzig Stufen erklettert, die den Turm hinanführen. Dann stiegen sie wieder zu Pferd. Die Kaiserin, die noch nicht gefrühstückt hatte, konnte nicht mehr, ihre Kräfte versagten und gestatteten ihr nicht, im Sattel zu bleiben. Dieser Unfall wird die günstige Nachwirkung haben, daß er sie zwingt, eine Zeitlang anzuruhen. Man sagt, daß sie geheilt sein wird, wenn sie mit dem Kaiser nach Rom zu reisen hat[32].«
Den hohen Anforderungen, welche sie an sich selbst stellte, mußten auch ihre Oberhofmeisterin, die Gräfin Brockdorff, sowie die Hofdamen, Gräfin Keller und Frau von Gersdorff, gerecht werden. Auch sie wurden vom Berliner Mutterwitz nicht verschont, man nannte sie die »Hallelujatanten«. Zieht man eine Bilanz all ihrer Aktivitäten, so kann man doch sagen, daß Auguste Victoria entgegen der

landläufigen Meinung durchaus ein politischer Mensch war. Das Herz der einfachen Leute hatte sie durch ihren Einsatz gewonnen, sie war im besten Sinne des Wortes die Landesmutter. Ihr Einsatz auf dem weiten Feld der christlichen Nächstenliebe trug wesentlich dazu bei, die Arbeiter mit dem Staat auszusöhnen, so daß sie ihn schließlich als ihren Staat annahmen. Daß die Sozialdemokraten in die Rolle einer staatstragenden Partei hineingewachsen waren, zeigte sich 1918 beim Zusammenbruch der Monarchie.

Zu dem Bild, welches wir hier zeichnen, gehört wesentlich die Rolle der Kaiserin als Mittelpunkt ihrer Familie. Sie war, so kann man wohl sagen, die geborene Mutter, welche ihre sieben Kinder mit Liebe aber auch mit mütterlicher Strenge umgab, und mit einer Sorge, die hier und da auch einengend wirken konnte.

Von ihren Kindern bekam sie wohl daher auch den Spitznamen »Frau Sorge« nach einem damals vielgelesenen Roman von Hermann Sudermann. Aber nicht nur der Kronprinz, auch alle anderen Kinder waren Zeit ihres Lebens voller Dankbarkeit für alles, was ihre Mutter für sie getan hatte.

Daß sie andererseits in ihren pädagogischen Überzeugungen unerbittlich war, zeigt eine kleine Geschichte, welche Victoria Luise, ihre einzige Tochter, überliefert hat.

Wilhelm, der Älteste, hasste Milch, aber jeden Tag mußte er eine volle Tasse davon austrinken, weil Milch ja bekanntlich gesund ist. So saß er, wenn alle anderen Kinder schon aufgestanden waren und spielten, allein vor seiner Tasse Milch. Erst wenn er sie schließlich voll Ekel heruntergewürgt hatte, durfte er aufstehen und sich zu seinen Brüdern gesellen[33].

Das pädagogische Pendel ist heute nach der anderen Richtung ausgeschlagen, und es werden andere, aber sicher nicht weniger Fehler bei dem Versuch gemacht, aus Kindern Erwachsene, das heißt reife, selbständige Menschen zu bilden. Bei dem Kronprinzen hat diese »Erziehungsmaßnahme« den Widerwillen gegen jeglichen Zwang sicher verstärkt, vielleicht sogar begründet.

Die mütterlichen Eigenschaften seiner Frau hat auch der Kaiser anerkannt, er lobte sie im Verlaufe einer Auseinandersetzung mit seinem Sohn August Wilhelm, wie Auguste Victoria voller Dankbarkeit ihrer Schwester Caroline Mathilde nach Glücksburg berichtet: »Außerdem, was Erziehung beträfe, so wären zwei Frauen in Deutschland, die ihre Kinder am besten erzogen hätten, das wären Du und ich. Ich fand das wirklich nett von Wilhelm[34].«

Mit dieser jüngeren Schwester, welche den Herzog Friedrich Ferdinand von Schleswig-Holstein Sonderburg Glücksburg geheiratet hatte, stand Auguste Victoria bis zu ihrem Tode in ständigem Briefwechsel. »Liebes Kindchen« so lautete stets die Anrede, denn Calma, wie sie in der Familie genannt wurde, war und blieb ihre kleine Schwester, auch wenn sie selber schon Kinder aufzog, und nur ein Jahr jünger war als die Kaiserin.

Nach allem, was bisher berichtet wurde, kann man sich vorstellen, daß Auguste Victoria sich schwer von ihren Kindern trennte. Als die beiden Ältesten, Wilhelm

und Eitel Friedrich, auf Empfehlung ihres Lehrers, des Professors Esternaux, nach Plön auf ein Internat geschickt werden sollten, wehrte sie sich energisch, aber vergeblich dagegen.
Auch später, im Jahre 1900, gibt es angeblich Kämpfe und »Scenen«, als August Wilhelm und Oskar die gleiche Reise antreten sollten[35]. Allerdings stammt diese Mitteilung von dem Fürsten Philipp Eulenburg, einem Intimus des Kaisers, welcher der Kaiserin nicht wohlgesonnen war, was sicher auf Gegenseitigkeit beruhte. Hier war Eifersucht im Spiel. Sie vermutete zurecht, daß sein Einfluß auf den Kaiser größer war, als ihr eigener, und auch größer, als ihrer Meinung nach dem Gemeinwesen gut tat[36].
Und schließlich mußte auch ihr jüngster Sohn nach Plön. Auguste Victoria schreibt an Calma:
»Petty (Joachim) muß ja dann nach Plön – mein armer kleiner Benjamin«[37].
Die schreckliche Herausforderung des Krieges vermehrte ihre Pflichten – und ihre Sorgen. Sorgen um ihr Land, ihre Söhne, ihren Mann. Nun waren es nicht mehr die Empfänge, die Hofbälle, die Defiliercouren, die Einweihung von Kirchen und Schulen, welche ihren Tag ausfüllten. Überall mußten Lazarette eingerichtet werden. Ja, auch die Zahl der jungen Witwen wurde immer größer und die Zahl der Mütter, die um ihre Söhne weinten. Man mußte sie trösten, auch wenn man eigentlich selber Trost brauchte.
In zahllosen Reisen durch ganz Deutschland versuchte die Kaiserin, dieser neuen, ihr zufallenden Aufgabe gerecht zu werden[38]. Bei ihrer strengen Pflichtauffassung muß etwas Ruheloses, ja Gehetztes in ihr Wesen gekommen sein, das ihr eigentlich fremd war.
Im August 1918 – das bittere Ende des Krieges zeichnete sich drohend ab – kam der erste Schlaganfall[39], von dem sie sich nur mühsam erholte. Bald darauf das demütigende Kriegsende, die ruhmlose Flucht des Kaisers nach Holland, das Revolutionschaos in Berlin.
Sie bewahrte ihre Würde, die eigene und auch die Würde des Kaisertums, an dessen würdelosem Untergang sie schuldlos war.
Am 10. November 1918 schreibt sie ein paar – wie es scheint – hastig hingeworfene Zeilen an ihre Schwester: »Mein Kind, ein Lebenszeichen, noch geht es mir hier gut körperlich, aber was man mit dem Herzen durchmacht an Leid und Kummer! Mein armer Wilhelm! Wenn ich erst mit ihm vereint wäre, ließe es sich besser tragen. Aber ich will versuchen, Gottes Schlägen mich zu unterwerfen...[40].«
Sie verabschiedet sich von ihren Hofdamen – die Gräfin Keller wird sie ins Exil begleiten – und von Frau Hedwig Heyl, welche wegen der von der Kaiserin geförderten hauswirtschaftlichen Schulungsarbeit ihr nahe steht. »Ich muß zum Kaiser«, sagt sie, »das will ich und weiter nichts«.
Am 27. November, fast drei Wochen nach Ausbruch der Revolution, verläßt sie Berlin und reist zu ihrem Mann. Bei ihm war ihr Platz, was immer geschah und wo immer er sich befand.

Den letzten Schicksalsschlag erhält Auguste Victoria durch den Selbstmord ihres jüngsten Sohnes Joachim, dessen Ehe gescheitert war, und der sich in der neuen Zeit nicht zurechtfinden konnte. Wegen seiner körperlichen Schwäche, seiner Kränklichkeit und seiner seelischen Verletzbarkeit war er stets ihr Sorgenkind und ihr Liebling gewesen. Auch in diesem Punkte entsprach sie dem Mutterbild, welches wir uns gerne ausmalen, daß die schwächsten Kinder der Mutter am meisten ans Herz gewachsen sind.
Sie sollte ihn nicht lange überleben. Über die letzten Wochen berichtet Victoria Luise, ihre Tochter, daß sie viel schlief und in einer Art Dämmerzustand sprach: »Liebe Kinder, ich habe Euch doch alle gleich lieb gehabt, Ihr wart aber immer eifersüchtig auf ihn, und ich mußte ihn doch in Schutz nehmen, er war doch immer so schwach[41].«
Ja, sie dämmerte dahin. Verwirrt wie sie war, glaubte sie, in Schloß Glücksburg zu sein, bei Calma, ihrem Kindchen. Sie war in ihre Heimat, zu ihrer Familie zurückgekehrt[42].
Am 11. April 1921 starb sie in Doorn, in der Verbannung, in der sie auch geboren war. Ihr Begräbnis in Potsdam fand unter überwältigender Beteiligung der Bevölkerung statt. Es war die letzte große und großartige Demonstration der Einheit zwischen dem Volk und der Monarchie.
Zwischen Auguste Victoria und ihrem Ältesten bestand eine lebenslange innige Verbindung. Sie beruhte auf Wesensverwandtschaft, welche sich auch in der Übereinstimmung ihrer politischen Ansichten zeigte. Und noch etwas verband sie: Die Sorge um d e n Mann, der mit seiner Unruhe, seiner Brillanz und seinen Entgleisungen ihr Leben bestimmte: Der Kaiser, der Ehemann, der Vater.

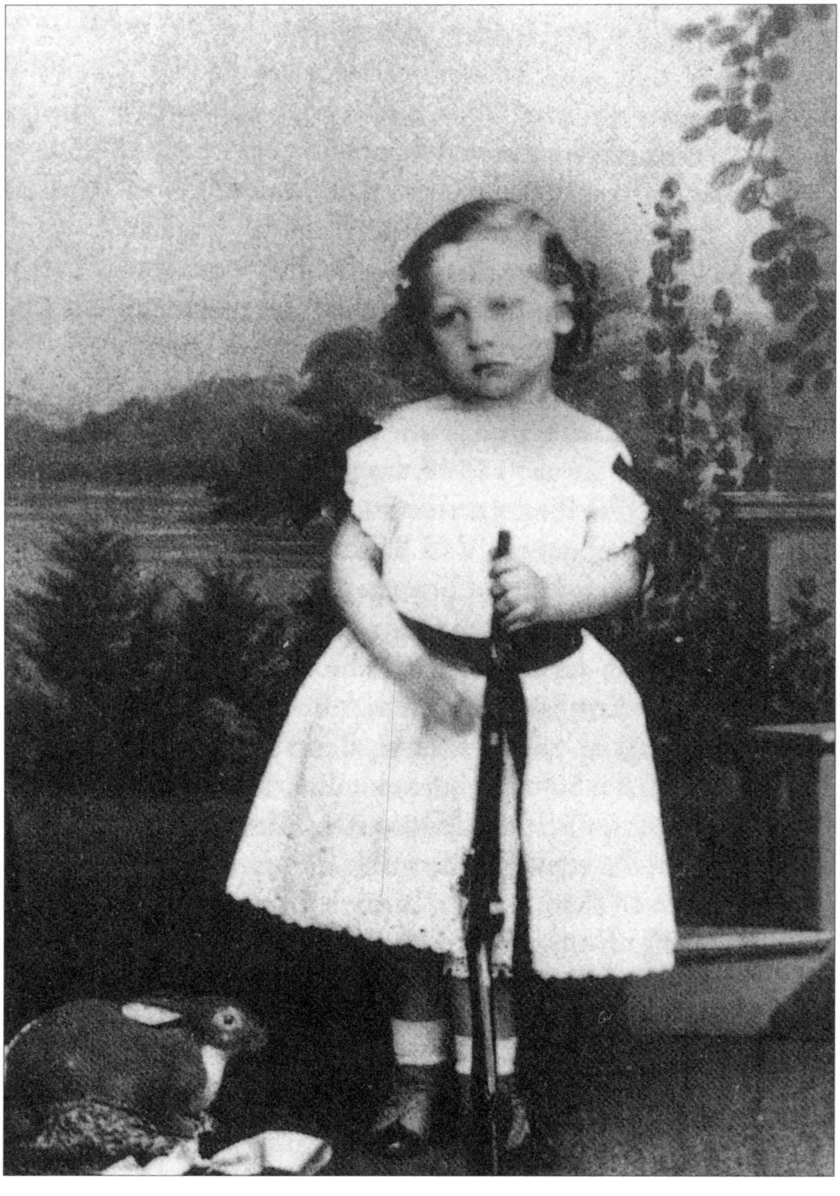

Kaiser Wilhelm II. im Alter von drei Jahren. Der rechte Arm ist auf ärztlichen Rat umwickelt, um ihn zum Gebrauch des gelähmten linken Armes zu zwingen – eine vergebliche Quälerei. Die Kopfhaltung ist durch den Schiefhals (Torticollis) bedingt, welcher allerdings erst ein Jahr später diagnostiziert wurde.
(Das Bild ist dem Buch »Wilhelm II« (1993) des Beck Verlages entnommen)

Der Vater

So haben wir in seiner Nähe eine gewisse Befangenheit eigentlich nie ganz verloren, und auch seine in Momenten guter Laune bisweilen betonte Derbheit in Ton und Ausdruck, die uns offenbar zutraulich machen sollte, wirkte auf uns eher einschüchternd.

Kronprinz Wilhelm

Quidquid delirant reges plectuntur Achivi

Horaz, Episteln

Although Victoria entertained doubts about her ability to soothe her wildly active doubtless hyperactive infant...

Kohut »Wilhelm II and the Germans«

Mit der Gestalt des letzten deutschen Kaisers scheinen die Historiker auch heute noch zu ringen. Seine Ausstrahlung war groß, seine schnelle Auffassungsgabe, sein gutes Gedächtnis, sein Charme und seine rednerische Begabung machten ihn in jedem Kreise bald zum Wortführer. Leider galt dies auch für Gespräche mit Fachleuten, welche über spezielle Dinge einen Vortrag halten sollten. Dazu schreibt der Kronprinz in seinen Erinnerungen: »Wer nicht mit einer gewissen Rücksichtslosigkeit seinen Vortrag durchsetzte, dem konnte es geschehen, daß er stattdessen einen Vortrag des Kaisers über das gleiche Stoff-Gebiet erhielt, daß er sich so von vorne herein vor vorgefaßten Ansichten sah, und aus der Besprechung verabschiedet war, ehe er auch nur dazu kommen konnte, seinen besonderen Standpunkt zu entwickeln[43].« Eine bedenkliche Neigung, zu der weitere verhängnisvolle Eigenschaften kamen: Seine Ruhelosigkeit, seine Unfähigkeit sich zu konzentrieren, seine Impulsivität, seine Eitelkeit, sein Geltungsdrang, sein Bedürfnis nach Abwechslung und Unterhaltung, sein Mangel an Takt und schließlich, was in seiner Stellung am schwersten wog, das Fehlen von Menschenkenntnis und politischem Gespür.

Die Dramatik der Geburt Kaiser Wilhelm II. wird ausführlich in einer neueren Biographie aus englischer Feder beschrieben[44]. Es handelte sich um eine nur selten vorkommende Steißlage – wir sagen heute Beckenendlage – welche immer mit großen Gefahren für Mutter und Kind verbunden ist.

Die Gefahr liegt darin, daß der nachfolgende Kopf des Kindes die Nabelschnur abklemmt und somit die Sauerstoffzufuhr unterbricht mit allen gefährlichen Folgen für das Leben und die geistige Gesundheit des Kindes. Schäden können außerdem durch die notwendigen Handgriffe des Geburtshelfers entstehen. Er muß nämlich unter starkem Zeitdruck die hochgeschlagenen Arme des Kindes herunterholen, wobei es zu Zerrungen und Schädigung des versorgenden Nervengeflechts kommen kann. Das führt im schlimmsten Fall zur völligen Lähmung und Verkümmerung des Armes, ähnlich wie bei der Kinderlähmung. Dieser schlimmste Fall trat ein und der verkümmerte, nutzlose Arm erinnerte Wilhelm II. sein Leben lang daran, daß er ein Krüppel war – eine schwere seelische Belastung.

Es scheint, und medizinische Bücher aus dieser Zeit belegen dies, man wußte wenig über diese Lähmung und über die geringen Aussichten auf Heilung. Bei den erfolglosen Behandlungsversuchen hat der zukünftige Kaiser viele Qualen durchstehen müssen. Von den Vorschlägen und Bemühungen, den toten Arm wieder lebendig zu machen, erscheinen aus heutiger Sicht manche eher dem sogenannten finsteren Mittelalter zugehörig, als der zweiten Hälfte des 19. Jahrhunderts. Auf Empfehlung des berühmten Professors Langenbeck wurde der gelähmte Arm zweimal in der Woche für eine halbe Stunde in einen frisch geschossenen Hasen eingewickelt[45]. Quälender allerdings war eine andere Methode: Man band den gesunden rechten Arm fest, damit Wilhelm den gelähmten gebrauchen sollte. Aber es half alles nichts, auch nicht die Elektrisierungen – der Arm blieb tot.

Die Armlähmung war aber nicht die einzige Folge dieser schweren Geburt: Eines Tages stellte man fest, das Wilhelm seinen Kopf ständig schief nach rechts geneigt hielt. Die Ärzte diagnostizierten einen Schiefhals. Er entsteht durch Einriß eines der beiden Kopfnickermuskeln, mit Bluterguß und nachfolgender Schrumpfung. Die durch Muskelverkürzung bedingte Schiefhaltung des Kopfes entwickelt sich langsam. Auch der Schiefhals ist eine Komplikation der Geburt aus Beckenendlage. Verwunderlich ist allerdings, daß man erst darauf aufmerksam wurde, als der Junge bereits vier Jahre alt war. Auf einem Photo, welches ihn als Dreijährigen zeigt, ist dieser Schiefhals bereits deutlich zu erkennen.
Zwei Jahre lang versuchte man, den Kopf durch Schienenapparate wieder gerade zu richten, aber es gelang nicht. Schließlich wurde der erkrankte Muskel von Prof. Langenbeck durchtrennt – ein einfacher Eingriff, welcher auch heute noch in gleicher Weise durchgeführt wird, wenn die Übungsbehandlung nicht zum Ziel führt.
Eine chronische Mittelohrentzündung mit eitrigem Ausfluß und Wucherungen machte dem Kaiser vom 19. Lebensjahr an zu schaffen. Sie begleitete ihn sein Leben lang und führte zur Schwerhörigkeit auf dem rechten Ohr. Zwar konnte durch eine Radikaloperation die Neubildung von Wucherungen verhindert werden, aber die Hörschwäche, oder besser die Taubheit auf dem erkrankten Ohr blieb.
Es ist nach alledem nicht verwunderlich, daß der Kaiser Furcht vor Krankheiten hatte und sich öfters auch Krankheiten einbildete. – Kurz, er entwickelte sich zum Hypochonder. Wenn in der Plöner Kadettenanstalt Infektionskrankheiten ausbrachen, durften seine Söhne, die in der benachbarten Prinzenschule erzogen wurden, in den Ferien nicht nach Hause kommen, weil der Kaiser Ansteckung befürchtete. Sie fuhren stattdessen ins Schloß Wilhelmshöhe bei Kassel[46].
Schwerwiegender als selbst die Lähmung des linken Armes erscheinen bestimmte Eigenschaften von Wilhelm II., welche schon früh zutage traten und von zahlreichen Menschen vermerkt worden sind, die mit ihm dienstlich oder privat zu tun hatten. Schon als einjähriges Kind schildert ihn seine Mutter als sehr wild und ungestüm. Er reißt der Kinderfrau Emma Hobbs an die zehnmal am Tage die Haube vom Kopf, zieht sie am Haar und zerreißt ihren Kragen. Die Mutter wagte es nicht mehr, ihn auf den Schoß zu nehmen, weil er ihr das Gesicht und den Hals zerkratzte[47].
An ihre Mutter, die Königin Victoria, schreibt sie: »Dein Enkel ist außerordentlich lebhaft; wenn er morgens wach wird, ist er nicht eher zufrieden, als bis man ihn nimmt und unaufhörlich tanzen läßt. Er schrammt sich mit seinen kleinen Fingern im Gesicht herum, er zerreißt sein Mützchen, und er macht dabei einen entzückenden kleinen Lärm[48].« Auch später beschreibt sie ihn in einem ihrer Briefe als ganz besonders ungestüm, ungeschickt und ungraziös in seinen Bewegungen. Auch die Fürstin Radziwill findet Jahre später, daß er keine Anmut habe. Sie beobachtet während eines Gespräches »keinen Moment Ruhe, Hände immer in

Bewegung, abrupte Gesten, Unrast im Blick«[49]. Unkonzentriert und zerstreut findet ihn sein Erzieher Hinzpeter[50], und nach vier Jahren vergeblicher pädagogischer Bemühungen räumt er ein, daß er bei Wilhelm mit seinem Latein am Ende sei. »Je nachdem der Neuheit Reiz verschwunden, refüsierte er entschieden« so Hinzpeter[51], und auch seine Mutter findet wieder, daß ihn alles Neue reize und er sehr aufgeschlossen sei für Dinge seiner Umgebung, daß es ihm aber an Konzentration, Arbeitslust und Ausdauer fehle.
Dieses Fehlen von Ausdauer wird immer wieder erwähnt. »Nichts freut ihn lang«, meint der ungarische Maler Koppay, der ihn porträtiert hat, und der geheime Rat Holstein, dem wir diese Mitteilung verdanken, stimmt zu: »Es ist wahr, er hat kein Sitzfleisch[52].«
Und noch eine Zeitzeugin wollen wir zu Wort kommen lassen, es ist die Tochter des englischen Gesandten Sir Harris, welche im Hause der Großherzogin von Hessen, einer Tochter der Königin Victoria, in Darmstadt verkehrte. Auch Prinz Wilhelm besuchte seine Tante in Darmstadt öfters, er genoß die zwanglose fröhliche Atmosphäre, welche im Kreise der fünf Töchter und deren Freundeskreis herrschte. Und vielleicht verliebte er sich auch in die eine oder andere von ihnen. Doch die Tochter von Sir Harris berichtet, wie wenig begeistert die Cousinen von ihrem Vetter waren. Sie mochten seine Ruhelosigkeit nicht und beklagten sich darüber, daß sein schneller Stimmungswechsel ihn zu einem unmöglichen Gesellschafter mache. In diesem Augenblick wolle er rudern, im nächsten reiten oder Tennis spielen, immer war er darauf aus, zu beweisen, was er alles trotz seines verkrüppelten Armes konnte. Es kam vor, daß er ganz plötzlich sein Pferd zügelte, oder mitten im Spiel den Schläger hinwarf und alle zu sich befahl, damit sie ihm zuhörten, wenn er aus der Bibel vorlas[53].

Der Verdacht liegt nahe, daß der Kaiser das Opfer einer Krankheit war, welche heute unter dem Begriff des Hyperkinetischen Syndroms Ärzte, Psychologen und Pädagogen beschäftigt[54]. Mit großer Wahrscheinlichkeit handelt es sich bei dieser Krankheit um eine Stoffwechselstörung im Zentralnervensystem. Die ersten Anzeichen treten bereits in der frühen Kindheit auf. Kennzeichnend sind der gesteigerte Bewegungsdrang, die innere und äußere Unruhe, die Impulsivität, das »über das Ziel hinausschießen« sowohl in den körperlichen, als auch in den seelischen Reaktionen. Diese Patienten werden mit der Ablehnung von Wünschen durch ihre Umgebung schlecht fertig, sie wollen alles und sie wollen es sofort. Die Verweigerung, die ja nicht ausbleiben kann, löst Wut und Verzweiflung bei ihnen aus. Sie sind in ihrer Grundstimmung eher depressiv, oft bedrückt und haben kein sicheres Selbstgefühl. Es besteht ein großes Bedürfnis nach ständig neuen Reizen, nach Ablenkung, etwas, was die Amerikaner als »Stimulus seeking behaviour« bezeichnen. Sie benötigen ständigen Nervenkitzel (Sensation seeking behaviour) und, wenn diese Reize fehlen, produzieren sie selbst welche, je mehr, desto schöner. Dabei ist ihre Aufmerksamkeit und ihre Konzentration deutlich einge-

schränkt und zeitlich vermindert. Dagegen ist die Intelligenz nicht betroffen. Es gibt hochbegabte Menschen unter den Hyperkinetikern.
Auf die Gestalt des letzen deutschen Kaisers wirft die Vermutung, daß er ein Opfer des Hyperkinetischen Syndroms gewesen ist, ein neues Licht, welches die vielen Absonderlichkeiten, die schon seinen Zeitgenossen rätselhaft waren, erklären würde: Seine Unruhe, seine Reiselust, seine Realitätsferne, das »über das Ziel hinausschießen«, die Sprunghaftigkeit, das Bedürfnis nach Abwechslung und Unterhaltung und auch das Fehlen von Grazie und Geschmeidigkeit, die »handgreiflichen« Späße mit Untergebenen, die Impulsivität, das vorschnelle Wort, die vorschnelle Tat.
Gewiß haben auch andere Faktoren – so die Behinderung durch den gelähmten Arm, seine Krankheiten, die strenge Erziehung und, wie man sagt, die fehlende Mutterliebe sein Wesen geformt – vielleicht verformt. Aber es ist mehr als wahrscheinlich, daß alle die Eigenschaften bereits angelegt waren,welche in seinem späteren Leben eine so verhängnisvolle Rolle spielen sollten.
Seine Mutter, die Kaiserin Friedrich, wird allgemein als hochintelligent, politisch ehrgeizig und kalt beschrieben. Ihr Leben lang hat sie sich als Engländerin gefühlt, obwohl ihr Vater, der Prinz Albert, Deutscher war, und auch die Queen Victoria eine deutsche Mutter hatte. In ihrer frühen Jugend hat die Queen nur Deutsch gesprochen und Zeit ihres Lebens Schwierigkeiten mit der englischen Grammatik gehabt.*
So floß bei weitem mehr deutsches Blut als englisches in den Adern ihrer ältesten Tochter, aber vielleicht mußte sie gerade deshalb ihr Englischsein so betonen.
Der Vater, der Prinzgemahl Albert, den sie abgöttisch liebte, hatte sie mit einer Sendung nach Deutschland oder vielmehr Preußen entlassen: Ja – sie sollte aus diesem noch so rückständigen Land einen demokratischen Staat nach englischem Muster machen. Und auch in puncto Hygiene gab es manches zu verbessern: im Berliner Schloß gab es noch keine Badezimmer und keine Toiletten!
So kam sie als leidenschaftliche Missionarin in dieses Land – voller Ideale, voller Pläne – aber ohne die Geschmeidigkeit, welche zur Durchsetzung großer Ziele erforderlich ist, und ohne den gleichwertigen Partner, der ihr hätte zur Seite stehen können: Ein edles Pferd, dem der Reiter fehlte, welcher es zügelte und der ihm die Richtung gab. Friedrich war ihr Sprachrohr, nicht mehr.
Und da sie nach und nach erkennen mußte, daß sie auf verlorenem Posten stand, daß die Preußen die Deutschen sich nicht ändern wollten, daß sogar ihre Söhne William and Henry (so nannte sie sie) sich gegen sie stellten, wurden die Töne

* *Eduard, ihren Sohn tadelte sie, weil er seiner Verlobten Briefe auf englisch schrieb: »Es bekümmert und schmerzt mich, weil ich möchte, daß das deutsche Element in unserer Familie mehr denn je gepflegt und hochgehalten wird.«*

Duff, David: Die Enkel der Queen, Eugen Diederichs Verlag, 1968

schriller und ihre Aktionen bedenklicher. Der Schmuggel des Kriegstagebuches ihres Mannes aus dem Krieg 1870/71 nach England ist ein Beispiel dafür.
Als Wilhelm im Alter von 12 Jahren mit seinem Erzieher Hinzpeter eine sechsmonatige Reise durch Südfrankreich machte, gab es einen regen Briefwechsel zwischen ihm und seiner Mutter, wobei sie ihre Briefe englisch schrieb und er auf deutsch antwortete. Als der Sohn ihr das Einlaufen einer englischen Yacht in den Hafen von Toulon schilderte, erwiderte sie: »Wie schön es gewesen sein muß, den Einlauf der englischen Yacht in den Hafen zu sehen, es hätte mit Sicherheit mein Herz erfreut, da ich – ganz abgesehen von meiner Vorliebe für das Meer und für alles was mit der Marine zu tun hat – immer ganz besonders stolz und erfreut bin, ein englisches Schiff zu sehen. Die Gepflegtheit, Sauberkeit und Ordentlichkeit, die so viel besser sind, als auf amerikanischen, deutschen oder französischen, italienischen oder portugisischen Schiffen, frappiert mich jedesmal von Neuem – und ich sage mir dann (ganz für mich) – ›Britannia rules the waves‹ –. Aber als kleiner deutscher Junge werden solche Gefühle von Dir nicht erwartet oder gern gesehen, und eines Tages, wenn Du erwachsen bist, wirst Du sicher genau so stolz und dankbar sein, ein Deutscher zu sein, wie ich es bin, Engländerin zu sein, wenigstens wünsche ich mir das von Herzen[55].«
Dieser Brief zeigt viel von ihrem Wesen, der Kluft zwischen ihrer Erziehung und ihrer Aufgabe als Mutter des zukünftigen preußischen Thronfolgers.
Nein, kalt war sie nicht, und sie hat ihren Erstgeborenen auch geliebt, das bezeugen zahlreiche Briefe, von denen einer hier wiedergegeben werden soll, den sie kurz vor der Hochzeit ihres Sohnes an ihre Mutter, die Queen, schrieb:
»Es sind die letzten Tage, in denen wir Willy unverheiratet in dem selben Hause, in seinen alten Zimmern bei uns haben. Er hält mich für ganz töricht sentimental, daß ich dies bemerke, und sagt, daß es ihm ganz gleichgültig wäre, in welcher Stadt oder welchem Haus oder welchem Zimmer er wohne. Es ist mir entsetzlich, die Worte ›zum letzten Male‹, ebenso wie die Worte ›Lebe wohl‹ aussprechen zu müssen. Es ist in der Tat sehr unbequem, ein weiches Herz zu haben, aber man kann nichts dafür; die, welche es nicht besitzen, fühlen sich wohler[56].«
Nein, sie war nicht kalt und herzlos, doch in die Liebe zu ihrem Sohn mischte sich im Laufe der Jahre zunehmend das »Aber«.

Für die stolze Mutter mit den hochfliegenden Plänen mußte die Behinderung ihres Erstgeborenen eine Demütigung sein. Dem Geburtshelfer, den sie dafür verantwortlich machte, hat sie es nie verziehen, ihren Sohn aber ließ sie es nicht entgelten. Auch sein ungebärdiges Wesen, seine Aggressionen, seine »drolligen« Unarten, die zunehmend befremdlich erschienen, je älter er wurde, haben die Entfremdung nicht hervorgerufen. Das bedeutete viel, denn wir wissen heute mehr über das Hyperkinetische Syndrom und darüber, wie schwer es ist, diese Kinder wirklich zu lieben, denn sie tun alles, um die Liebe der Eltern zu ihnen zu ersticken.

Entscheidend für die zunehmende Entfremdung, ja Feindschaft zwischen der Mutter und dem heranwachsenden Sohn waren die politischen Gegensätze. Es konnte nicht ausbleiben, daß Wilhelm, dem sie Bewunderung für England in sein kindliches Herz gelegt hatte, in immer größeren Zwiespalt geriet – um so mehr, als seine preußischen Erzieher alles taten, ihn dem mütterlichen Einfluß zu entziehen.

Der preußische Thronfolger sollte auf die preußischen Ideale eingeschworen werden.

So begegnete Wilhelm den oft maßlosen Urteilen seiner Mutter mit wachsender Kritik, zumal der Ausgleich, den sein Vater hätte herstellen können, fehlte. Diesen schwachen Vater verachtete er im Stillen. Seine Leitsterne waren Wilhelm I, sein Großvater, und für lange Jahre auch Bismarck.

Seine Mutter, die Kaiserin Friedrich, hat den Widerspruch zwischen ihrer englischen Erziehung und ihrer Rolle als preußische Prinzessin und Deutsche Kaiserin nie auflösen können. In ihrem Testament bestimmte sie, daß sie unbekleidet, nur in die englische Nationalflagge, den Union Jack, gewickelt, in den Sarg gelegt und in England begraben werden sollte[57].*

Es ist nicht verwunderlich, daß auch Wilhelm sich nicht völlig freimachen konnte von dem Zauber, den England ausstrahlte, England, welches unter dem Zepter der Queen Victoria auf dem Höhepunkt seiner Macht stand. 1888, als er seine Regierung antrat, war die englische Industrie weltbeherrschend. Der Export übertraf die von Deutschland, Frankreich, Östereich und Belgien zusammen, Englands Kolonien in allen Weltteilen waren die Größten, die je ein Reich besessen hatte, das Britische Reich umfaßte im Jahre 1914, 33 Millionen Quadratkilometer[58].

** In einer neueren Biographie über die Kaiserin Friedrich schreibt die Amerikanerin Hannah Pakula, die Kaiserin habe ihrer Schwester Helena, welche mit dem Prinzen Christian von Holstein verheiratet war, ein Jahr vor ihrem Tode genaue Anweisungen für ihre Beerdigung diktiert. Danach sollte sie mit der preußischen Königsflagge bedeckt im Mausoleum in Potsdam beigesetzt werden. Pakula, S. 641*
Sie bezieht sich dabei auf Reischach, den Hofmarschall der Kaiserin (Reischach, S. 208). Bei ihm liest sich das allerdings etwas anders.
Die Gräfin Keller vermerkt in ihrem Tagebuch: An der kirchlichen Feier im Sterbezimmer, die auf Wunsch der hohen Heimgegangenen nach englischem Ritus abgehalten wurde, nahmen nur die Familie und die nächsten Umgebungen teil.... In dem engen Rahmen des Sterbezimmers fand man ein gewisses Verständnis für den Wunsch der Dahingeschiedenen, zumal ihr der Geistliche nahegestanden hatte.
In einem öffentlichen großen Trauergottesdienst würden die fremden Gebräuche, die fremde Sprache störend, ja selbst verletzend gewesen sein. Gräfin Keller, S. 228

Dazu kam die Liebenswürdigkeit, die Lebensart, das savoir vivre der englischen Oberschicht, die Gelassenheit, welche letzten Endes nur der große Reichtum gibt. Und schließlich: In England lebten seine Vettern, ein großer Teil seiner Familie. Er liebte seine Großmutter, die Queen – er liebte England. Es war sein Vorbild, aber es war auch der Pfahl in seinem Fleische. Seine Liebe glich derjenigen des stürmischen, ungeschickten Liebhabers zu einer älteren, erfahrenen Frau, welche aus Vernunftgründen beschlossen hat, ihm einen Korb zu geben. Aber vielleicht hatte sie auch Fischblut? Schon Bismarck war bereit gewesen, die Engländer zu lieben, aber sie wollten sich nicht lieben lassen, wie er sagte. Auch die Deutschen liebten die Engländer auf ihre romantische Weise. Diese Liebe hat die Wilhelminische Epoche überdauert bis in die Vierziger Jahre des 20. Jahrhunderts. Die englische Mentalität war anders. Als Palmerston gefragt wurde, welche Freunde England hätte, antwortete er: »England has no permanent friends and no permanent enemies, England has permanent interests.« Ein überzeugendes politisches Credo. Waren die Engländer die Vettern der Deutschen? Diese geträumte Gemeinsamkeit – von Angeln und Sachsen begründet – lag weit über 1000 Jahre zurück und übersah, daß selbst nahe Verwandte sich in kürzerer Zeit auseinander leben. Sprichwörtern und Redensarten soll man nicht zuviel Gewicht beimessen, und doch geben sie Einblick in die Seele eines Volkes, seine Lebenserfahrung, seine Mentalität. So steht dem deutschen »Viel Feind viel Ehr«, das englische »One enemy is too many and a hundred friends are too few« gegenüber, und das »Ehrlich währt am längsten« dem »confess and be hanged« oder »Tell a lie and stick to it.« Ein schönes Beispiel dafür, daß die Vettern sich auseinander gelebt hatten ist von Bülow[59] überliefert worden: Bei einer Jubiläumsfeier in Oxford ließ sich der Kaiser durch einen Oberst von Loewenfeld vertreten. Loewenfeld, ein tüchtiger Offizier mit umfassender Bildung, sprach ausgezeichnet englisch, da er eine englische Mutter hatte. Bei dem abendlichen Begrüßungsdinner setzte er die englischen Gelehrten durch die Fülle seiner Kenntnisse in Erstaunen. Am nächsten Tag war eine Fuchsjagd angesetzt, an der eine große Zahl von Professoren teilnahm. Einer der Herren zeigte auf das Feld und sagte zu Loewenfeld: »So gelehrt wie die Deutschen sind wir nicht, aber Professoren, die hinter den Hunden herreiten, haben Sie dafür nicht«. Eifersucht des englischen Vetters ist nicht zu überhören, doch kann man sich tatsächlich schwer vorstellen, daß deutsche Professoren in großer Zahl an einer Fuchsjagd teilnehmen. Tatsächlich ist in Deutschland das Wort Herrenreiter negativ besetzt.
Vor allem war es die politische Naivität, welche die Deutschen von den Engländern trennte: Der fromme Kinderglaube, daß die englischen Vettern doch nichts dagegen haben könnten, wenn auch die Deutschen Kolonien, eine Kriegsflotte, einen ständig wachsenden Export hätten. Daher die grenzenlose Enttäuschung, der Zorn auf das »perfide Albion«, als am 4. August 1914 die englische Kriegserklärung überreicht wurde.
Man tut dem letzten Deutschen Kaiser kein Unrecht, wenn man feststellt, daß er

für die Vaterrolle nicht geschaffen war. Gewiss, er bemühte sich, dieser Rolle gerecht zu werden, aber das war es gerade, was dem Umgang mit seinen Kindern etwas Gezwungenes gab. Sie blieben in seiner Gegenwart befangen, denn sie spürten das Unechte in seiner Zuwendung. Kinder sind gute Psychologen. »Es war, als ob er die Würde und die Überlegenheit des Reifen und Erwachsenen nicht so völlig hätte von sich streifen können, um mit uns kleinen Jungen richtig jung zu sein«, wie der Kronprinz in seinen Erinnerungen schreibt. Pflichtgemäß hatten die Söhne an ihren Vater zu schreiben, aber sie erhielten selten Antwort[60].
Soldatische Tugenden bildeten den Kern preußischen Wesens. Ihnen hatte das Land den Aufstieg zu einer europäischen Großmacht zu verdanken. Preußen bedurfte mit seinen zerrissenen Grenzen einer starken Armee zum Überleben. Ohne diese wären wohl auch bessere Diplomaten, als Preußen sie hervorgebracht hat, gescheitert. Bismarck als Ausnahme bestätigt aber nur, daß diplomatische Begabungen in Preußen dünn gesät waren. Der Wiener Kongreß vor Bismarck und die Außenpolitik nach seiner Entlassung sind Beweise dafür. Die Diplomatie als unabdingbares Instrument zum Überleben wurde vernachlässigt.
So war auch die Erziehung der Kaisersöhne selbstverständlich militärisch. Mit acht Jahren erhielten sie einen Militärgouverneur, mit zehn Jahren wurden sie als Leutnant in die Armee – das I. Garderegiment zu Fuß – eingereiht. Von da ab war ihr Vater gleichzeitig ihr höchster militärischer Vorgesetzter – eine Kluft, die auch jugendliche Unbekümmertheit nicht mehr überwinden konnte. Von nun an erfuhren sie durch Hauslehrer und Militärgouverneure, ob ihr Vater mit ihnen zufrieden war oder nicht[61]. Zufrieden war er selten.
Das System des Dritten setzte ein, worunter der Kronprinz sein Leben lang gelitten hat.*
Mittelsleute überbrachten die Wünsche, Forderungen und Zurechtweisungen des Kaisers an seine Söhne, und gaben die väterlichen Entscheidungen weiter. Persönliche Aussprachen wurden unmöglich, und damit auch Rechtfertigung, Verteidigung, ja selbst die Bitte um Vergebung kindlicher Untaten.
Insbesondere das Verhältnis Wilhelm II. zu seinem Ältesten trübte sich ein, wie der Hofmarschall des Kaisers verzeichnete[62]. Hier setzte sich eine Hohenzollerntradition fort, die durch Generationen hindurch zu verfolgen ist. Offen ausgetragen und daher bekannt geworden ist der Konflikt zwischen dem Soldatenkönig Friedrich Wilhelm I. und seinem großen Sohn, Friedrich II. Es war buchstäblich ein Kampf auf Leben und Tod. Aber auch der Soldatenkönig selbst stand in krassem Gegensatz zu seinem Vater, dem ersten König in Preußen. Er litt

** Noch im Jahre 1932 – der Kronprinz ist 50 Jahre alt – schreibt er an seinen Vater: Wenn Du einmal nicht mit mir einverstanden bist, so sage es mir unmittelbar. Dazu bedarf es keines Dritten, wie das leider in früheren Zeiten durch Einschaltung anderer Persönlichkeiten nur zu oft der Fall war.* *cit. Bill, S. 15*

unter ihm, seiner Verschwendung, seiner Prunksucht, seiner »Effeminierung«. Und er litt darunter, daß seine eigene Vorstellung von den Pflichten eines preußischen Königs kein Ohr bei seinem Vater fand[63].
Auch zwischen Wilhelm I. und seinem unglücklichen Ältesten, dem früh an Kehlkopfkrebs verstorbenen Kaiser Friedrich, herrschten Spannungen. Kaiser Wilhelm I. überging seinen ungeliebten und wie er meinte, unfähigen Sohn einfach und wandte sich gleich dem vielversprechenden Enkel zu. Friedrich, sein Sohn, trug schwer an dieser Mißachtung. Sein berühmt gewordener Ausspruch »Lerne leiden ohne zu klagen« bezog sich wohl nicht nur auf die körperlichen Schmerzen, welche er im Verlaufe seiner Krebserkrankung ertragen mußte. Aber auch sein eigener Sohn entsprach nicht den elterlichen Erwartungen, welche in eine ganz andere Richtung liefen. Solange der Vater lebte, schwelte der Konflikt innerhalb der Familie, doch unmittelbar nach seinem Tode loderte das Streitfeuer in aller Öffentlichkeit.
Diese Reihe setzte Wilhelm II. fort, welcher in ständiger Fehde mit seinem »unausgeglichenen, zu Disciplinlosigkeiten neigenden« ältesten Sohn lag. Auch diesmal kam es nicht zu einem offenen Duell, das entsprach nicht ihren Naturen, aber der Kampf war deshalb nicht weniger erbarmungslos.
Noch im Jahre 1903 wies der Vater seinen großjährigen Ältesten in Gegenwart von zufällig anwesenden Zeugen mehrfach scharf zurecht. Die Anlässe waren, selbst mit der Elle der damaligen Zeit gemessen, geringfügig, zumindestens rechtfertigten sie nicht die demütigende Art und Weise der Abstrafung. Hier zeigte sich die Neigung des Kaisers, über das Ziel, in diesem Falle das pädagogische Ziel, hinauszuschießen, und es so zu verfehlen. Aber es schimmert noch etwas anderes hindurch: Die eigentümliche Freude des Kaisers, anderen weh zu tun[64] – auch dies ein Symptom des Hyperkinetischen Syndroms.Für diese abwegige Neigung, anderen Leuten weh zu tun, gibt es zahlreiche Beispiele. Meist wurden solche, zum Teil auch handgreifliche Aktionen als Späße bezeichnet, was ja insoweit stimmte, als der Kaiser seinen Spaß dabei hatte. Auch er war in seiner Jugend gequält worden, und die anderen hatten, wie er dachte, ihren Spaß daran gehabt.

Unter größter Anspannung und mit Erfolg hat Wilhelm II. versucht, die Behinderung durch seinen linken Arm zu überwinden. In seinem Ankleidezimmer stand ein Ruderapparat, an welchem er seinen rechten Arm durch tägliche Übungen soweit kräftigte, daß er sogar schwierige Pferde meistern und einen Viererzug vom Bock kutschieren konnte.
Auch mit dem Gewehr verstand er umzugehen, die Jagd war eine seiner Leidenschaften. Zu einem guten Jäger fehlte ihm allerdings die Geduld und auch die waidmännische Einstellung. Die phantastisch hohen Zahlen der auf den Jagden erlegten Tiere erscheinen heute fast unglaubwürdig.
(Am 9. November 1897 schoß der Kaiser 1058 Fasanen, 2 Hasen, 74 Kaninchen und 4 Rebhühner)[65].

Dem Kaiser, so ist zu vermuten, dienten diese jagdlichen Erfolge in erster Linie zur Beschwichtigung seines nie ganz zur Ruhe kommenden Gefühls der Minderwertigkeit.
Seine rastlose, sprunghafte Natur war fast in allem derjenigen seiner Frau entgegengesetzt. Sie war die Stärkere, weil sie in sich ruhte und weil sie eine Frau war. Aber sie war doch auch seine gehorsame Frau. In seiner Ruhelosigkeit fand er bei ihr Zuflucht, doch immer nur kurz. Sie beengte ihn, denn sie konnte und mochte seinen Höhenflügen nicht folgen, selbst wenn sie sich Mühe gab. Und sie gab sich Mühe. Auch er gab sich Mühe abends zu Hause als Familienvater, aber er langweilte sich schnell, und seine Reiselust findet ihre Erklärung zum Teil auch darin. Er wollte der beengenden häuslichen Atmosphäre entfliehen. Zu Bülow sagt er mehrfach: »Man merkt ihr immer wieder an, daß sie nicht in Windsor aufgewachsen ist, sondern in Primkenau[66].«
Man kann drüber streiten, ob es taktvoll war von Bülow, diese Worte zu überliefern, jedenfalls war es nicht taktvoll vom Kaiser, seinem Kanzler gegenüber eine solche Bemerkung zu machen.
Wilhelm II. schätzte Männerfreundschaften. Im kleinen Kreise der Vertrauten, welche ihn auf seinen Nordlandreisen begleiten durften, fühlte er sich frei und wohl. Seiner Naivität und seinem Mangel an Selbsteinschätzung entging, das hier und da mehr im Spiel war, als landläufige Männerfreundschaft. Der Vorwurf der Homosexualität, welcher ihn in einem der großen Skandale seiner Regierungszeit streifte, ist gewiß böswillig, auch wenn er mit vagen Andeutungen hier und da wiederholt wird. Allerdings wehte durch das ganze »Fin De Siecle« ein Hauch von Homoerotik, von dem auch er nicht frei war. *

Wilhelm II. hat 30 Jahre regiert, eine Epoche wird nach ihm benannt – das Wilhelminische Zeitalter. Seine Phantasie, sein Elan, seine ansteckende Begeisterung für die technischen Erfindungen dieser so fortschrittsgläubigen Zeit, machten ihn zum Motor dieser Entwicklung, und seine Dynamik trug wesentlich dazu bei, Deutschland innerhalb einer Generation auf vielen Gebieten an die Weltspitze zu bringen. Den Nobelpreisträger Robert Koch, den Entdecker des Tuberkelbazillus, machte er zum Direktor des neugeschaffenen Instituts für Infektionskrankheiten. Zahlreiche weitere Institute wurden von ihm gegründet, welche unabhängig vom Lehrbetrieb sich ganz der Forschung widmen konnten – so die Kaiser-Wilhelm-Gesellschaft zur Förderung der Wissenschaften, welche auf Anordnung der Alliierten 1945 in Max-Planck-Gesellschaft umbenannt werden mußte. Zum Direktor des Kaiser-Wilhelm-Instituts für Physik berief er den späteren Nobelpreisträger (1921) Albert Einstein, und Prof. Haber wurde zum

** »Fin de Siecle« nannte sich eine französische Komödie, welche 1888 in Paris uraufgeführt wurde. Sie nahm die Aufgeblasenheit einer degenerierten Gesellschaft aufs Korn.*

Direktor des neuen Kaiser-Wilhelm-Instituts für Chemie ernannt – auch er bekam für seine Entdeckung der Ammoniaksynthese im Jahre 1918 den Nobelpreis. Daß das Ingenieurswesen sich zu einem akademischen Fach mit der Möglichkeit zur Promotion entwickelte, geht auf ihn zurück. Deutschland errang damals fast doppelt so viel Nobelpreise wie jedes andere Volk[67].* Zu der Habenseite seiner Regierung gehörte auch, dass die sozialen Spannungen gemildert wurden, wozu allerdings auch der steigende Bedarf an Arbeitskräften der schnell wachsenden Industrie beitrug. Auch der Kampf gegen die katholische Kirche wurde unter seiner Regierung beigelegt.

Er vernichtete das von Friedrich Wilhem IV. stammende Schriftstück, welches seine Nachfolger aufforderte, die durch die Revolution 1848 erzwungene Verfassung wieder abzuschaffen, und er hat sich allen Entscheidungen des Reichstages gefügt. Man kann verstehen, daß die Deutschen ihn liebten – ihr Fleiß, ihr Erfindergeist machte seine Visionen wahr. Aber auch seine Schwächen waren zu offensichtlich, als daß sie der Aufmerksamkeit und dem Witz des Volkes entgehen konnten. So bekam er Spitznamen wie: Wilhelm der Plötzliche, Wilhelm der Redselige, Wilhelm Reisekaiser und die Hymne: »Heil Dir im Siegerkranz« wurde umgetextet in »Heil Dir im Sonderzug«. Das I.R. (Imperator Rex), welches er hinter seinen Namen setzte, wurde zum »Immer Reisefähig«.

Und schließlich: Der Kaiser lebte »in a fools paradise«, wie Ballin es Bülow gegenüber einmal ausdrückte. Er verhedderte sich in dem dornigen Gestrüpp der internationalen Interessen und seine Ratgeber mit ihm. Neid, Ängste und Besorgnisse der Europäischen Nachbarn wuchsen von Jahr zu Jahr, und nicht selten war er der Auslöser für diese Ängste. Seine griffigen Formulierungen trafen oft, aber sie trafen wie Geschosse. Nicht selten ließen sie Takt und Anstand vermissen, und damit die politische Klugheit. Gleich, ob er als junger Prinz 1884 dem Fürsten Bismarck sein Bild mit der Widmung »Cave Adsum« zusandte, oder ob er später in der bayrischen Hauptstadt das goldene Buch im Rathaus mit dem Spruch »Regis Voluntas Suprema Lex« bereicherte. – Ob er in öffentlicher Rede sagte: »Der Dreizack, (das Symbol englischer Seeherrschaft) gehört in unsere Faust«, oder ob er in seiner berühmten Hunnenrede ausrief: »Pardon wird nicht gegeben, Gefangene nicht gemacht. Wie vor Tausend Jahren die Hunnen sich unter König Etzel einen Namen gemacht haben, der sie noch jetzt in Überlieferung und Märchen gewaltig erscheinen läßt, so möge der Name Deutscher in China auf tausend Jahre durch Euch in einer Weise betätigt werden, daß niemals wieder eine Chinese wagt, einen Deutschen auch nur scheel anzusehen[68].«

All das waren schwere Entgleisungen, die ihm Feinde verschafften. Innenpolitisch mochten sie vielleicht nicht viel Schaden anrichten, man kannte seine Sprüche

** In den Jahren 1900 -1915 erhielt Deutschland allein für die Fächer Physik und Chemie 11 Nobelpreise, Frankreich 6, England 5 und die USA 2.*

Uhle-Wettler, »Tirpitz«, S. 150

und nahm sie nicht ernst. Die Karikaturisten allerdings fuhren ihre Ernte ein. Übrigens nahm auch er sie nicht ernst, denn er handelte nicht danach.

Schlimmer und nachhaltiger wirkten sich diese Tiraden außenpolitisch aus. Den späteren Gegnern lieferte er schon in Friedenszeiten die Munition, die sie gegen ihn verwandten, als der Kampf auf Leben und Tod ausbrach. »Throw dirt enough and some will stick« war die Waffe, mit welcher sie die Siege erfochten, welche auf den Schlachtfeldern nicht gewonnen werden konnten.

Nein, er war nicht der blutrünstige Welteroberer, als den ihn die feindliche Propaganda gemalt hat, er wollte den Krieg nicht, vielmehr hoffte er, als Friedenskaiser in die Geschichte der Deutschen einzugehen. Dieser Friedenswille ist durch viele Zeugen belegt, zu denen auch der englische Botschafter Lascelles in Berlin gehört.

Der Krieg, der ihn ahnungslos, wie er war, überraschte, machte ihn stumm. Doch den Kanzler, der ihm diese Suppe eingebrockt hatte, wie er meinte, entließ er nicht. Er hielt ihn mit der Begründung: Bethmann sei für den Ausbruch des Krieges verantwortlich und müsse deshalb auch während der Dauer des Krieges Kanzler bleiben. Während des Rennens dürfe man den Jockey nicht wechseln. Dazu bemerkte der Graf Reventlow, daß dieser Jockey schon vor dem eigentlichen Rennen während der fünf Jahre seiner Kanzlerzeit bewiesen hätte, daß er des Reitens nicht mächtig sei[69].

Ja, er verstummte in diesem schrecklichen Kriege mit Materialschlachten ungekannten Ausmaßes, er blieb stumm gegenüber dem Hunger in der belagerten Festung Deutschland. Selten war er an der Front und noch seltener in Berlin, der Hauptstadt des Reiches und dem Sitz der Regierung. Er und sein Kanzler fanden kein Rezept dafür, die Katastrophe abzuwenden. »Die Außenpolitik hat aufgehört zu existieren«, wie der Reichskanzler dem Abgeordneten Oldenburg-Januschau bei Ausbruch des Krieges mitteilte. So schrecklich diese Äußerung war, für die Außenpolitik des Deutschen Reiches traf sie zu – abgesehen davon, daß sie auch vor dem Kriege keine Erfolge aufzuweisen hatte. War nicht der Krieg das Ergebnis und der Beweis ihrer Unfähigkeit? Eine Unfähigkeit, welche sich in der weinerlichen Klage über die Einkreisung Deutschlands zu rechtfertigen suchte.

Äußerlich schien während des Krieges das Verhältnis zwischen Vater und Sohn gebessert, aber in der Sache änderte sich nichts. Die Sache – das war die Monarchie, die es zu verteidigen und zu erhalten galt, die Monarchie, die auf dem Spiel stand, in diesem Kampf auf Leben und Tod gegen immer mehr Feinde. Mündliche Aussprachen zwischen Vater und Sohn waren selten, und man kann annehmen, daß er ihnen auswich, wie allen anderen Gesprächen, welche die Lage anders – düsterer – zeichneten, als er sie sich ausgemalt hatte.

Und die Denkschriften des Kronprinzen, welche er während des Krieges an das große Hauptquartier und an seinen Vater, den Kaiser, schickte? Sie wurden »mit Interesse zur Kenntnis genommen« und zu den Akten gelegt.

Nein nichts änderte sich – starr hielt der Vater daran fest, daß er allein die Monarchie verkörperte – in Abwandlung eines Wortes von Ludwig XIV. »L`Etat c`est moi« war des Kaisers Überzeugung »La monarchie c`est moi«. Nicht nur von seinem Ältesten, auch von allen anderen Söhnen ließ er sich versprechen, daß sie nicht als Nachfolger für den Thron zur Verfügung stehen würden, solange er lebte[70].

Gewiß, die rasante industrielle Entwicklung Deutschlands um die Jahrhundertwende, welche die Feindschaft Englands nach sich zog, hätte er nicht verhindern können. In ihr lag etwas Unvermeidliches, Schicksalhaftes. Schicksalhaft für ihn und für Deutschland war auch seine Krankheit. So ist Tragik in der Vita des letzten deutschen Kaisers. Seinen Ältesten sah er nur durch die Zerrbrille seiner Berater. Die Unfähigkeit, sich selbst zu erkennen, sich und die Welt und die Menschen um ihn, wie sie waren, wurde geprägt und bestimmt durch das auch heute noch rätselhafte, in seiner Tragweite verhängnisvolle Leiden: Das Hyperkinetische Syndrom.

Über zwei Jahrzehnte lebte er in der selbstgewählten Verbannung in Holland.* Mit großem Mut hatte die Niederländische Regierung wiederholte Anträge der Sieger abgelehnt, ihn als »Kriegsverbrecher« auszuliefern.

Ein Angebot des englischen Königshauses, vor den anrückenden deutschen Truppen nach England zu fliehen, lehnte er ab[71].

Im Jahre 1941 starb er mit 81 Jahren in Doorn und ist auch dort begraben.

** Nach einem Beschluß der Reichsregierung vom 29. Oktober 1926 hätte der Kaiser nach Deutschland zurückkehren können. Schloß und Park zu Homburg v. d. Höhe wurden ihm als Wohnsitz zur Verfügung gestellt.*

(Quelle: Friedrich Wilhelm, Prinz von Preußen, S. 28)

Jugend

Als ich den Neugeborenen zuerst sah, und mir sagte:
Was wird das Kind nach einem halben Jahrhundert
sein und erlebt haben, so konnte ich mich der
Tränen nicht enthalten.

Kaiser Wilhelm I. bei der Geburt des Kronprinzen
(Victoria Luise »Deutschlands letzte Kaiserin«)

Der Kronprinz im Alter von 15 Jahren.
(Archiv Esternaux)

Am 13. Mai 1882 schreibt die Prinzessin Auguste Victoria einen Brief an ihre Schwester Caroline Mathilde in Glücksburg:

»Liebes Kindchen,
Gewiß hast du schon gestern und vorgestern auf einen Brief gewartet, doch heute komme ich erst zum Schreiben. Ich habe soviel zu sagen, daß ich nicht weiß wo anfangen. Wie unendlich dankbar ich bin, wirst du dir denken können, der Herr hat meinen größten Wunsch erfüllt, in dem er mir den herzigen Kleinen schenkte.
Ich war ganz gefaßt, mein Leben für das Kind herzugeben, aber ich muß doch sagen, daß ich sehr glücklich war, als alles vorüber war und ich Wilhelm neben mir stehen sah, und außer ihm nun noch diesen kleinen Schatz hatte. Wie gerne würde ich ihn dir zeigen, du würdest ihn gewiß fast aufessen vor Freude, er ist wirklich hübsch und ich bin es nicht allein, die es findet. Wilhelm ist zu nett zu dem Kleinen, gestern hat er bei Babys Bad assistiert gewiß 3/4 Stunden ... nachher brachte er ihn mir herein.
Daß ich selbst nähre, schrieb wohl die Gräfin. Bis jetzt geht es Gott Lob und die Ärzte sind sehr dafür. Über mein Befinden schreibe ich weiter nicht als daß es Gott Lob gut geht. Ihr bekommt ja soviel Nachrichten, daß ihr es womöglich besser wißt, als ich selbst. Klara Nintz ist in voller Tätigkeit, sie ist sehr willig und macht ihre Sache ganz gut. Doch für heute muß ich aufhören, bitte grüße Mama. C.H..... Isendorffs, v. Kroghs und Mrs. Smith.
Es umarmt und küßt dich deine

sehr glückliche Schwester.

Baby liegt während ich schreibe in seiner kleinen blauweißen Wiege hier in seinem Zimmer nachdem er herzhaft Dinner von mir bekommen hat[72].«

Der kleine Schatz wird auf den Namen Friedrich Wilhelm Viktor Ernst August getauft. Es ist der erste Sohn des späteren Kaisers Wilhelm II. Drei Generationen stehen zwischen ihm und dem Thron. Der 85-jährige Kaiser Wilhelm I., dessen Sohn, der Kronprinz Friedrich, und der 23-jährige Prinz Wilhelm, der Vater des Neugeborenen. Zu dem glücklichen Ereignis schreibt der alte Kaiser an seine Schwester Alexandrine: »Es ist eine Gnade Gottes, daß ich auch diese seltene Freude noch nach so vielen Glücksspendungen erleben sollte! Als ich den Neugeborenen zuerst sah, und wenn Gott ihm Leben schenkt, mir sagte: Was wird das Kind nach einem halben Jahrhundert sein und erlebt haben... so konnte ich mich der Tränen nicht enthalten. Wenn ich bedenke, was ich alles erlebt habe, soviel an Leid und Glück![73]«
Die Kindheit des Prinzen Wilhelm war fröhlich und unbeschwert. Sie unterschied sich kaum von derjenigen anderer kinderreicher Familien, in denen Jahr für Jahr ein neuer Erdenbürger gewickelt werden mußte. Für ihn und seine sechs Geschwister, die sich Jahr für Jahr einstellten, war im Berliner Schloß ein großer Raum mit einer dicken Matte ausgelegt worden, die schalldämpfend und laufsi-

cher dafür sorgte, daß man nach Herzenslust toben konnte. Eine Wendeltreppe führte hinunter in die Gemächer der Kaiserin. Unzählige Male hat Auguste Victoria diese Treppe benutzt, um nach dem Rechten zu sehen und mit ihren Kindern in den anschließenden Schlafzimmern das Nachtgebet zu sprechen[74]. Auch im Potsdamer Neuen Palais stießen die Prinzenzimmer an einen großen Saal, der entsprechend hergerichtet worden war[75].
Wenn allerdings das Wetter es nur irgend erlaubte – Abhärtung wurde groß geschrieben –, spielten die Kinder draußen im Park, wo eine kleine Festung stand, die verteidigt und erobert werden konnte. Im nahen Wildpark mit dem dichten Unterholz gab es herrliche Verstecke. Es war eine Paradies, über welches Auguste Victoria wachte. Sie gab ihren Kindern beides – Freiheit und Geborgenheit.
Den Vater sah man selten – so selten, daß Prinz Wilhelm öfters zu seiner Mutter sagte: »Weißt du Mama, Papa ist ein Zigeuner, er hat nie Ruhe und reist stets umher[76].« Das väterliche Arbeitszimmer durfte man nicht betreten, oder doch nur bei besonderen Gelegenheiten und nur mit den Händen auf dem Rücken, damit man nichts anfassen konnte[77].
Einmal allerdings, als Wilhelm vor dem Schulgang noch im Schloß herumstrolchte – 5 Jahre war er alt –, geriet er in ein kleines Zimmer. Da saß ein alter Mann am Schreibtisch und schrieb. Erschrocken wollte er fliehen – man durfte erwachsene Männer doch nicht bei der Arbeit stören. Aber der alte Mann legte seinen Federhalter weg, rief ihn zu sich, griff ihn mit seinen riesigen Händen an der Schulter, und sagte: »Kleiner Prinz Sie gefallen mir, bewahren sie sich ihre frische Natürlichkeit[78].« Mit einem Kuß auf die Stirn wurde er entlassen und sauste aus der Stube hinaus. Die Freude überwältigte ihn fast: Es gab also Männer, denen es nichts ausmachte, wenn sie durch einen kleinen Jungen bei der Arbeit gestört wurden! Es war das Jahr 1887. Der alte Mann, der wegen eines kleinen Jungen den Federhalter aus der Hand gelegt hatte, war der Kanzler des Zweiten Deutschen Kaiserreiches, Fürst Bismarck.
Die Prinzen und natürlich auch das Nesthäkchen Victoria Luise wuchsen zweisprachig auf. Die englische Sprache hatte das traditionelle Französisch in Deutschland verdrängt – auch das ein Zeichen für die veränderten Machtverhältnisse in Europa. Miss Atkinson, die englische Gouvernante, sorgte für den selbstverständlichen Umgang mit ihrer Muttersprache, welche ja auch das Idiom der Kaiserin Friedrich war. Als Victoria Luise neun Monate alt war, konnte sie schon drei Worte sprechen: Mama, Papa und »Yes«. Eine beachtliche Leistung für ein Kind dieses Alters und dazu auch ein Zeichen für ihre positive Lebenseinstellung, welche sie in all den Jahren nie verlassen hat. Und noch ein Beispiel für die Zweisprachigkeit der Kaiserkinder: Als Prinz Eitel Friedrich einmal nach dem preußischen Wappentier gefragt wurde, antwortete er »Igel«. Diese überraschende Antwort – blamabel für einen Hohenzollerprinzen –, klärte sich schnell auf, denn Eitel-Friedrich hatte die englische Bezeichnung des preußischen Adlers »Eagle« benutzt[79].

England war allgemein Gegenstand der Bewunderung in Deutschland, dem man nacheiferte. Für den Prinzen Wilhelm trugen Besuche bei den englischen Verwandten dazu bei, das England-Bild in den schönsten Farben leuchten zu lassen. Der Lebensstil der Upper Class, das sportlich Lässige, die Eleganz der tonangebenden englischen Herrenmode, welche stark von seinem geliebten Patenonkel Eduard, Prince of Wales, bestimmt wurde, hatten etwas Faszinierendes für ihn.
Schon früh begann der Ernst des Lebens, die Schule. Mit fünf Jahren erhält er Privatunterricht bei dem Prof. Fechner im Schloß Belleveue, aber es geht nicht nur ernst zu, einmal am Ende einer Unterrichtsstunde sagt der Prof. Fechner zum Prinzen Wilhelm: »Nun nehmen Sie mal den Dümmsten, den Sie hier im Zimmer finden, am Kragen und bringen Sie ihn an die Luft.« Prinz Wilhelm sieht den Herrn Prof. Fechner an, dann den Herrn Keßler, lächelt und verläßt den Raum[80].

Der Domprediger Johannes Keßler, der diese Begebenheit erzählt hat, war zum Zivilgouverneur der Prinzen Wilhelm und Eitel Friedrich ernannt worden. Er sollte den gesamten Unterricht leiten und koordinieren. Nachdem die Eltern ihn auf einer gemeinsamen Reise unter die Lupe genommen und für gut befunden hatten, gaben sie ihm freie Hand. Weder der Kaiser noch Auguste Victoria haben ihm je Vorschriften über seine Erziehung gemacht. Keßler war ein fröhlicher Mensch. – Nichts besseres kann uns geschehen, als daß unsere Kinder fröhliche Lehrer bekommen. Das Leben am Hofe hat ihn nicht verdorben, wie so manchen anderen, den Konflikt mit dem Militärgouverneur der Prinzen hat er in seinen Erinnerungen nur angedeutet. Dieser Militärgouverneur, Eugen von Falkenhayn, ein Kavallerieoffizier, sollte ab 1890 die Erziehung der beiden Prinzen aus militärischer Sicht überwachen und außerdem sollte er ihnen das Reiten beibringen. Die Kompetenzen zwischen dem Zivil- und dem Militärgouverneur waren anscheinend nicht genau abgegrenzt worden, so konnten Reibungen nicht ausbleiben. Letzten Endes lagen dem Konflikt zwischen Falkenhayn und Keßler aber wohl Unstimmigkeiten zwischen dem Kaiser und Auguste Victoria zugrunde: Zum väterlichen Erziehungsprinzip der militärischen Härte, verkörpert in dem Kavallerieoffizier von Falkenhayn, bildete die Kaiserin mit dem Domprediger Keßler den weiblichen Gegenpol.
In seinen Erinnerungen hat Johannes Keßler seinem ehemaligen Schüler ein gutes Zeugnis geschrieben: »Der Kronprinz war weit über dem Durchschnitt begabt, von sehr vielseitigen Interessen, von schneller Auffassungsgabe, musikalisch, zeichnerisch, sportlich stark talentiert[81].« Bei beiden Prinzen rühmt Keßler Offenheit und Wahrheitsliebe. Ihre größte Freude sei es gewesen, anderen eine Freude zu machen[82].
Nach und nach überwog das Militärische in der Erziehung und damit auch die Bedeutung des Militärgouverneurs von Falkenhayn. Mit dem kleinen klugen Professor Esternaux, welcher die beiden Prinzen in Deutsch, Latein und

Professor Esternaux, der gestrenge, aber doch geliebte Lehrer, welcher die Hosentaschen der Prinzen zunähen ließ, damit sie nicht ihre Hände darin vergraben konnten.
(pers. Mitteilung der Enkelin von Prof. Esternaux, Frau Diethelm)
(Archiv Esternaux)

Geschichte unterrichtete, stand er in ständiger Verbindung. Esternaux gehörte zu der großen französischen Kolonie in Berlin, welche sich vowiegend aus Hugenotten und Refugies der französischen Revolution zusammensetzte. Viele bedeutende Persönlichkeiten sind aus ihr hervorgegangen und haben den Ruhm Preußens mit begründet. Berlin, welches im Jahre 1685 20 000 Einwohner zählte, gab damals 5000 Franzosen eine neue Heimat[83]. Zweifellos hat das französische Element Berlin mitgeprägt und es scheint, daß der berühmte und so gefürchtete Berliner Mutterwitz bis auf den heutigen Tag etwas von dem französischen Esprit bewahrt hat.
Ja – der Ernst des Lebens: Er besteht für Prinz Wilhelm nicht nur in dem täglichen Unterricht, dem Hersagen des Gelernten, den kleinen Triumphen und Niederlagen des Schulalltags. Dazu kommt jetzt auch die militärische Erziehung. Ganz selbstverständlich wird ihm von nun an der Rock des Königs, die Uniform. Am 27. Januar 1889, dem 30. Geburtstag seines Vaters, wird er zum Gefreiten der preußischen Armee ernannt, es ist die erste Sprosse auf der langen Leiter der militärischen Hierarchie. Von nun an bestimmt mehr und mehr der sogenannte Dienstweg sein Leben. Sein Vater, der Chef des Hauses Hohenzollern, der oberste Kriegsherr, wird nun auch zu seinem höchsten militärischem Vorgesetzten. Die Entfernung zu ihm ist fast unüberbrückbar.
Vorläufig aber ändert sich noch nicht viel. In den Ferien – sie werden von den Prinzen genau so heiß herbeigesehnt, wie von allen anderen Schulkindern – fährt Auguste Victoria mit Ihren Sprößlingen auf Schloß Wilhelmshöhe bei Kassel, oft aber auch nach Cadinen, dem Mustergut des Kaisers am Frischen Haff in Ostpreußen. Der Besitz ist sein ganzer Stolz, weil alles so gut gedeiht dort, besser als bei den Nachbarn. Aber freilich, es mußte auch nicht gespart werden bei den Stallungen, beim Einkauf von Zuchtvieh, bei der Verwaltung und bei der Bodenpflege.
Die eigene Landwirtschaft war auch das Steckenpferd eines reichen Industriekaufmanns, der die Kosten seiner Liebhaberei etwas nüchterner sah. Einen seiner Gäste fragte er bei einem Empfang: »Wollen Sie ein Glas Champagner oder ein Glas Milch? Die Kosten für mich sind dieselben.« So etwa wurde auch die Bilanz auf dem Gut Cadinen geschrieben.
Für die sieben Kaiserkinder aber war es ein Ferienparadies mit dem ganzen Reiz, welchen die bäuerliche Welt für Kinder auch heute noch ausstrahlt. Dazu die Bootsfahrten über die Nehrung nach Kahlberg, das Strandleben, das Schwimmen in der Ostsee und die vielen Begegnungen mit der Dorfjugend, die Spiele, wie sie überall damals gespielt wurden: Topfschlagen, Sackhüpfen, der Plumpsack geht um und natürlich Blindekuh. Und Preise gab es für die Sieger: Puppen, Sparbüchsen, Bücher, Schürzen, Säbel aus Holz und Trommeln[84]. Sie wurden von der Kaiserin verteilt – und ganz sicher hat sie auch diejenigen getröstet, welche leer ausgingen.
Gerne unternahm Auguste Victoria in den Ferien mit ihren Kindern Segelfahrten auf der Ostsee. Auf ihrer Yacht »Iduna« ging es dann in die Heimat, nach

Schleswig-Holstein, nach Augustenburg, dem Schloß ihrer Väter, oder nach Gravenstein, und natürlich nach Glücksburg, wo Caroline Mathilde »das Kindchen« zuhause war. Die Beziehung zu ihr war besonders innig, der lebenslange Briefwechsel beweist es und auch, daß Auguste Victoria kurz vor ihrem Tode gelähmt und verwirrt durch den Schlaganfall, glaubte in Glücksburg zu sein[85]. Eine große Freude war es für sie, daß August Wilhelm, ihr Sohn, die Tochter von Caroline Mathilde heiratete – und doch klang Wehmut aus ihrem Brief bei diesem so freudigen Anlaß:

»Liebes Kindchen.

Danke innigst für 3 Briefe. Hat mich doch gefreut, daß Du mir den Brief vom 27. Dezember noch beifügtest, so direkt aus der ersten Empfindung heraus. Ja, Du verstehst ja wie ich mich auf Dein Kind freue. Bis jetzt habe ich eigentlich nur das von meinen Schwiegertöchtern, daß sie mir die Söhne genommen haben, man muß wohl gerecht sein, das liegt in der Natur der Sache, aber für eine Mutter, die an den Söhnen hängt, ist es nicht leicht. Ich glaube ja selbst, mit Deinem Kind wird es anders sein, da sie mich so gut kennt und in den 3 Jahren wird man doch öfters Gelegenheit haben, sie mehr zu sehen und ineinander einzuleben. Gott gebe es. Deine kleine Alix hat mir so nett geschrieben, so herzlich und einfach, das tut einem wohl[86].«

Die Ferien waren auch noch aus einem anderen Grund von den Kindern so heiß herbeigesehnt: Die Strenge der Berliner Etikette fiel weg. In Berlin gab es Pflichten, Verpflichtungen, die immer mehr Zeit verlangten – Zeit, welche dem Spiel, dem Sport, aber auch dem Lernen verlorenging. Da waren die Paraden, die Defiliercouren, die Empfänge ausländischer Würdenträger, an denen die beiden ältesten Prinzen zur Repräsentation und zur Dekoration teilnehmen mußten. Zu oft fiel der Unterricht wegen solcher Anlässe aus, oder mußte verlegt werden.

Am 6. Mai 1892 allerdings gibt es einen wichtigen Anlaß für die Unterbrechung des Schulalltages: Prinz Wilhelm wird zehn Jahre alt. Nach preußischer Tradition soll er an diesem Tag zum Leutnant befördert und symbolisch ins 1. Garderegiment zu Fuß aufgenommen werden. Dazu schreibt der Major von Falkenhayn an den Prof. Esternaux:

»Verehrter Herr Esternaux!

In Rücksicht auf die Anstrengungen und Aufregungen, die der bevorstehende Geburtstag des Prinzen Wilhelm diesem bringen wird, bitte ich denselben im Unterricht heute und am Donnerstag denkbarst zu schonen. Eigentlich sollte der Unterricht ganz ausfallen, dazu habe ich mich aber nicht entschließen können, und spreche nun nur die obige Bitte aus. Ich würde dankbar sein, wenn Sie die Stunden möglichst verkürzten, nur leichte Sachen vornehmen und so viele Stunden als möglich spazierengehend verbringen wollten. Ich würde es auch billigen können, wenn Sie die eine oder andere Stunde ganz ausfallen ließen, nur möchte ich nicht gerne, daß der Prinz merkte, es geschehe seines Geburtstages wegen. Ein bißchen Schauspielern muß man nun einmal schon bei Hofe[87].«

Das Schauspielern, welches von dem Professor Esternaux erwartet wurde, diente gewiß einem guten Zweck und war vertretbar. Man kann annehmen, daß es sich auch bei dem Major von Falkenhayn in vertretbaren Grenzen hielt. Schon zwei Tage später folgt ein weiterer Brief, in welchem dem Professor mitgeteilt wird, daß die beste Zeit zur Gratulation des Prinzen am Freitag zwischen 10 und 11 Uhr sei, da Prinz Wilhelm ab 11 Uhr Toilette machen müsse. Um 12 Uhr finde sein Eintritt in das 1. Garderegiment zu Fuß im Lustgarten zu Potsdam statt. Falls der Herr Esternaux zusehen wolle, so sei im Stadtschloß zu Potsdam ein Fenster für ihn, Professor de Alma und Herrn Fechner reserviert[88].

Plön

Ja, alle gaben sich Mühe mit der Erziehung des Thronerben. In der kaiserlichen Familie wurden Erziehungsfragen regelmäßig mit Fachleuten aus den entsprechenden Ministerien besprochen. Esternaux und der neu ernannte Obergouverneur von Deines waren sich einig: Die Erziehung der Prinzen Wilhelm und Eitel Friedrich litt unter den vielen Ablenkungen in der Reichshauptstadt. Am besten wäre es, wenn der Unterricht in die Provinz verlegt werden könnte, wobei die Kadettenanstalten mit ihren bereits bewährten Einrichtungen sich anboten. Daß die Prinzen auf diese Weise auch der mütterlichen »over protection« und dem väterlichen »sensation seeking behaviour« entzogen wurden, mag den Vorschlag der Pädagogen mitbestimmt haben.
Bei den Kadettenanstalten handelte es sich um militärisch geführte, straff organisierte Internate mit dem Unterrichtsplan eines Realgymnasiums bei gleichzeitiger Vorbereitung auf den Offiziersberuf. Es gab in Preußen außer der Hauptkadettenanstalt in Berlin-Lichtenfelde noch sechs weitere – Kulm, Wahlstatt, Potsdam, Plön, Bensberg und Oranienstein. In ihnen wurde eine militärische Elite herangezogen, welche preußische Tugenden zur selbstverständlichen Richtschnur ihres Lebens machte.
Es war eine Art weltlicher Männerorden – vergleichbar den berühmten Internaten in England –, in welchem Leistung, Selbstzucht und Korpsgeist – etwas, das mit Kameradschaft nur unzureichend umschrieben ist – gefordert wurden. Das Preußisch-Spartanische war hier noch lebendig. »Travailler pour le Roi de Prusse« – für den König von Preußen (ohne Entgelt) zu arbeiten, diese Redensart hatte sich in Frankreich für schlecht bezahlte Arbeit eingebürgert – den Kadetten war sie selbstverständliche Maxime.
Gewiß, es gab auch Tränen, denn die Schule war hart für zehnjährige Jungen, welche bis dahin in der liebevollen mütterlichen Obhut aufgewachsen waren. Ja, es war eine harte Schule. Aber die Freundschaften, welche in den Kadettenanstalten geschlossen wurden, hielten das Leben lang. Ihr Fundament war gegenseitige Zuneigung und die Gemeinsamkeit der Lebenseinstellung.
Vielfach gab die Familientradition den Ausschlag dafür, daß Eltern ihre Söhne zu den Kadetten brachten, aber es konnte auch Geldnot, oder gleichbedeutend frü-

hes Waisentum sein. Den Söhnen verarmter Familien wurden die Anstalten zur Heimat mit Aussicht auf einen angesehenen Beruf, den des Offiziers in der Armee.
Die Vorschläge der Prinzenerzieher Deines und Esternaux wurden angenommen, und so war der Umzug beschlossene Sache. Die Wahl fiel auf Plön im Holsteinischen, der Heimat der Kaiserin. Das sollte ihr den Entschluß, die zwei Ältesten aus dem Hause zu geben, etwas leichter machen. Und damit sie auch dort nach dem Rechten sehen konnte, wurde eine kleine hölzerne Bahnstation ganz in der Nähe der zukünftigen Schule errichtet.
Plön – in jener Zeit eine verträumte Kleinstadt – hatte sich das Andenken an glanzvolle Zeiten bewahrt. Schon das hoch über der Stadt thronende Schloß hielt diese Erinnerungen lebendig. Aber auch ohne das Schloß würde Plön wie so viele dieser ehemaligen Residenzen etwas ausstrahlen, was anderen Orten fehlte. Es war etwas, das wir nur noch aus den Märchen kennen, wo der König abends vor seiner Haustür saß und die Bürger, wenn sie vorüber gingen, »Guten Abend, Herr König « sagten.
Und natürlich gab es die Kadetten, welche das Schloß und auch die Stadt mit Leben erfüllten. Prinz Wilhelm allerdings und sein Bruder wurden nicht in den Schulbetrieb der Kadettenanstalt eingereiht und sie wohnten auch nicht im Schloß. Für sie und die Lehrer wird der Pavillon ausgebaut, welcher in dem wunderschönen Park gelegen ist.
Dieser Pavillon, das ehemalige Lusthaus der Herzöge, ist eine Perle der Barockarchitektur Schleswig-Holsteins. Die Stuckarbeiten des Meisters Bartolomeo Bossi gehören zu den schönsten des Landes. Durch den notwendigen Anbau von zwei Flügeln verlor das Haus etwas von seinem persönlichen Reiz, aber man kann sagen, daß der Garnisonsinspektor Meier, welcher für den Umbau verantwortlich war, eine akzeptable Lösung gefunden hat. Auch der Marstall – der Stall für die Mähren, die Pferde – sowie Gebäude für Wagen und die Dienerschaft – wurden neu errichtet.
Mit dem Wechsel des Militärgouverneurs war die Stelle des Zivilgouverneurs gestrichen worden. Dem neuen Obergouverneur Deines wurde ein zweiter Militärgouverneur, ein Herr von Lyncker, zur Seite gestellt. Moritz von Lyncker scheint das besondere Vertrauen des Kaisers gefunden zu haben. Bülow schildert ihn als einen untadeligen Ehrenmann, aber kleinlich und engherzig. Gerade dies aber waren nicht die Eigenschaften, welche ihn zum Erzieher besonders geeignet erscheinen lassen. Der Kronprinz hat unter ihm gelitten, wie er in seinen Erinnerungen bekennt[89].
Die endlosen Nörgeleien, der Mangel an Humor, die harte verletzende Art des Herrn Lyncker verstärkten seinen Widerwillen gegen jegliche Art von Erziehung. Es war die tägliche Tasse Milch, die er bei seiner Mutter voller Ekel hinunter würgen mußte, welche ihm in der Person des Herrn von Lyncker wieder begegnete. Gewiß, alles geschah in bester Absicht und in dem Bewußtsein der großen Verantwortung dem Kaiser gegenüber, der seinen ältesten Sohn und Nachfolger

dem Herrn Lyncker anvertraut hatte. Ihm, dem Kaiser, wollte er es recht machen und er machte es ihm recht, denn Wilhelm II. berief ihn 1908 zum Chef des Militärkabinetts, ein Posten, den Lyncker bis zum Ende der Monarchie bekleidete, und auf welchem er weiterhin Gelegenheit hatte, dem Kronprinzen die Rügen seines Vaters zu übermitteln.
Der Obergouverneur Deines hatte ein schriftliches Konzept für die Prinzenerziehung ausgearbeitet. Nach diesen »Instruktionen für Erzieher« sollte die Pädagogik so gestaltet werden, daß den Prinzen ihre gesellschaftliche Sonderstellung in einer Weise deutlich werde, die das Aufkommen von Standesdünkel verhinderte[90].
Sie sollten lernen, daß es im Volke ganz anders aussieht, als im Königsschloß, und daß dem geringsten Untertan, dem es nur mühsam gelingt, sich und seine Familie ehrenhaft zu ernähren und der trotzdem treue Liebe zu seinem Herrscherhause im Herzen trägt, Hochachtung gebührt, mehr vielleicht, als manchem großen ordensbedeckten Herrn[91, 92].
Dieses pädagogische Credo nimmt sich auf dem Papier, auf dem es geschrieben wurde, gut aus. Aber es war eine Schema, welches der Persönlichkeit des Kronprinzen nicht gerecht wurde. Prinz Wilhelm hatte keinerlei Anlage zu Überheblichkeit oder zu Standesdünkel, er war eher bescheiden. Diese große Bescheidenheit wird selbst von seinen Kritikern hervorgehoben, aber gerade das machte man ihm später zum Vorwurf, daß er nämlich seinen Umgang am liebsten in bürgerlichen Kreisen suchte. Pädagogisch mußte hier jedenfalls kein Gelände erobert werden, der Ansatz war falsch.
In seinem Buch »Kadettenjahre« schildert Friedrich Wilhelm Isenburg[93] eine Begebenheit aus der Plöner Zeit, welche die Bescheidenheit, ja Schüchternheit, von Prinz Wilhelm beleuchtet: »Eines Tages, als wir Tennis spielten, erboten sich beide, Wilhelm und Eitel Friedrich, für uns Bälle aufzuheben. Ich fragte den Kronprinzen, ob sie nicht lieber mitspielen würden, was sie freudig bejahten. Sie hätten sich nicht getraut, uns darum zu bitten, meinte der damals schon recht rundliche Eitel Friedrich.«
Es ist nicht bekannt, ob dem Obergouverneur Deines diese Szene zu Ohren gekommen ist, und ob sie seinen Vorstellungen über Prinzenerziehung entsprochen hätte. Mit seinem Konzept zielte er jedenfalls in diese Richtung. Doch der Forderung an die Prinzen, keine Standesdünkel zu hegen, wäre wohl Genüge getan worden, wenn die beiden gefragt hätten, ob sie mitspielen dürften.
Am 17. April 1896 beginnt für Prinz Wilhelm ein neuer Lebensabschnitt. Der Kronprinz hatte große Wissenslücken, als er nach Plön kam, doch war er in manchen Fächern seinen zukünftigen Mitschülern auch voraus. Englisch sprach er fließend, aber ohne Kenntnisse der Grammatik und der Schriftsprache, Französischkenntnisse waren praktisch nicht vorhanden, und auch in anderen Fächern gab es Lücken. Zuhause in Berlin hatte er Einzelunterricht gehabt, in manchen Fächern mit seinem Bruder zusammen, aber Eitel Friedrich war kein

Rivale für ihn – nicht nur, weil er ein Jahr jünger war. Das neue pädagogische Prinzip hieß Steigerung der Leistungen durch Wettbewerb. Beide Prinzen bekamen in Plön je drei Mitschüler, welche mit Einwilligung ihrer Eltern aus dem Kadettenalltag entlassen wurden. Unter ihnen war auch ein Bürgerlicher – Gustav Steinbömer – mit dem der Kronprinz bald Duzfreundschaft schloß, und dem er sein Leben lang freundschaftlich verbunden blieb. Er nannte ihn immer »Justav«, denn wie sein Vater hat er das »Berlinern« nie verleugnet und nie verlernt. Steinbömer war hochbegabt, sein Abitur bestand er mit Auszeichnung (Summa cum laude). Dazu kam, daß »Justav« ebenso wie die beiden anderen Mitschüler Hochberg und Sommerfeld ein Jahr älter waren als der Kronprinz und ihm damit im Pensum voraus. Und auch die bisherige straffe Kontrolle der Arbeiten im Rahmen des Internatsbetriebs machte sie gegenüber dem Kronprinzen zu besseren Schülern. Kein Wunder also, daß seine ersten Zeugnisse mäßig ausfielen, zumal die Lehrer angewiesen waren, keine Rücksicht auf diese Ungleichheit im Wissensstand zu nehmen. Die Herausforderung für ihn war groß. Das Zeugnis im 2/3 Quartal 1896/97 liegt vor[94].

Zeugnis für Prinz Wilhelm
Klasse: Untersekunda. 2. und 3. Vierteljahr 1896/97.
Fleiß im allgemeinen befriedigend. In der Anfertigung häuslicher Arbeiten ist eine Besserung seit den großen Ferien unverkennbar. Flüchtigkeiten kommen weniger zahlreich vor wie früher. Prinz Wilhelm muß sich weiter ernstliche Mühe geben, um der Unstetigkeit, die ihm anhaftet, je länger je mehr Herr zu werden und lobenswerten Fleiß auch denjenigen Fächern zuwenden, die ihn weniger interessieren.
Seine Hefte sind meist sauber.
Aufmerksamkeit: Genannter ist immer noch nicht ausdauernd genug, springt noch gerne ab, wenn auch in den letzten Monaten eine wesentliche Besserung anzuerkennen ist.
Die unruhige Art des Prinzen macht es ihm schwer bei der Sache zu bleiben, außer wenn diese ihn sehr interessiert.
Seine äußere Haltung würde bei größerer Selbstzucht an Ruhe gewinnen.

Fortschritte und Leistungen:
Mathematik (Rechnen) genügend, Religion befriedigend
In folge vermehrter Arbeit... (3 Worte unlesbar) hat Prinz Wilhelm Fortschritte gemacht, seine Leistungen sind besser geworden.
Deutsch: befriedigend. Fortschritte im Gebrauch der Muttersprache auch schriftlich unverkennbar. Könnte bei voller Anspannung noch mehr leisten. Verständnis der gelesenen Stücke befriedigend.
Latein: Genügend.
Französisch: Genügend, da die Anfangsgründe fast völlig fehlten, hatte Prinz

Wilhelm einen sehr großen Stoff zu bewältigen. Trotz guten Willens und entschiedener Besserung in den letzten Wochen bleibt noch viel zu tun übrig.
Englisch: Zensur nicht vermerkt.
Geschichte: Befriedigend. Das Interesse und Verständnis, welches Prinz Wilhelm der Geschichte entgegenbringt, muß sich je länger je mehr auch auf die Teile ausdehnen, welche ihm bisher fernlagen.
Erdkunde: Befriedigend. Prinz Wilhelm hat ein erfreuliches Maß an Anschauung und Kenntnissen sich erworben...
Eifer entwickelt er beim Kartenzeichnen.
Physik: (Naturkunde) Befriedigend, daher die Aufmerksamkeit meist rege. Das Interesse am Gegenstand befriedigend.
Turnen: ... genügend. Leistungen genügend. Fähigkeit befriedigend.
Versäumte Stunden 4. Gesamtresultat: befriedigend bis genügend.

Schlußbemerkung des Obergouverneurs Deines:
Befähigung und geistige Selbsttätigkeit sind gut. Dem übereinstimmenden Urteil seiner Lehrer, daß Prinz Wilhelm in den letzten Monaten sich mit gewissem Erfolg bemüht hat, seiner Flüchtigkeit, Unruhe und Vergeßlichkeit Herr zu werden, vermag ich mich anzuschließen. Aber wir stehen noch am Anfang, das meiste bleibt dem Prinzen noch zu tun. Er muß immer noch mehr auf sich achten, seine Gedanken konzentrieren lernen und mit dem hohen Maß an Selbstzufriedenheit brechen, das ihm eigen ist und durchaus im Gegensatz steht zu der äußerst stark vorhandenen Neigung, Leistungen und das Tun anderer scharf und ungerecht zu beurteilen (kritisieren). Da Fleiß und guter Wille vorhanden, daß allmählich eine Gewöhnung an ruhige und sachliche Arbeit sowie ein Ausfüllen der schweren Lücken aus den ersten Schuljahren stattfindet, so ist zu hoffen, das Prinz Wilhelm künftig auch bessere Leistungen ausweisen wird und ebenso gute Zeugnisse wie seine Mitschüler.
Plön: 21.12.1896
Mit dem Generalmajor Deines, dem Oberstleutnant Lyncker und dem Professor Esternaux war auch der geduldige Oberlehrer Sachse nach Plön gekommen, welcher die naturwissenschaftlichen Fächer unterrichtete, sowie der Hofprediger Frommel – eine gut aufeinander abgestimmte Mannschaft. Für die neueren Sprachen wurden einige Militärlehrer aus der Kadettenanstalt hinzugezogen.
Der Unterricht begann um 7 Uhr morgens, im Winter eine Stunde später.
Unterrichtet wurde in den Fächern Deutsch, Latein, Geschichte, Erdkunde, Mathematik, Physik, Chemie, Religion und Ethik sowie natürlich Englisch, Französisch und Musik.
Der Vormittag war für die wissenschaftlichen Fächer reserviert, nachmittags stand Sport auf dem Stundenplan: Turnen nach den Vorschriften der Kadettenanstalt (anders als im Zeugnis zum Ausdruck kommt, wird der Prinz als vorzüglicher Turner bezeichnet)[95]. Dazu Fechten: Florett, Rapier (Degen), Säbel, Bajonett so-

wie Schwimmen, Rudern, Segeln, Tennis, Reiten. Im Winter kamen dazu Schlittschuhlaufen und Rodeln. Tanzunterricht gab Frau Wolder, eine ältliche Balettmeisterin, allerdings ohne die ja eigentlich dazugehörigen Damen. Stattdessen wurden die jüngeren Kadetten von den älteren als »Damen« geführt.
In diesem umfassenden Programm fehlte eigentlich nichts – mit einer Ausnahme: Zum Herrn, zum Herrscher, wurde Prinz Wilhelm nicht erzogen. Die militärische Hierarchie beruhte ja auf dem Prinzip der Unterordnung, des Gehorsams, dem auch der General Deines verpflichtet war. Sein Verdienst war es, die unzureichende Schulausbildung des Prinzen Wilhelm erkannt, und die Voraussetzung für Abhilfe geschaffen zu haben. Daß er die feinziselierte psychologische Struktur seines Schülers nicht sah, kann man ihm, dem Soldaten, nicht zum Vorwurf machen.
Natürlich gab es auch Besuch in Plön. Am häufigsten kam Auguste Victoria, »Frau Sorge«, und sah nach dem Rechten. Die Lehrer waren nicht so begeistert, wenn die Kaiserin, mit ihrer Handarbeit beschäftigt, den ganzen Vormittag über dem Unterricht folgte. Aber sie mischte sich selten ein, tadelte und lobte nicht – nicht die Schüler und nicht die Lehrer[96].
Nachmittags gab es Kaffee und Kuchen für die Zöglinge, wobei sie mit wenig Erfolg versuchte, im Gespräch etwas aus den maulfaulen Knaben herauszuholen. Und auch der Kaiser kam, ein Meteor mit dem leuchtenden Schweif der Sternschnuppen im Gefolge. Seine Art war es nicht, hinten auf der letzten Bank dem Unterricht zu folgen. Steinbömer verdanken wir die folgende Anekdote:[97]
»Wann lebte Gottfried von Bouillon« fragte er, so den Wissensstand der Schüler unter die Lupe nehmend. »Wenn er nichts anderes hatte«, war die gewitzte Antwort. »Ach ihr seid mir zu schlau«, sagte der Kaiser, »das nächste Mal frage ich Euch etwas Schwereres«. Und wirklich, bei seinem zweiten Besuch gab es ein schwieriges Rätsel, welches keiner lösen konnte.

> Wir sind`s gewiß in vielen Dingen,
> Im Tode sind wir`s nimmermehr
> die sind`s, die wir zu Grabe bringen
> und eben diese sind`s nicht mehr.
> Denn, weil wir leben, sind wir`s eben
> Von Geist und Angesicht; und weil wir leben
> Sind wir`s eben zur Zeit noch nicht.
> (Schleiermacher: Verschieden)

In der Geschichtsstunde wurde der erste Konsul, der spätere Kaiser Napoleon I., durchgenommen. Daraus ergab sich die Frage, welchen Wert die Macht habe. War sie böse? Das Ergebnis des Disputs: Macht ist weder gut noch böse, sie ist nur ein Instrument. Der Mächtige bestimmt ihren moralischen Wert[98].
Zu Besuch kam auch Prinz Heinrich, der Bruder des Kaisers mit seiner Frau, und zu Besuch kam auch ihr Sohn Prinz Waldemar und natürlich das Kindchen, Caroline Mathilde aus Glücksburg. Ja, auch die Großmutter, die Kaiserin

Radpolo vor dem Potsdamer Stadtschloß.
(Privatarchiv)

Friedrich, wie sie sich nannte, ließ sich einmal sehen. Sie inspizierte alles gründlich und gab ihre englischen Kommentare dazu an ihren Adjutanten. War es Starrsinn? Immerhin lebte sie seit 40 Jahren, seit ihrer Hochzeit, in Deutschland und hatte einen deutschen Vater, den Prinzgemahl Albert. Und auch ihre Großmutter mütterlicherseits war eine deutsche Prinzessin. In ihrer Jugend hatte sie wie auch ihr Bruder, der spätere König Eduard VII. mit den Eltern nur Deutsch gesprochen. Fast möchte man sagen, es war »typisch deutsch«, daß sie englisch sprach.

Die vier Plöner Jahre vergingen schnell. Am Ende dieser Zeit hatte Prinz Wilhelm seine Mitschüler eingeholt, wie das Zeugnis der Oberprima beweist.

Zeugnis Weihnachten 1899

Klasse 01

3.Vierteljahr

Fleiß: befriedigend

Aufmerksamkeit: Die innere Sammlung ist gut, die äußere immer noch nicht vollständig.

Deutsch: Gut

Geschichte: Gut

Erdkunde: Gut

Latein (Lektion) keine Zensur

Prinz Wilhelm hat sich während des Aufenthaltes in 01 stetig entwickelt. Er ist ernster, verständiger geworden, hat für tiefere geistige Dinge Interesse nicht nur gezeigt, sondern auch bewiesen. Sein Fleiß ist ja mehr stetig geworden und nicht nur dann hervorgetreten, wenn es ihm darauf ankam, eine vorteilhafte Vorstellung von sich zu erwecken. Besonders ist anzuerkennen, daß er sich eine gewisse Leichtigkeit der Darstellung angeeignet, und von lebhaftem Eifer getragenes Verständnis für die innere Entwicklung der preußisch-deutschen Verhältnisse in diesem Jahrhundert genommen hat. Immerhin muß er aber auf die ernste Genauigkeit der Arbeit auch an Einzelnen und etwa Nebensächlichen unablässig mehr sein Augenmerk richten. Die Reife eines mittelguten Primaners hat er in den in Frage stehenden Gegenständen erreicht[99].

Am 22. Februar des Jahres 1900 ist Abiturprüfung in Anwesenheit von Geheimrat Koepcke, einem Mitglied des Preußischen Kultusministeriums. Alle vier Schüler bestehen das Examen mit guten Zeugnissen. Drei Tage später verläßt der Kronprinz Plön, um einen Offizierskurs in Potsdam abzuleisten – die Voraussetzung für das Leutnantspatent. Die Kindheit liegt hinter ihm.

Am 6. Mai 1900 wird er achtzehn Jahre alt und damit volljährig.* Im Berliner Schloß stellt der Kaiser ihn frühmorgens feierlich »a la suite« des Regiments »Kronprinz«, dessen Chef Friedrich III., der ewige Kronprinz, bis zu seinem frü-

** Die Hohenzollern-Prinzen wurden bereits mit 18 Jahren für volljährig erklärt.*
Jonas, S. 25

hen Tod gewesen ist. Der Kaiser ermahnt seinen Sohn, dem Großvater welcher »ein Kronprinz par excellence« gewesen sei, nachzueifern. Aber was war ein Kronprinz »par excellence«?

»Es wird Deiner ganzen Manneskraft bedürfen, um dieser hohen und schweren Aufgabe gerecht zu werden«, sagt der Kaiser. Das waren hohle Worte, denn er selbst hatte sich diesen ewigen Kronprinzen, seinen Vater, nie zum Vorbild genommen. Wenige Stunden später legt Prinz Wilhelm als preußischer Soldat den Fahneneid auf seinen Vater, den obersten Kriegsherrn, ab. Es ist ein bewegender feierlicher Akt, an dem ganz Europa teilnimmt.

Tennis, welches eine jahrhunderte alte französische Tradition hatte (jeu de paume), kam über England nach Deutschland. Das Rasentennis (Lawn-Tennis) konnte sich auf dem Kontinent allerdings nicht durchsetzen.
(Privatarchiv)

Ein Dandy?

Heute würde man vielleicht von Playboys sprechen, und die Deutschen nannten sie damals Stutzer, diese reichen jungen Männer, die sich nach der neuesten Mode kleiden, vielleicht auch Moden begründen, und die aus Langeweile die Aufmerksamkeit ihrer Umgebung mit Schnurrpfeifereien auf sich ziehen. Reichtum ist Voraussetzung für den Stutzer, aber es gehört auch Einfallsreichtum dazu, Witz und eine gewisse aufmüpfige Gutartigkeit – ein Augenzwinkern – welches deutlich macht, daß die bestehende Ordnung nicht grundsätzlich in Frage gestellt wird.

Ja, der Kronprinz war ein Stutzer, ein Dandy, welcher eine besondere Art von Manschettenknöpfen zum Patent anmeldete, welcher sich von einem Uniformschneider besonders hohe unvorschriftsmäßige Kragen anfertigen ließ, die – schick wie sie waren – bei den jungen Offizieren Mode machten.

Überhaupt, seine ganze von ihm selbst entworfene Uniform war unvorschriftsmäßig, doch – das konnte niemand bestreiten – hochelegant. Wenn er sich mit einem Stöckchen unter dem Arm (das hatte er den englischen Offizieren abgeguckt) auf der Straße sehen ließ, oft in Begleitung hübscher junger Damen (bevorzugt waren Engländerinnen), erregte er Aufsehen. Und das nicht nur, weil er der Thronfolger des mächtigen Deutschen Reiches war. Allerdings – wenn er zum Kaiser befohlen wurde, mußte der Kammerdiener schnell die Breeches mit Sicherheitsnadeln »umschneidern« und die formlose Mütze wurde durch eine vorschriftsmäßige Kopfbedeckung ersetzt. Eine mit Draht, wie man sie heute noch bei Offizieren mancher ausländischer Staaten bewundern kann[100].

Dieses Jungenhafte, Spitzbübische machte ihn beliebt bei den Jungen und verdächtig bei den Alten. Deren Urteil war schnell fertig. Er war leichtsinnig, oberflächlich, unreif und natürlich völlig ungeeignet für eine so verantwortungsvolle Tätigkeit wie das Regieren. Es ist wahr, und man kann – nein, man muß – es ihm vorwerfen: Er nahm zu wenig Rücksicht auf die Empfindlichkeiten der Leute, auf die es ankam. Ziel seines Spottes waren besonders die Bedenklichen, die Unentschlossenen, die Bürokraten, Eitlen und Schmeichler.

Für Prahlerei, für falsche Töne hatte er ein feines Ohr, sie reizten seinen Sinn für das Komische und er machte keinen Hehl daraus, selbst wenn es seinen eigenen Vater betraf.

Aber er schuf sich dadurch Feinde – mächtige Feinde, wie den Reichskanzler Bethmann Hollweg. Und wenn auch Bethmann Hollweg zu den Unentschlossenen, den Bedenklichen gehörte – seinen Posten verteidigte er mit zäher

Ein Hundenarr. (Privatarchiv)

Ein kapitaler Hirsch. (Privatarchiv)

Entschlossenheit, sein Instinkt für »Gegner« war wach, und der Kronprinz war ein Gegner.
Bekannt ist die Musikalität des Kronprinzen. Seine kostbare Amatigeige begleitete ihn auf seinen vielen Reisen, auch im Krieg. Sein musikalischer Geschmack ging weniger zur Klassik als zur zeitgenössischen Operette, besonders Lehar gehörte zu seinen bevorzugten Komponisten. Auch das Theater hat er gefördert – Max Reinhardt hat er bewundert und über Jahre hindurch finanziell unterstützt, er sorgte dafür, daß Reinhardt zum Professor ernannt wurde[101].
Weniger bekannt ist, daß er ein sehr begabter Zeichner war. Zwar hat er das Zeichnen nie systematisch betrieben, aber im selbstgewählten Exil, auf der einsamen holländischen Insel Wieringen, sind ihm Portraitskizzen gelungen, die sich mit denen anerkannter Künstler seiner Zeit messen können. Doch schließlich: der größte Teil seiner freien Zeit gehörte dem Sport.

Wohl alle gängigen Sportarten seiner Generation hat er betrieben. Seine besondere Leidenschaft gehörte der Jagd, wobei er die Pirsch vorzog. Das Anschleichen, Belauern und Überlisten des Wildes gehörte zur Jagd, wie er sie verstand. Dagegen bezeichnete er die Treibjagd, bei welcher das Wild dem Jäger vor die Flinte getrieben wird, respektlos als Schießübung – eine kaum verhüllte Kritik an seinem Vater.
Nach seiner Indienreise im Jahre 1912 brachte er ein kleines Jagdtagebuch heraus, dem er den folgenden Vers voranstellte.

> Das ist des Jägers Ehrenschild
> Daß stets er hegt und pflegt sein Wild
> Waidmännisch jagt wie's sich gehört
> Den Schöpfer im Geschöpfe ehrt

Es wurde ein großer Erfolg, die 29. Auflage erschien im Jahre 1976 zu seinem 25. Todesjahr. Vielfach getadelt worden ist der Kronprinz wegen des Besuches der Sechstagerennen in Berlin. Die Idee zu diesem Volksvergnügen kam, wie so vieles in jener Zeit, aus England. Mit echtem Sport hatten die Veranstaltungen wenig zu tun, es handelte sich um eine Volksbelustigung, welche an die Gladiatoren-Kämpfe im alten Rom erinnerte – Circenses eben. Der Journalist Adolf Stein (Rumpelstilzchen) schildert die Atmosphäre: »Ein Mensch mit völlig geschundenem Oberschenkel radelt wie besessen, ein anderer hat ein ganz blutunterlaufenes verquollenes Gesicht. Das kommt von den Stürzen. Um der Stürze willen kommt der größte Teil des Publikums. Täglich in drei Achtstundenschichten ist das Haus ausverkauft. Und wenn auch keine Stürze, so will das Publikum – echtes Berlin C., Berlin N., Berlin O. doch wenigstens Aufregung, Nervenkitzel und erbitterte Wettkämpfe. Dazu dienen die ausgelobten Prämien: So und so viel demjenigen, der in den nächsten Runden der Schnellste ist. Dann flitzen die bezahlten Oberschenkel los wie verrückt. Dann erhebt sich ein Brausen vielstimmiger

Erregung, dann ertönt das rhythmisch gellende ›He He He!‹ der Galerien, diese aufpeitschende Warnung an den Liebling da unten auf der Bahn, der in Gefahr steht, von einem nachfolgenden Fahrer überholt zu werden[102].«
Nein, mit Sport hatte das Spektakel wenig zu tun, die Frankfurter Zeitung meinte, daß der Kronprinz diesem öden Ereignis besser ferngeblieben wäre. Dem Reichskanzler Bethmann Hollweg hatte dieser Artikel besonders gut gefallen. Er soll dafür gesorgt haben, daß der Kaiser ihn zu lesen bekam. Aber dem Kronprinzen brachten die Besuche beim Sechstagerennen Sympathien beim einfachen Volk ein, er stand in diesen Jahren auf dem Höhepunkt seiner Beliebtheit. Zum Thema Sport schreibt er in seinen Erinnerungen:
»So oft ich konnte, habe ich während meiner Leutnantszeit und auch später meine freien Stunden dem Sport gewidmet. Nicht nur, weil ich die innere Neigung zu ihm in mir trage, sondern auch, weil ich seine Pflege für ein künftiges Staatsoberhaupt – und das war ich doch – für besonders bedeutungsvoll halte. Die sportliche Gemeinschaft ist wie kaum eine andere Grundlage geeignet, innere und äußere Schranken zwischen den gleichstrebenden Menschen aufzuheben, denn gerade beim Sport entscheidet ja nur die tatsächliche und jederzeit offenkundige Höchstleistung. Wer sie vollbringt – ob Junker, Kaufmann oder Fabrikarbeiter, ob Christ, ob Jude oder Muselmann – das ist gleichgültig. Ich habe daher häufig Radrennen, Fußballwettkämpfe, Gepäckmarschveranstaltungen und andere Sportfeste besucht und sie, wenn die Gelegenheit sich bot, durch Preise gefördert. Auch das ist mir übrigens gelegentlich verübelt worden – ein vorgeprägter Typ von Kronprinz sollte sich solch geräuschvollen Veranstaltungen in überlegener Stellung fernhalten. Nun gut: ich bin das Idealbild dieses vorgeprägten Typus mit Willen nicht gewesen und habe dafür bei solchen sportlichen Gelegenheiten Einblicke in das Leben und Treiben, in die Bedürfnisse und Wünsche mancher Volksschichten bekommen, mit denen ich sonst nach Erziehung und Umgang kaum je in die gewünschte Fühlung gekommen wäre[103].«
Als begeisterter Reiter gewann er bei einem Mächtigkeitsspringen den ersten Preis. Wie zu erwarten, gab es einen väterlichen Tadel, aber seinem Adjutanten, einem älteren Major, erging es schlechter: Der Kaiser zog ihn am Ohr und versetzte ihm einen tüchtigen Schlag in den Nacken, weil er nicht verhindert hatte, daß der Sohn sich öffentlich als Turner aufspielte[104]. Auch an einem öffentlichen Rennen des Berlin-Potsdamer Reitervereins hat er trotz Verbots teilgenommen. Auch diesmal gab es eine heftige Auseinandersetzung mit seinem Vater. Cecilie schreibt: »Als mein Mann seinen Vater schließlich davon überzeugt hatte, daß er nur aus ehrlicher Sportbegeisterung an dem Rennen teilgenommen hatte, fragte der Kaiser ärgerlich: »Hast Du denn wenigstens gewonnen?« Leider war der Kronprinz vom Grafen Königsmarck um eine Kopflänge geschlagen worden. »Da«, so die Kronprinzessin, schlug der Kaiser wütend auf den Tisch und sagte: »Zu dumm und nun mach, daß Du rauskommst!«[105] Diesmal gab es keinen Stubenarrest, dem Kronprinzen wurde vergeben, und er war glücklich darüber,

Erfolgreiche Jagd in Indien.
Die Indienreise von November 1910 bis April 1911 gab dem Kronprinzen Einblick in die unbürokratische und sehr effektive englische Verwaltung der Kolonie, welche den oft jungen Beamten viel Freiheit bei ihren Entscheidungen ließ. Auf Schritt und Tritt begegnete ihm hier aber auch der Unmut der Engländer, welche den zunehmenden deutschen Handel mit Fernost als Herausforderung empfanden.
(Privatarchiv)

denn er hatte das väterliche Wohlwollen herausgehört. Bei aller Eigenwilligkeit – und er war eigenwillig – hungerte er doch nach Verständnis und Anerkennung durch seinen Vater. In einem Brief an den Freund und früheren Mitschüler in Plön, Hochberg, schreibt er (1907): »Papa ist jetzt immer sehr nett gegen mich und sind wir uns glaube ich ein gutes Stück näher gekommen. Neulich hat er lange mit mir alleine über Politik geredet, ich bin so dankbar dafür. Es ist daßelbe Gefühl, als wenn der älteste Matrose eines Schiffes nie steuern darf und doch weiß, daß jeden Moment der Steuermann durch ihn ersetzt werden kann.«[106]

Cecilie und auch Freund Steinbömer bezeichnen ihn als einen leichtsinnigen Autofahrer. Ja sicher, er war leichtsinnig in den Augen nicht nur der Böswilligen; aber andererseits: die Bedächtigen halten manches für Leichtsinn, was Menschen mit schnellem Reaktionsvermögen und Intuition meistern können. Instinkt und feine Antennen haben ihn sicher vor manchen Unfällen bewahrt.

Ja, er war schnell, vielleicht manchmal vorschnell. Doch sein politisches Urteil war nüchtern, ausgewogen, von praktischem Verstand diktiert. Die Beschreibungen von Persönlichkeiten, denen er begegnet war, sind einfühlsam und frei von persönlicher Bitterkeit. Männer wie Bülow, Bethmann Hollweg, Moltke und Ludendorff sowie den Zaren Nikolaus II. hat er lebendig gezeichnet, ihre Charakterisierungen halten der Zeit stand.

Was den Kronprinzen sein Leben lang begleitete, war eine gewisse Naivität. Seine ritterliche Grundeinstellung paßte nicht mehr in dieses so landsknechthafte Jahrhundert. Wenn er dem Kommandanten der Feste Longwy nach dessen Kapitulation im August 1914 den Degen zurückgab, wenn er dem Befehlshaber der Festung VERDUN durch einen Parlamentär sein Bild mit Unterschrift überbringen ließ, so gab es bedeutsame Blicke und verstohlenes Lächeln in seiner Umgebung.

Alles in Allem: Der Kronprinz hatte viele Facetten, mit der Formel eines Dandys wird man ihm nicht gerecht. Seine Lieblingsuniform war die der Husaren, und das ist wohl kein Zufall. Zwei Jahre, von 1911 – 1913, hatte er unter dem Brigadekommandeur Mackensen in Danzig-Langfuhr ein Husarenregiment geführt, das einzige Kavallerieregiment, in welchem Schimmel, nur Schimmel geritten wurden. Seine Versetzung nach Danzig kam einer Verbannung gleich. Die Art und Weise, wie er seine Kommandierung erfuhr, war rüpelhaft: er las sie während seiner Indienreise in einer englischen Zeitung.

Im Nachhinein allerdings erschien ihm und auch Cecilie die Zeit in Danzig als die Schönste seiner ganzen militärischen Laufbahn. Es war vielleicht die einzige Zeit seines Lebens, in welcher ihm Verantwortung und Entscheidungsfreiheit übertragen worden waren.

Ja – er hatte etwas von einem Husaren an sich. Diese Husaren, von Friedrich dem Großen den Österreichern in der Schlacht bei Mollwitz abgeguckt, waren eine Species für sich. Auf einem »talergroßen Plätzchen« konnten sie ihre Pferde wenden, in vollem Galopp rissen sie sich gegenseitig die Mützen vom Kopf und hoben Gegenstände vom Boden auf[107]. Eine Horde von Draufgängern, für welche das strenge militärische Reglement nicht zu gelten schien; sie waren nach seinem Herzen. Und auch sie wären für ihn durchs Feuer gegangen, denn er verlangte nichts, was er nicht selber leistete.

Bei dem Versuch, ihn in die Reihe der Hohenzollern einzuordnen, ist er gelegentlich mit Friedrich II. verglichen worden. Gewiß, sein Gesicht, besonders im Alter, glich dem des großen Preußenkönigs, und auch der bisweilen schneidende Sarkasmus und das stark belastete Verhältnis zum Vater lud zu solchem Vergleich ein.

Für uns aber spiegelt er sich eher in der Person des genialischen Preußenprinzen Louis Ferdinand wider, dem Neffen des »alten Fritz«, welcher in einem Scharmützel bei Saalfeld in den napoleonischen Kriegen fiel.

Auch er war eine verschwenderische Natur, künstlerisch, musikalisch begabt, ein glänzender Reiter und tollkühner, im Krieg gegen Napoleon ausgezeichneter Offizier. Auch er stand im Widerspruch zur Regierung wegen ihrer unklaren Politik gegenüber dem Usurpator Europas, auch er war umgeben von Spitzeln und Zuträgern, abgeschoben in die Provinz als unbequemer Mahner. Ohne jeden Adelsdünkel gehörte er zum bürgerlichen literarischen Kreis der Rachel Varnhagen und nicht zuletzt – auch er war ein Liebling der Frauen.

Die Zeilen, welche Fontane dem Prinzen Louis Ferdinand gewidmet hat, könnten auch für den Kronprinzen geschrieben worden sein:

Sechs Fuß hoch aufgeschossen
Ein Kriegsgott anzuschaun
Der Liebling der Genossen
Der Abgott schöner Frauen
Blauäugig blond verwegen
Und in der jungen Hand
Den alten Preußendegen
Prinz Louis Ferdinand

Die Kronprinzessin (1886 – 1954)
(Privatarchiv)

Cecilie

Meiner Frau aber kann ich nur aus tiefem Herzen dafür danken, daß sie mir als bester und treuester Freund und Kamerad zur Seite gestanden hat; eine fürsorgende Gattin und Mutter, nachsichtig und gütig, verzeihend gegen manche meiner Fehler, voll Verstehen für das was ich bin, unbeirrt zu mir haltend im Glück wie im Unglück.

Kronprinz Wilhelm

Wir sind Deutsche und wir bleiben Deutsche und wir haben die glücklichen Jahre im Vaterland verlebt, jetzt wollen wir auch die Not teilen.

Cecile im Dezember 1918 an Victoria Luise

Ein Ausritt.
Die Kronprinzessin war eine gute Reiterin. Selbstverständlich war damals der Damensitz, für welchen ein besonderer Sattel erforderlich ist.
(Privatarchiv)

Am 6. Juni 1905 heiratet der Kronprinz die 18-jährige Cecilie aus dem Hause Mecklenburg-Schwerin. Die Hochzeit mußte zwei Wochen verschoben werden, sehr zum Leidwesen der Brautleute. Der Grund: Die Kaiserin war gestürzt und hatte sich einen Bluterguß und eine Platzwunde an der Stirn zugezogen. Sie schreibt darüber an ihre Schwester Caroline in Glücksburg:
Liebes Kindchen
»Innigsten Dank für Deinen Brief. Nur zwei Worte um Dir zu zeigen, das ich nicht so elend bin wie du sicher denkst. Ich sitze im Schlafrock in meinem Balkonzimmer und hoffe, morgen zurückreisen zu können. Ich kann auch Gott danken, daß es nicht noch viel schlimmer wurde. Gerade nachdem ich Dir geschrieben hatte, Sonntag Nachmittag, wollte ich eine steile, sehr kleine Wendeltreppe zu Wilhelm runtergehen, da muß mein Tea gown oben an der Treppe sich verhakt haben, ich verlor die Füße und stürzte nun hinunter, den Kopf gegen einen Querbalken oder dergleichen schlagend, ich muß mich überschlagen haben und dann mindestens 10 Stufen heruntergerollt sein. Ich stand aber nach dem ersten Schock gleich auf, wie ich stand, merkte ich, daß das Blut herunterfloß, ich kam in Wilhelms Zimmer am Spiegel vorbei und sah hier, daß mein Tea gown mit Blut begossen war. Ich rief gleich Wilhelms Kammerdiener und gab ihm an, ein Tuch fest um meinen Kopf zu binden, da ich die Wunde bis dahin mit der Hand zuhielt, schickte dann zum Arzt, der zum Glück im Hause war. Die Stelle war an der Stirn zwischen Augenbraue und Haar eine Ader angeschlagen mußte gleich unterbunden werden, was sehr schmerzhaft war. Wilhelm ließ ich erst rufen, als die Sache ziemlich zu war. Er erschrak aber doch sehr, als er das ziemlich reichlich vergossene Blut sah ich kann Gott danken das ich mir sonst nichts brach, für mich ein Wunder. Ich sehe natürlich toll aus, das Augenlid und Auge blutunterlaufen, der Kopf fest bandagiert, hoffentlich kann ich morgen abreisen. Wie es zur Hochzeit werden soll, weiß ich noch nicht, doch ich darf nicht lange schreiben das nur zu Deiner Beruhigung. Lebe wohl liebes Kindchen gestern war unser Konfirmationstag. Wilhelm pflegt mich sehr treu, er hatte sich doch sehr erschrocken.

Deine Victoria[108].«

Cecile, wie sie in der Familie genannt wurde, war von faszinierender fremdländischer Schönheit. Sie hatte russische Vorfahren und, wie es scheint, einen jüdischen Urgroßvater, den Bankier Haber aus Karlsruhe, welcher drei Generationen vorher eine Liebschaft mit der badischen Prinzessin Sophie gehabt hatte[109].
Die Eltern des Kronprinzen, besonders Auguste Victoria, so ist anzunehmen, waren glücklich über diesen Schritt ihres Sohnes, war er doch im Hafen der Ehe sicher vor den Stürmen der Leidenschaft und der unmoralischen freien Liebe – wie sie glaubten. Es war eine Liebesheirat gegensätzlicher Naturen. Doch zunächst überwogen die Gemeinsamkeiten – die Verbundenheit mit der Natur, die Freude an edlen Pferden und die Liebe zu Hunden. Ja, beide waren Hundenarren. Auch

Fahrt zur Taufe des Stammhalters, des Prinzen Friedrich Wilhelm, 1906. (Privatarchiv)

hatten sie denselben Sinn für Humor, sie konnten zusammen lachen, und das bedeutet viel. Gemeinsam war ihnen auch die Freude am ungezwungenen Zusammensein im Freundeskreise. Die große Etikette, der Pomp der großen Auftritte, wie der Kaiser sie liebte, war nicht nach ihrem Geschmack. Und schließlich: beide waren schnell entflammt und anfällig für den Reiz und die Versuchung des anderen Geschlechts. Vor der Hochzeit galt Cecilies Eifersucht den Regimentskameraden des Kronprinzen, später gab es andere, gewichtigere Gründe für diese quälende Eigenschaft. Ein weiteres Problem dieser Ehe war Cecilies starke dominierende Persönlichkeit. Schließlich kam es dazu, daß jeder seine eigenen Wege ging. Beide hatten ihre Liebschaften.

Cecilie war mutig und stolz – ein Kämpferin. Dabei fehlte ihr die Eigenschaft, die man zu Recht gerade Frauen nachsagt: Das diplomatische Fingerspitzengefühl. Es fehlte ihr etwas an weiblicher Geschmeidigkeit, ja vielleicht an Weiblichkeit überhaupt. Sie hatte wenig Begabung, sich schick anzuziehen. Besonders im Alter wurde das deutlich, wie Fotos aus dieser Zeit belegen.

Ihre Schwägerin Victoria Luise hat sie als autoritär, ja herrisch empfunden – eine starke, ja strenge Mutter, vor der Louis Ferdinand, ihr Sohn, in seiner Jugend Angst hatte[110].

Aber man muß ihr zugute halten, daß sie selbst sehr streng von ihrer Mutter erzogen worden war, und daß sie keine andere Form der Erziehung kennengelernt hatte. Man muß ihr auch zugute halten, daß sie durch den Krieg und die anschließende 5-jährige Trennung von ihrem Mann – der Kronprinz war nach Holland ins Exil gegangen – nicht nur die Erziehung ihrer sechs Kinder, sondern auch den Kampf um den großen Besitz der Hohenzollern und dessen Verwaltung in die Hand nehmen mußte. Um so schwieriger war es dann für sie, nach der Rückkehr ihres Mannes, die Rolle einer Frau zu spielen, die ihrem Ehegespons das Gefühl gibt, er habe das Sagen – ihn klug nimmt, wie man sagt. Das weiblich-diplomatische war ihr nicht auf den Leib geschrieben.

Ihr ausgeprägtes Familiengefühl und das innige Verhältnis zu ihren Geschwistern zog sie immer wieder in ihre Heimat nach Mecklenburg. Das Jagdschlößchen Gelbensande*, unweit von Rostock, war, wie sie sagte, die Heimat ihres Herzens. Der frühe Verlust des Vaters – sie war erst elf Jahre alt, als er starb – hinterließ ein Gefühl schrecklicher Verwaistheit, wie sie selbst schreibt. Sie beneidete andere Kinder, die noch einen Vater hatten. Zur Mutter, der gestrengen Anastasia, war das Verhältnis zwiespältig. Anastasia hielt sich nach dem Tode ihres Mannes meist in Cannes oder in der Sommerresidenz ihres Vaters Michaelskoje bei St. Petersburg auf, statt in Schwerin. Auch vorher schon hatte sie wegen zahlreicher gesellschaftlicher Aktivitäten wenig Zeit für ihre Tochter gehabt. Während des Ersten Weltkrieges wurden die Gegensätze zwischen Mutter und Tochter besonders deutlich: Anastasia machte keinen Hehl aus ihrer Vorliebe für Rußland

* *Es hat den letzten Krieg überstanden und dient heute als Museum.*

und die russische Sache, während Cecilie für Deutschland eintrat, besonders auch nach dem verlorenen Krieg.
Ihre große Bewährungsprobe bestand Cecilie nach dem Zusammenbruch der Monarchie. Trotz inständiger Bitten der Kaiserin folgte sie ihrer Schwiegermutter nicht nach Holland, wohin ihr Mann sich begeben hatte, sondern blieb in dem unruhigen, von der Revolution geschüttelten Berlin. Sie wollte ihren Kindern die Heimat erhalten und überdies gab sie die Hoffnung auf die Rückkehr der Hohenzollern auf den Thron nicht auf, sie lebte dafür. Dem neuen Staat war sie ein geachteter Verhandlungspartner bei den schwierigen Auseinandersetzungen über die Stellung der Hohenzollern im republikanischen Deutschland. Zahlreiche Prozesse mußten geführt werden, und erst im Jahre 1925 kam es zu einem Vergleich mit der Regierung, welcher den Hohenzollern etwa 10 % ihres vorher beträchtlichen Vermögens ließ[111].
Bei all diesen Verhandlungen stand Cecilie allein, die Brüder des Kronprinzen waren ihr keine Hilfe. Man hatte sie zu militärischem Gehorsam, aber nicht zu selbständigem Handeln erzogen. Ja, sie stand alleine und wurde sogar noch in Eheangelegenheiten um Rat und Hilfe gebeten. In einem Brief an Victoria Luise beklagt sie sich darüber, daß die Schwäger (August Wilhelm und Eitel Friedrich) ihre Frauen nicht in Ordnung halten könnten...»Entweder verzeiht man seiner Frau und deckt alles mit dem Mantel der Liebe zu, oder man schmeißt sie raus, wenn man diese Dinge von ihr erzählt«[112]. Nein, diese Probleme konnte sie nun wirklich nicht lösen.
Über das Problem ihrer eigenen Ehe blieb sie stumm, aber in ihrem Buch »Erinnerungen an den Deutschen Kronprinzen« hat sie ihrem Mann mit wenigen Worten ein schönes Denkmal gesetzt. Sie schreibt: »Auch wenn er eine Bitte ablehnte, klang das aus seinem Munde liebenswürdiger, als das Ja aus dem Munde eines anderen. Wollte er jemanden umstimmen, tat er es auf eine heitere, liebenswürdige, jedermann bezwingende Art[113].«
Cecilie hebt den edlen Geist des Kronprinzen hervor, seine vornehme Gesinnung, sein offenes und bescheidenes Wesen. »Er hat in seinem Leben viele menschliche Enttäuschungen erfahren. Kein Wunder, daß er schließlich menschenscheu wurde und in der letzten Zeit überhaupt niemand mehr sehen wollte.«
Sie starb am 6. Mai 1954. Es war der Geburtstag ihres Mannes, welcher drei Jahre vor ihr diese Welt verlassen mußte.

Frondeur

Fronde: Die politische Opposition des französischen Adels gegen die absolutistische Regentschaft des Kardinals Mazarin, der letzte Aufstand zu Gunsten einer ständisch beschränkten Monarchie.

(Gr. Brockhaus 1978)

Er ist ein Frondeur!

Wilhelm II.

Der englische Reitstil.
Es war chic, so zu Pferde zu sitzen, aber unmilitärisch.
(Privatarchiv)

Für die nächsten Jahre war das Regiment die Heimat des Prinzen Wilhelm. Es fiel ihm nicht schwer, sich einzuleben, denn er war good sport, wie die Engländer sagen, und ein ausgezeichneter Reiter. Das Militär – die Schule der Nation – war ein Teil seines Lebens. Allerdings – den sturen preußischen Kommiß-Vorschriften konnte und wollte er sich nicht ganz unterordnen. Regelwidrig und zum Ärger seines Vaters hatte er sich den englischen Reitstil angewöhnt mit weit nach vorne gestreckten Beinen, die so für die Führung des Pferdes ausfielen. Besonders unzweckmäßig war diese Art zu reiten beim Sprung über Hindernisse, weil der Schenkelschluß fehlte und der Schwerpunkt des Reiters zu weit hinten lag. Die Hinterhand des Pferdes wurde dadurch zu sehr belastet im Vergleich zur Vorhand. Ganz sicher steckte Widerborstigkeit in dieser Art zu reiten – eine Auflehnung im Kleinen, die er im Grundsätzlichen nicht aufbrachte. Dazu war er zu jung und zu sehr eingebunden in das System. Aber es fehlte ihm auch die Kraft.
Wenigstens einmal hat dieser Reitstil ihm einen Streich gespielt, wie Mackensen, sein Kommandeur in Danzig-Langfuhr, berichtet: Der Kronprinz stürzte beim Sprung über einen Graben. Möglicherweise hatten allerdings zwei hübsche junge Engländerinnen seiner Begleitung dazu beigetragen, seine Aufmerksamkeit abzulenken[114].

Der englische Reitstil.
Es war nicht die optimale Art, Hindernisse zu nehmen.
(Privatarchiv)

Ja, der Vater ärgerte sich über diesen disziplinlosen Sohn, der auch die vorgeschriebenen Handschuhe beim Reiten in der Schublade ließ. Aber recht machen konnte man es ihm so und so nicht. Als Wilhelm II. einmal mit seinem Gefolge in der Nähe von Potsdam ausritt, begegnete ihm der Kronprinz auf einem glänzenden Vollblüter. Der General von Plessen meinte: Es ist doch eine Freude zu sehen, wie der Kronprinz zu Pferde sitzt. Darauf der Kaiser: Es ist eine rechte Kunst zu reiten, wenn man zwei gesunde Arme hat.
Bei einer anderen Gelegenheit erfuhr der Kaiser – und er erfuhr alles über seinen Sohn durch eifrige Zuträger – daß der Kronprinz mit seiner Einheit die Treppe zum Schloß Sansoussi hochgeritten war – eine der Mut- und Geschicklichkeitsproben für Pferd und Reiter, die wohl nicht erlaubt, aber doch milde geahndet wurden. Sein Kommentar: »Wie viel mehr Mut hat doch Ziethen bewiesen, als er mit seinem Pferd zwischen den Flügeln einer Windmühle hindurchgaloppiert ist[115].« Nein, er konnte es ihm nicht recht machen, was immer er auch tat, um die väterliche Anerkennung zu gewinnen, und er wollte sie gewinnen. Welcher Sohn will es nicht.
Seit Friedrich III., dem Kronprinzen »par excellence«, gehörte das Studium an der Universität Bonn zur Ausbildung der Thronfolger. Auch Prinz Wilhelm wird am 24. April 1901 an der Bonner Universität immatrikuliert. Es begann ein Studium Generale, zu dem außer den verschiedenen juristischen Vorlesungen noch National-Ökonomie, Finanzwissenschaften und sozialpolitische Gesetzgebung gehörten. Geschichte, Literatur und Kunst, die Naturwissenschaften sowie moderne Sprachen ergänzten das reichhaltige Pensum – zu reichhaltig für die vier Semester, die dafür vorgesehen waren. Die Vorlesungen wurden privatissime, d. h. für ihn allein und meistens in seinem Domizil gehalten, so daß er, ähnlich wie in Plön, keinen Kontakt mit den anderen Studenten hatte. Ja, es war schlimmer als in Plön, denn dort leisteten immerhin drei Mitschüler ihm Gesellschaft und spornten ihn an.
Aber es gab ja die studentischen Verbindungen für die Geselligkeit. Wie auch sein Vater wurde der Kronprinz Mitglied der Bonner Borussen*, einer jener feudalen Corporationen, zu denen nur Adel oder großes Vermögen Zutritt verschaffte, am Besten beides. Die Borussen gehörten zu den sogenannten schlagenden Verbindungen, es bestand Fechtzwang. Aber an diesem Zweikampf mit der Waffe, dieser Mutprobe, diesem bis in die graue germanische Vorzeit reichenden Ritual durfte Prinz Wilhelm nicht teilnehmen. Sein Vater hatte es streng verboten, wegen der Gefahr, die damit verbunden war, welcher der Thronfolger des Deutschen Reiches nicht ausgesetzt werden sollte. Einleuchtend ist das Verbot nicht, denn andere Sportarten, wie beispielsweise der Geländeritt, waren gefährlicher, als die nach strengen Regeln ablaufende Mensur.
Prof. Zorn, einer der Lehrer an der Bonner Universität, berichtet, daß der er-

** Auch Eduard VII. hat in Bonn studiert und war Mitglied der Bonner Borussen.*

zwungene Verzicht für den Kronprinzen sehr schmerzlich war. Sicher wäre er ein ausgezeichneter Paukant gewesen. An Schneid hat es ihm nicht gefehlt.*
Aber es gab noch einen weiteren Zwang bei den studentischen Verbindungen, den Zwang zum Trinken. Dieses Trinken auf Befehl – das »in die Kanne steigen« – war dem Kronprinzen wie jeder andere Zwang zuwider. Sein ganzes Leben lang ist er mäßig im Trinken gewesen[116]. Auch die Atmosphäre, das Prahlen, das Bramarbasieren, welches Bestandteil dieser Kneipabende war, stieß ihn ab. Mit dem Schläger auf der Mensur durfte er sich keinen Respekt verschaffen, sich die Anerkennung beim Bier trinken auf der Kneipe zu verdienen, entsprach nicht seiner Art. So blieb die Studentenzeit in Bonn für ihn unerquicklich. Doch haben zwei seiner Professoren, Litzmann und Zorn, ihm ein gutes Zeugnis ausgestellt.
Zorn schreibt: »Den Vorlesungen folgte der Prinz mit sichtlichem Interesse und mit gespannter Aufmerksamkeit, niemals habe ich ihn müde oder gelangweilt gesehen. Mein Wunsch, die Vorlesungen mehr konversatorisch (also in Form von Gesprächen) zu gestalten und dadurch kräftiger zu beleben, den ich dem sorgsamen und strengen ersten Adjutanten lebhaft ausgesprochen hatte, ging leider nicht in Erfüllung; nur selten unterbrach mich der Kronprinz durch Fragen, aber wenn das geschah, zeugte die Frage von wohlbegründeten Geschichtskenntnissen und von klarem und gutem kritischen Verstande. Für Pathos und Gefühlsäußerungen hatte der Kronprinz keine Anlage[117].«
Mit der Kennzeichnung des ersten Adjutanten des Kronprinzen als sorgsam und streng deutet der Professor Zorn etwas an, das den Kronprinzen über viele Jahr gequält hat. Diese ihm zugeordneten Adjutanten und Berater waren nichts anderes als der verlängerte Arm des Vaters, welcher die Zügel führte – zu kurz, muß man sagen – und damit die Halsstarrigkeit des Sohnes herausforderte. Der »Frondeur« war hausgemacht, das Kommando »Zügel lang, Pferde loben«, welches jeder Reitschüler in den ersten Stunden zu hören bekommt, galt nicht für den ältesten Sohn des Kaisers.
Den Literaturhistoriker Litzmann zitiert Jonas in seiner Biographie: »Wo immer er (der Kronprinz) mir begegnete, hatte er die Gelegenheit ergriffen, mich zutraulich, natürlich um mein Urteil über Bücher, soziale, literarische Probleme zu fragen, sich auszusprechen über seine unglückliche Lage, daß ihm seine Lehrer nur Vorträge hielten, aber über seine Fragen nach außerhalb des Themas liegenden Dingen hinwegglitten, über seine Stellung zu den auf der Korpskneipe herrschenden Gebräuchen und Anschauungen, und er hatte durch den Ernst, der sich in all diesen, wie gesagt, von ihm aufgesuchten Gesprächen bekundete, den ehrlichen Willen, etwas Rechtes aus sich zu machen, mein ganzes Herz gewonnen[118].«
In Berlin allerdings, das in dieser Zeit ein intrigantes Klatschnest gewesen sein

** Seinem ältesten Sohn hat der Kronprinz später die Teilnahme an Mensuren erlaubt. Bei den Bonner Borussen hat er sich als Säbelfechter einen guten Namen gemacht.*

muß, las man es anders. Schon im August 1901 vertraut die Baronin Spitzemberg ihrem Tagebuch an, daß es mit dem Kronprinz in Bonn gar nicht gut gehen solle. Der junge Herr nehme gewaltig formlose Allüren an, pariere nicht, weder seinen Erziehern noch seinen Korpsoberen, Goltz (der zweite Erzieher), sei auch schon gegangen, (Kronprinz) schreibe nach Hause nurmehr Postkarten, kurz, scheine gänzlich den Kopf verloren zu haben[119].

Diese, von dem Hofmarschall der Kaiserin, dem Herrn Mirbach übermittelte Neuigkeit für die Frau Spitzemberg, konnte nur aus der kaiserlichen Familie selbst stammen. Sie wiegt leicht gegenüber dem Urteil der Professoren, aber sie zeigt die Unzufriedenheit der Eltern mit dem Ältesten, der nicht »parierte«.

Zwei Jahre später, im Jahre 1903, kam es zu »Scenen«, über welche der Hofmarschall Zedlitz-Trützschler berichtet: »Die Majestäten hatten eines Sonntags erwartet, denselben (Kronprinz) in der Garnisonskirche zu treffen, statt dessen traf der Kaiser den Kronprinzen unmittelbar nach der Kirche beim Frühstück im Regimentshaus. Dieses Vorkommnis wurde sofort in sehr energischer Art im Beisein der verschiedenen gerade anwesenden Offiziere gerügt.«

Einige Tage später erfuhr der Kaiser, daß der Kronprinz mit einigen Offizieren im Lessingtheater der Erstaufführung von Beyerleins »Zapfenstreich«* beigewohnt hatte. Auch in diesem Fall erfolgten sofort im Beisein der zufällig Anwesenden strenge Verwarnung und Tadel[120].**

Die demütigende Art des Abstrafens wurde weder dem Anlaß, noch der Person des Kronprinzen gerecht. Sie zeigte aber, wie gespannt das Verhältnis zwischen Vater und Sohn bereits war, und sie zeigte auch die verhängnisvolle Neigung des Kaisers zur Übertreibung.

Der Nachfolger auf dem Thron, welcher bereits mehrere erfolgreiche diplomatische Missionen hinter sich hatte, wurde öffentlich demontiert. In Zukunft würden die Berater, die Kabinettchefs, die Flügeladjutanten dem Kaiser wohl kaum noch Komplimente über seinen Ältesten machen, das wäre ihrer Stellung am Hofe nicht bekommen. Eher konnte man davon ausgehen, daß sie Unerfreuliches berichteten, eben die Dinge, welche seine Majestät anscheinend hören wollte, und welche das vorgezeichnete Bild des unbotmäßigen Sohnes bestätigten. Für die Regimentskameraden des Kronprinzen schien es gefährlich, mit ihm befreundet zu sein.

Zur Maßregelung seines Ältesten gebrauchte der Kaiser auch andere Mittel, das Repertoire war reichhaltig. So durfte der Kronprinz auf Befehl des Vaters nicht an der Hochzeit seines geliebten Lehrers teilnehmen und er durfte auch nicht bei dem

** Franz Adam Beyerlein, 1871 – 1949, um die Jahrhundertwende erfolgreicher pazifistischer Schriftsteller und Dramatiker.*

*** Die acht Offiziere, welche den Kronprinzen begleitet hatten, wurden in andere Regimenter versetzt. The Real Crownprince, S. 63*

vom Kaiser veranstalteten Empfang für den bekannten Südpolforscher Drygalski erscheinen, was er gerne getan hätte. Die Sitzungen bei einem Portraitmaler mußte er auf Anordnung seines Vaters abbrechen[121]. Das Verhältnis zwischen Vater und Sohn hatte sich in dieser Zeit so zugespitzt, daß der Kronprinz Freunden gegenüber die Absicht geäußert haben soll, nach England zu gehen und dort so lange zu bleiben, bis der Vater einsähe, daß er ihn nicht zwingen könne[122].

Die erste diplomatische Reise im April 1901 hatte ihn nach Wien zu seinem Patenonkel, dem Kaiser Franz Joseph, geführt. Überall bei Hofe machte er eine gute Figur, besonders der Thronfolger Franz Ferdinand war ihm herzlich dankbar für seinen Besuch und die freundliche Art der Begrüßung. Von der Umgebung des Kaisers Franz Joseph wurde Ferdinand geschnitten wegen seiner unstandesgemäßen Heirat.

Wichtiger als die Visite bei den Habsburgern war zwei Jahre später ein Besuch bei dem Zaren Nikolaus II. in St. Petersburg. Nach den Vorstellungen des Kaisers sollte der Besuch die schon stark abgekühlten Beziehungen zwischen Deutschland und Rußland verbessern.

Der Kronprinz bewies auch hier, daß er sich auf dem glatten internationalen Parkett sicher bewegen und – so wichtig – für sich einnehmen konnte.

Am 19. Januar 1903 schreibt der Graf Waldersee in sein Tagebuch: »Der Kronprinz ist in Petersburg und soll seine Sache dort recht gut machen. Ich zweifle nicht daran, denn er hat bisher im Auslande überall sehr gefallen. Stets wird sein bescheidenes, dabei doch sicheres Auftreten und liebenswürdiges Wesen gelobt... die Hauptsache bleibt immer, daß der Kronprinz doch recht gute Fähigkeiten haben soll. Ich bin überzeugt, er lernt bei seinen Reisen durch Erweiterung seines Gesichtskreises mehr als in Bonn[123].«

Und der russische Fürst Mestscherski notierte in seinem Tagebuch: »Der Eindruck, welchen der Kronprinz auf alle gemacht hat, ist ein sehr sympathischer. Er besitzt eine feine Höflichkeit, ist in natürlicher Weise sehr liebenswürdig und bescheiden und hat eine tadellose Haltung. Dabei spricht er ausgezeichnet französisch[124].«

An der Feindschaft maßgebender Kreise des russischen Hofes gegenüber Deutschland änderte der Besuch nichts, denn es stand auf deutscher Seite kein Konzept hinter dieser diplomatischen Mission.

So wie die Politik aller anderen Großmächte war auch die russische Diplomatie in dieser Zeit expansiv ausgerichtet. Allerdings stieß sie überall auf die englische Großmacht mit ihren weltweiten Ansprüchen – so in Persien und Afghanistan. Aber auch im vorderen Orient wurden englische Interessen berührt. England lag alles daran, das Ende des Osmanischen Reiches – das Sterben des »kranken Mann am Bosporus« – hinauszuzögern, welcher von den Russen stark bedrängt wurde. Auf keinen Fall sollte Rußland freie Fahrt durch die Dardanellen und damit Zugang zum Mittelmeer bekommen, denn das Mittelmeer betrachteten die Engländer als ihr Eigentum. Mit dem Suezkanal bildete es die Zufahrtsstraße zu

ihren reichen Besitzungen in Asien. Auch Österreich blockierte die russischen Expansionsbestrebungen. Hier ging es um das Erbe des Osmanischen Reiches auf dem Balkan. Angeheizt wurden die Gegensätze durch die panslawistische Bewegung, welche der russischen Politik von der Basis her Stoßkraft gab. Deutsche Interessen waren nicht berührt. Bismarck wollte keinen Krieg, er sah Deutschland als saturiert an. Die Angebote von beiden Seiten – der Russen wie auch der Engländer und Österreicher – sich an einem Feldzug zu beteiligen, lehnte er ab. Nein, er wollte keinen Krieg. Vielmehr versuchte er auf dem Berliner Kongreß (13. Juni – 13. Juli 1878) als »ehrlicher Makler« einen Interessenausgleich zu schaffen, was aber nur unvollständig gelang. Besonders die Russen, welche nach ihrem mühsam errungenen Sieg über das sterbende Osmanische Reich ein größeres Erbteil erwartet hatten, fühlten sich betrogen und von den Deutschen im Stich gelassen – im Stich gelassen von ihren Freunden, denen sie in den drei Einigungskriegen 1864, 1866 und 1870/71 den Rücken freigehalten hatten.
Die gekränkte Eitelkeit des russischen Kanzlers, des Fürsten Gortschakov, verstärkte in der Folgezeit die drohende feindselige Stimmung gegenüber Deutschland. Um dieser Gefahr zu begegnen, schloß Bismarck ein Verteidigungsbündnis mit Österreich. Die Russen lenkten ein. Es kam (1881) zum Dreikaiservertrag zwischen Österreich, Deutschland und Rußland, wie er schon einmal in der napoleonischen Zeit bestanden hatte.
Aber lange sollte dieses Bündnis nicht halten, denn die Streitigkeiten zwischen Rußland und Österreich über Einflußspähren auf dem Balkan gingen weiter, Zar Alexander III. verweigerte 1887 die Verlängerung des Dreikaiservertrages. Bismarck gelang es allerdings mit dem russischen Außenminister Giers im Juni desselben Jahres einen geheimen Vertrag* über gegenseitige Neutralität abzuschließen, falls eine der Mächte angegriffen würde. Es war der berühmte Rückversicherungsvertrag. Das Spiel mit den fünf Kugeln, wie Bismarck seine Tätigkeit als Reichskanzler genannt hatte, war noch einmal geglückt. Doch wurde das Jonglieren immer schwieriger. Er war nicht mehr der ehrliche Makler, eher glich seine Rolle der eines Dompteurs, welcher mit Schmeicheleien und Drohungen die europäischen Raubtiere davon abzuhalten versuchte, übereinander herzufallen.
Einfacher wurde es dann für den Nachfolger Bismarcks, den Reichskanzler Caprivi, jedenfalls glaubte er es. Auf Empfehlung des Staatssekretärs Holstein lehnte er es ab, den auslaufenden Rückversicherungsvertrag zu verlängern. Es war eine der ersten Amtshandlungen des neuen Kanzlers, nur eine Woche war vergangen, seitdem Bismarck gestürzt worden war. Die Russen fühlten sich isoliert. Bei kriegerischen Auseinandersetzungen mit Österreich konnten sie nicht mehr mit der deutschen Neutralität rechnen, selbst dann nicht, wenn sie von Österreich angegriffen wurden. Von nun an waren die Deutschen Feinde, weil sie sich auf die

* *Er wurde wegen der starken antideutschen Stimmung in Rußland geheim gehalten.*

Seite der Österreicher geschlagen hatten. Es lag Tragik darin, daß hier Feindschaft wuchs, ohne daß Interessengegensätze bestanden. War es Schicksal? Aber Schicksal, sagt Napoleon, ist die Ausrede der Unfähigen und Ungeschickten.
Verstärkt wurde die antideutsche Stimmung in Rußland durch die Ehe des preußischen Kronprinzen des späteren Kaisers Friedrich III. mit Victoria, der ältesten Tochter der englischen Queen. Deutschland war nun mit beiden Feinden Rußlands durch Verträge und Verwandtschaft verbunden. Die russische Politik war von nun an antideutsch. Frankreich – bis dahin isoliert – hatte einen mächtigen Bundesgenossen gewonnen, und Deutschland begann, sich auf einen Zweifrontenkrieg einzustellen. Der Alptraum der Koalitionen »le cauchemar des coalitions«, der schon Bismarck bedrückt hatte, nahm Gestalt an.
Weitreichende Folgen hatte für den Kronprinz ein England-Besuch in den Semesterferien des Jahres 1901. Im Februar desselben Jahres hatte er bereits als Begleiter seines Vaters an der Beisetzung der Queen Victoria in Windsor teilgenommen. Nun reiste er am 16. August in kleiner Begleitung dorthin, um Land und Leute seines Patenonkels, des jetzigen Königs Eduard VII., aus eigener Anschauung kennenzulernen. Seine Großmutter, die Kaiserin Friedrich, »die Engländerin«, war kurz vorher am 5. August 1901 an einem Krebsleiden gestorben. Sie hätte sich sicher gefreut über dieses Unternehmen.
Auf den großen Landsitzen des Adels wurde er auf eine Weise verwöhnt, wie er es von Deutschland nicht kannte. Der Charme Englands, die Fähigkeit der Engländer, sich ganz auf jemanden einzustellen, den sie mochten oder von dem sie etwas wollten, war unwiderstehlich. Den Kronprinzen mochten sie, hier war Verwandtschaft, auch vom Wesen her. Auf einer dieser Festlichkeiten – es war beim Herzog von Marlborough in Blenheim – hatte der Kronprinz, wie es scheint, sein erstes großes Liebeserlebnis. Nach einer englischen Quelle wurde er von seiner Begleitung, dem Grafen Eulenburg in flagranti ertappt[125]. Auch der frischgebackene König Eduard VII. war auf dieser Party gewesen. Hatte er etwas eingefädelt? Zuzutrauen wäre es ihm. Die Regenbogenpresse ganz Europas – es gab sie schon damals – brachte die Sache genüßlich unter die Leute. In Berlin war man entsetzt über den Sündensumpf England und seinen sittenlosen neuen Herrscher. England-Besuche waren von nun an für den Kronprinzen streng verboten. Selbst zur feierlichen Krönung Eduards VII. am 26. Juni 1902, zu welcher der König alle europäischen Thronfolger eingeladen hatte, durfte Prinz Wilhelm als einziger nicht erscheinen. Der Kaiser erklärte, daß sein Sohn sich seinen Studien widmen müsse und daher nicht kommen könne. Das Argument war fadenscheinig, die Absage politisch unklug, denn es beleidigte Eduard und es beleidigte England.
Zwei Jahre später lehnt der Kaiser die Einladung Eduards an den Kronprinzen anläßlich dessen Verlobung erneut ab, und bald darauf – der Kronprinz stand kurz vor seiner Heirat mit der Großherzogin Cecilie von Mecklenburg – verweigerte der Kaiser wiederum die Zustimmung zu einer Englandreise, wie aus einem Brief des englischen Königs an den Kronprinzen hervorgeht:

»Marienbad, September 5/05

My dear Willy!

I was indeed sorry and at the same time I must say surprized to learn? from your letter that you and Cecile are unable to pay us a visit at Windsor which we had also so looked for to.

As you write that ›unhappily your Papa objects to your going away to England this year‹, there ist nothing more to be said on the subject. – Another year it will probably be the same story as I have reason to believe that your father does not like your coming to England! Please tell Cecile how much I regret being unable to renew my acquaintance with her...[126].«

Eduard, das steht fest, war in mancher Beziehung – nicht nur, was Frauen anbetraf – ein unmoralischer Mensch. Zwar wurden nach seinem Tode im Buckingham Palace alle belastenden Unterlagen vernichtet[127], doch gab es genügend Zeitzeugen und nach seinem Tode auch Memoirenliteratur, die dieses Urteil rechtfertigen. Das Schicksal gönnte ihm allerdings zu zeigen, daß mehr in ihm steckte, als ein Lüstling und Playboy. Zehn Jahre lang hat er England regiert und Maurois, sein Biograph, meint, daß er seine Rolle als Mittler zwischen den Parteien, als Symbol der Nation für England und das Ausland, als stabiler und unbestrittener Faktor der öffentlichen Macht hervorragend gespielt habe[128].

Gewiß, die Verhältnisse in Deutschland waren anders: Preußens Ruf und Ruhm beruhte nicht zuletzt auf der vorgelebten moralischen Integrität seiner Eliten und seines Herrscherhauses. Wenn auch die Wirklichkeit der Wilhelminischen Aera dem hohen moralischen Anspruch nicht mehr gerecht wurde, so blieb die Fassade doch noch intakt, und nicht nur sie: Das Moralische spielte eine große Rolle im öffentlichen Leben, und es spielt sie auch heute noch. Die Deutschen neigen dazu, ihre Herrscher, ihre Mitmenschen – ja die ganze Welt mit dieser moralischen Elle zu messen. Das war und ist ehrenwert, aber auch ein bißchen weltfremd. Als Richtschnur für die Beurteilung von politischen Begabungen ist es unbrauchba.*

Bei seinen Eltern galt der Kronprinz, wenn nicht für unmoralisch, so doch als anfällig für die Versuchungen dieser Welt, anfällig besonders gegenüber den Versuchungen durch weibliche Reize, und das nicht zu Unrecht. Aber man muß ihm zugute halten, daß er alles besaß, was Frauen anzog: Er war schlank, groß – sehr groß, sportlich, gewandt, fröhlich, ungezwungen und von mitreißendem

* *Ein anonymer Verfasser schreibt über den Kronprinz dazu in der Weltbühne: Wenn freilich Bauer mit den Gerüchten, deren Haltlosigkeit man beweisen werde, die beliebten Weibergeschichten meint, so glaube ich selber, daß da stark übertrieben wird. Man sollte dergleichen ganz aus dem Spiele lassen. Was hat denn schließlich ein Land davon, daß sein Monarch ein Ausbund von bürgerlicher Tugend ist? Ist nicht absolut sicher, daß wir Deutschen mit Eduard dem Siebenten oder Leopold von Belgien besser gefahren wären als mit unserm im Punkte der Liebe denkbar soliden Wilhelm?*

Weltbühne XVI. Jg. 11, 1920, Nr. 1, 13

Leichtsinn. Ja, er wirkte auf Frauen und – schöne – Frauen wirkten auf ihn. Seine strahlend blauen Augen hätten ihn auch zum Schwarm aller Frauen gemacht, wenn er nicht der Thronfolger des damals mächtigen deutschen Reiches gewesen wäre.

Allerdings ließ die lückenlose Überwachung größere Liebesabenteuer kaum zu. Auch für ihn galt, was zu diesem Thema über seinen Vater geschrieben wurde: »Die Eltern vereinten bei der Erziehung ihrer Kinder monarchisches Verantwortungsgefühl mit bürgerlichen Bildungsidealen. Die Folge war eine Umsorgung, Bewachung und Betreuung des Prinzen, die ihm jegliche Freiheit nahm und ihn zum Gefangenen des Systems machte[129].«

So blieben die meisten dieser Liebschaften platonisch – für die Eltern allerdings und wohl besonders für Auguste Victoria ein ständiger Grund der Sorge.

Für den Vater war er der Aufsässige, der gegen das Reglement beim Reiten verstieß, der nicht parierte, der bei feierlichen Anlässen nicht erschien, der eine Leidensmiene aufsetzte bei den visionären Reden seines Vaters. Kurz – ein Frondeur.

Eduard

Edward The Rake
(Eduard der Wüstling)

Titel eines Buches über Eduard VII. von
John Pearson, Weidenfeld 1975

Er war ein geschickter Giftmischer

Bülow

Er ist ein Satan, man glaubt es gar nicht,
war für ein Satan er ist.

Kaiser Wilhelm II
cit. Zedlitz-Trützschler

Den Krieg mit Deutschland hat der König nach meiner Meinung nicht gewünscht...er hätte vielleicht die Brücke gebaut zwischen Entente und Dreibund und damit die Vereinigten Staaten von Europa geschaffen. Er konnte es – aber nur er.

Kronprinz Wilhelm, Erinnerungen

Eduard (1841–1910), Prince of Wales, von 1901–1910 König von England und Kaiser von Indien.
(Pearson »Edward The Rake«)

Das 20. Jahrhundert begann friedlich. Den letzten Tag im alten Jahr hatte der Kaiser mit einem Festgottesdienst im Schloß gefeiert. Fotografen, die bei solchen Anlässen nicht fehlen durften, hielten den Augenblick fest, als Wilhelm II. mit seinem Gefolge zum Segen niederkniete. Die boshaften Berliner sprachen hinterher von der Jahrhundertkniebeuge. Ja, das Jahrhundert begann friedlich. Allerdings, die englischen Vettern hatten Schwierigkeiten. Der Feldzug gegen die freien Burenrepubliken in Südafrika drohte zu einer Niederlage zu werden. Im Jahre 1880 umfaßte das englische Kolonialreich bereits 20,5 Millionen km² und bis zum Beginn des Ersten Weltkrieges wuchs es auf 33 Millionen km² an, mit 440 Millionen Menschen. Fast verging kein Jahr, ohne daß England nicht irgendwo in der Welt Fuß faßte, Länder annektierte und Nutzungsverträge abschloß[130]. Hier und da kam es freilich zu Aufständen.
Strafaktionen waren nötig, um die neuen Gebiete zu befrieden, wie man es nannte, und hier und da wurden auch Aufstände inszeniert, um dieses Ziel zu erreichen. Es gab viele, zum Teil verschlungene Wege zur Pax Britannica.
Doch für den militärischen Spaziergang durch die freien Burenrepubliken in Südafrika hatte man sich nicht richtig angezogen.
Immer mehr Soldaten mußten aus allen Teilen der englischen Welt nach Transvaal und den Oranjefreistaat transportiert werden, denn selbst gegen die zehnfache englische Übermacht führten die Buren unter ihren Führern de Wet und Stejn einen erfolgreichen Kleinkrieg. Erst Lord Kitchener brachte die Wende und den Sieg. Im Sudan hatte er gerade den Aufstand des Mahdi niedergeschlagen, des Anführers einer fanatisch-religiösen moslemischen Sekte, welche den Sudan vom englischen Ägypten loslösen wollte. Zur Erinnerung an seinen Sieg ließ sich der Lord aus dem Schädel des toten Mahdis* ein Tintenfaß machen[131]. Kitchener verwandelte das gesamte Operationsgebiet der freien Burenrepubliken in eine Wüste. Er ließ 30 000 Bauernhöfe niederbrennen, das Vieh – Pferde, Rinder, Schafe – totschießen und Frauen und Kinder in Konzentrationslager bringen, insgesamt etwa 100 000. Etwa 20 000 davon** kamen durch Gewalteinwirkung, Hunger und Seuchen um[132].

** Der Mahdi, welcher schon verstorben war, wurde für diesen Zweck extra ausgegraben.*
*** Genauere Angaben verdanken wir Pakenham: The Boer War, London 1982.*
»Im Oktober 1901, als Chamberlain noch härtere Maßnahmen ankündigte, starben nach offiziellen englischen Angaben von 110 000 3156, das entspräche auf das Jahr hochgerechnet einer Todesrate von 34,4 %, Dabei lag die Todesrate der Kinder wiederum auf das Jahr hochgerechnet in den Lagern des Transvaal bei 58,5 % und bei denen im Oranje-Freistaat bei 62,4 %. Die offensichtlich zu niedrigen Lebensmittelrationen wurden für diejenigen Frauen und Kinder weiter herabgesetzt, deren Angehörige noch kämpften, statt zu den Engländern zu desertieren.«
cit. Uhle-Wettler II, S. 190/191.

Kitcheners englischer Biograph, Arthur Hodges, schreibt dazu: »Die Einrichtung der Lager und ihre Unterhaltung mitten in einem großen Krieg unter Verhältnissen, deren Schwierigkeit kaum unterschätzt werden kann, war ein grandioses Unternehmen. Im großen und ganzen ist es mit bewundernswertem Erfolg durchgeführt worden, und die grundsätzliche Menschlichkeit des Konzentrationssystems hat schließlich sogar den Buren eingeleuchtet[133].« Der Burengeneral de Wet sah es etwas anders. In seinem Buch »Der Kampf zwischen Bur und Brite« schreibt er: »Ich wußte ebensogut wie jeder andere, daß in jedem Krieg entsetzliche Grausamkeiten gegen welche ein Mord fast ein Kinderspiel ist, verübt werden, aber meinen Kopf hätte ich zum Pfande gesetzt, daß es in einem von dem gebildeten englischem Volk geführten Krieg unmöglich sein würde, daß wehrlose Frauen und Kinder auf direkte und indirekte Weise hingemordet würden – und dennoch ist es geschehen. Hunderte von Beispielen, alle durch Zeugen belegt, könnte ich dafür anführen. Ich tue es aber nicht, denn meine Aufgabe ist es ja nicht, über diese traurigen Dinge zu schreiben ... Überdies versagt mir auch die Feder, um die entsetzlichen Szenen, die sich hier abspielten, und über die nicht genug gesprochen werden kann, nach Gebühr zu schildern[134].«
Der Erfolg gab Kitchener recht, falls denn Erfolg Recht geben kann. Nach drei Jahren Krieg war dieser militärische Spaziergang beendet. Eduard, Prince of Wales, war von Anfang an gegen den Krieg gewesen, wie er auch schon gegen den Deutsch-Französischen Krieg 1870/71 gewesen war. Damals hatte er seine Mutter, die Queen vergeblich gebeten, für die Franzosen Partei zu ergreifen, um das Blutvergießen zu beenden. Sein Herz schlug für Frankreich[135]. Nun, nach dem Tode der Queen Victoria im Jahre 1901, war er Herrscher über das Vereinigte Königreich und Kaiser von Indien. Seine Mutter hatte ihrem, wie sie meinte, unfähigen Sohn nach über 60 Regierungsjahren den Platz räumen müssen. Der König machte seinen Einfluß geltend. Im Juli 1902 sollte seine Krönung feierlich begangen werden, und er wünschte, daß das Reich einig und ausgesöhnt sei. So gab es einen milden Frieden mit den Buren[136]. Berti, wie ihn seine Freunde nach seinem zweiten Vornamen Albert nannten, war keine kriegerische Natur. Schon als Prince of Wales hatte er bei Streitigkeiten unter Freunden den Schiedsrichter gespielt.
Er war Patenonkel des deutschen Kronprinzen, und er war auch sein Lieblingsonkel (eigentlich Großonkel). Diese Zuneigung war gegenseitig, es gab viele – verblüffend viele Gemeinsamkeiten in ihrem Wesen, aber auch in ihren Lebensläufen. Beide waren mit größter Sorgfalt von ihren Eltern gegen ihre Natur erzogen worden. Nach und nach hatten sie einen starken Widerwillen gegen diese Erziehung angesammelt, welche ihrem Wesen nicht gerecht wurde. Und auch d a s hatten sie gemeinsam: Beide wurden sie von ihren Eltern als unfähig für die Nachfolge auf den Thron angesehen[137].
Noch als Eduard bereits 44 Jahre alt war, meinte seine Mutter, daß man ihm nichts anvertrauen dürfte, was geheim bleiben sollte, weil er zuviel klatsche. Und erst ein Jahr vor ihrem Tode – ihr Sohn war inzwischen 59 Jahre alt, gestattete sie, daß

Abschriften der einlaufenden Depeschen und ihrer Korrespondenz mit der Regierung an ihn weitergeleitet wurden. Was blieb dem ewigen Kronprinzen, der dazu verurteilt war, die besten Jahre seines Lebens ohne Verantwortung und ohne Aufgabe zu vertrödeln? Weil er keine verantwortungsvollen Aufgaben erhielt, führte er ein Lotterleben, und weil er ein Lotterleben führte, hielt man ihn für unfähig, Verantwortung zu übernehmen. Es war ein Teufelskreis.

Eduard galt als Lebemann und das zurecht. Er war in Paris ebenso bekannt wie in London und selbst nach heutigem milden Urteil läßt sich sagen, daß er ein ausschweifendes Leben führte. Spiel und Frauen beanspruchten den größten Teil seiner Zeit. Er war ein »Womanizer«, sein Bedarf an Frauen – an schönen Frauen – war groß, ebenso groß wie sein Bedarf an amüsanter Unterhaltung, welche nicht allzu geistreich sein durfte. Klatsch interessierte ihn mehr, als gelehrte Abhandlungen. Sein Sinn für Humor war schlicht, man könnte auch sagen ordinär. Mehr als einmal in seinem langen Kronprinzen-Leben geriet er durch seine Eskapaden in Schwierigkeiten, aus denen er sich nur mit Hilfe reicher Freunde und durch den Beistand seiner Mutter herauswinden konnte. Und auch aus einem anderen Grunde waren diese reichen Freunde, zu denen auch die Rothschilds gehörten, wichtig für ihn: Er war ständig in Geldsorgen, selbst nach seiner Thronbesteigung, wie sein Biograph vermerkt: »For the King was still incapable of living within his income[138].«

Zu seinen engsten Vertrauten und Beratern gehörte Ernest Cassel, der aus einer jüdischen Bankiersfamilie in Köln stammte. Als junger Mann ging er nach London und machte sich dort mit 32 Jahren als Bankier selbständig. Innerhalb weniger Jahre brachte er es zu ungeheuerem Reichtum. Man verglich ihn mit dem sagenhaften König Midas, bei dem alles, was er anfaßte, zu Gold wurde. Cassel hat Eduard aus mancher Verlegenheit geholfen, aber auch bei diplomatischen Missionen; 1890 wurde er geadelt.

Ja, Eduard war ein Womanizer, aber er war mehr als das. Dank seiner Streifzüge durch das nächtliche London und Paris mit eindeutigen Bekanntschaften, zu denen auch La Barucci gehörte, die Barucci, welche sich als »La Plus Grande Putain de Paris«[139] bezeichnete, durch zahllose Nächte am Spieltisch erwarb er sich eine Menschenkenntnis, die Bücher nicht vermitteln konnten. Es war eine Schule des Lebens, die ihm später zugute kam. Dazu kam sein common sense, sein gesunder Menschenverstand, sein gutes Gedächtnis und sein Sinn für Form, ja sogar Würde, welcher ihn selbst bei seinen waghalsigsten Eskapaden nicht verließ.

Heute kann man sich kaum eine Vorstellung davon machen, wie wichtig Kleiderfragen in jener Zeit waren und wie häufig man sich im Verlaufe eines Tages umziehen mußte, um der jeweiligen gesellschaftlichen Situation gerecht zu werden. In der Eile des Umziehens vergaß Eduard einmal, den unteren Knopf seiner Weste zu schließen und begründete damit eine Mode. Alles war eben chic, was er vormachte, selbst eine aus Eile geborene Nachlässigkeit. Seine Freundschaften waren beständig, selbst zu den Ehemännern seiner Geliebten – ein Beweis für sein

Die Kapitänstochter

La Barucci

Eduard hatte unzählige Liebschaften. Die hier abgebildeten Mätressen sind dem Buch: Edward the Rake (Eduard der Wüstling) entnommen.

Geschick, mit Menschen umzugehen. Überdies: Er war ein warmherziger toleranter Vater, vernarrt in seine Kinder, denen er ein väterlicher Freund blieb sein Leben lang [140].

Der Kronprinz bewunderte ihn und sicher hat er ihn auch beneidet. Aber es ist wahrscheinlich, daß auch Eduard sein Patenkind um manches beneidet hat, denn Eduard war klein – er trug Schuhe mit hohen Absätzen, um etwas größer zu erscheinen –, er war rundlich und schon im mittleren Alter mit einem Bäuchlein versehen. Im Äußeren glich er seiner Mutter, der Queen, aber nicht nur im Äußeren. Eduard war kein Sportsmann, seine Liebe zu Pferden beschränkte sich im Wesentlichen auf den Besuch der großen Galopprennen in Epsom und Ascot. Allerdings, seine schläfrigen Augen täuschten – ihnen entging nichts. Der Kronprinz lobte ihn als glänzenden Schützen[141].

In Deutschland gilt er als der Vater der Einkreisungspolitik, welche zum Ersten Weltkrieg führte. Tatsächlich schloß England unter seiner Regierung im Jahre 1902 ein Bündnis mit Japan, zwei Jahre später kam es zu einem Interessenausgleich mit Frankreich über die Kolonien in Afrika. Es war der Beginn der Entente cordiale, des herzlichen Einvernehmens zwischen beiden Staaten. In den folgenden Jahren wurde es durch Flottenbesuche und Treffs der führenden Männer ausgebaut.

Und auch mit Rußland einigte sich die englische Regierung im Jahre 1907 über die Einflußsphären in Persien, Afghanistan und Tibet – »England has no permanent friends and no permanent ennemies, England has permanent interests«, wie Lord Palmerston gesagt hatte.*

Was der Geheime Rat Holstein für unmöglich hielt, war eingetreten: Der russische Bär und der englische Walfisch hatten sich die Hand gegeben.

Ja, selbst mit Italien, dem Verbündeten Deutschlands, entwickelten sich freundschaftliche Beziehungen, welche im Jahre 1906 durch einen Vertrag zwischen England, Frankreich und Italien besiegelt wurden.

Die Deutsche Regierung hatte sich auf die angeblich unüberbrückbaren Gegensätze zwischen all diesen Ländern verlassen, man hielt sich alle Optionen offen, wie es hieß, bis man schließlich keine mehr hatte und alleine dastand – viel Feind viel Ehr.

Doch es gab ja Verbündete: Die k. u. k. Monarchie zum Beispiel, den Vielvölkerstaat Österreich-Ungarn. Aber dieses Gebilde aus einer anderen Zeit war nicht gesund, es war sogar totkrank. Fast alle seine Völker – die Tschechen, die Slowaken, die Polen, die Slowenen, die Kroaten, die Italiener – alle wollten sie raus aus diesem ach so milden Gefängnis, trotz der immer größeren Zugeständnisse, welche die Regierung in Wien ihnen machte. Diese Happen vermehrten nur den Appetit auf Freiheit und Unabhängigkeit. Es war klar, es mußte den verantwortlichen Männern in Deutschland klar sein, daß dieser Staat bei großen außenpolitischen Belastungen auseinanderbrechen werde.

Und auch den Wert des anderen Verbündeten haben kluge Beobachter, zu denen auch der Kronprinz gehörte, schon lange vor dem Ausbruch des Krieges für zweifelhaft gehalten. Das junge, durch revolutionären Schwung geeinte Königreich Italien wünschte sich die Wiedervereinigung mit den Provinzen Istrien und Trient. Der italienische Geheimbund, die Irredenta, kämpfte für die Befreiung von der österreichischen Fremdherrschaft.

Bundesgenossen in diesem Kampf konnten nur die Feinde Österreichs sein, und die Feinde Österreichs waren auch die Gegner Deutschlands.

Dieser Dreibund wurde nicht durch gemeinsame Interessen zusammengehalten, dem wohl einzigen verläßlichen Kitt internationaler Bündnisse.

Eduard VII., der Lebemann, der unmoralische Patenonkel des Prinzen Wilhelm, war zwar ein sehr mäßiger Bridgespieler, wie es heißt, aber das Spiel mit den fünf Kugeln – ein Bild Bismarcks für die Außenpolitik – hatte in ihm einen neuen Meister gefunden.

** Bismarck hat es in seinen Erinnerungen ähnlich formuliert, wenn er schreibt: Sympathien und Antipathien in Betreff auswärtiger Mächte und Personen vermag ich vor meinem Pflichtgefühl im auswärtigen Amt meines Landes nicht zu rechtfertigen, weder an mir noch an anderen.* *Bismarck I., S. 157*

Die Zeit seiner Regierung deckt sich fast aufs Jahr mit der Amtszeit des Reichskanzlers Bülow, welcher in diesen Jahren die Politik des Deutschen Reiches zu verantworten hatte.
Eduard starb am 6. Mai 1910, es war der Geburtstag seines Patenkindes, des Kronprinzen, welcher an diesem Tage 28 Jahre alt wurde. Seit seinem Regierungsantritt waren in der Deutschen Presse immer wieder Artikel erschienen, welche halb wahr, halb boshaft den englischen König als alternden Lüstling zeichneten, dessen Ausschweifungen die Dekadenz Englands bewiesen[142]. Doch im Jahre 1914 notiert Wilhelm II. auf einem Brief seines Botschafters in St. Petersburg, welcher die russische Mobilmachung ankündigte: »Also die berühmte ›Einkreisung‹ Deutschlands ist nun doch endlich zur vollsten Tatsache geworden, trotz aller Versuche unserer Politiker und Diplomaten sie zu hindern. Das Netz ist uns plötzlich über dem Kopf zugezogen und hohnlächelnd hat England den glänzendsten Erfolg seiner beharrlich durchgeführten pur antideutschen Weltpolitik, gegen die wir uns machtlos erwiesen haben indem es uns isoliert im Netz zappelnd aus unserer Bundestreue zu Österreich den Strick zu unserer politischen und ökonomischen Vernichtung dreht. Eine große Leistung, die Bewunderung erweckt, selbst bei dem, der durch sie zu Grunde geht! Eduard VII. ist nach seinem Tode noch stärker als ich, der ich lebe![143]« ...
Der Kronprinz aber schreibt in seinen Erinnerungen: »Ich weiß, daß vielfach – und nicht nur in der breiten Öffentlichkeit – die Neigung besteht, den König Eduard mit den Zügen einer persönlichen Gehässigkeit gegen Deutschland, einer diabolischen Vernichtungsfreude, die sich im Schmieden eines politischen Würgerings betätigte, auszustatten. Einer solchen Zeichnung mangelt nach meiner Ansicht jede Objektivität... Mir, der ich den König Eduard seit meiner frühen Jugend kannte und der ich bis nahe an sein Ende immer wieder Gelegenheit hatte, mit ihm über Vergangenes und Gegenwärtiges zu sprechen, hat sich das Bild seines Wesens ganz anders gestaltet, und ich sehe in ihm einen geklärten, welterfahrenen Menschen und den erfolgreichsten, modernsten Monarchen Europas seit langer Zeit[144].
Er hätte vielleicht die Brücke gebaut zwischen Entente und Dreibund und damit die Vereinigten Staaten von Europa geschaffen. Er konnte es – aber nur er[145].«

Affairen I

Freundschaft war die Welt, in der er lebte, ein warmes Gefühl für andere Männer, eine Sehnsucht nach griechischer Schönheit und romantischem Rittertum.

Reiners über den Fürsten Eulenburg

Augen, die einem das beste Frühstück verderben können.

Bismarck über den Fürsten Eulenburg

Felix Witkowski, alias Maximilian Harden 1961 – 1927, Herausgeber der »Zukunft«.

Graf Philipp zu Eulenburg, 1847 – 1921, vom Kaiser gefürstet, Intimus von Wilhelm II., nach der sogenannten Eulenburg-Affaire vom Hofe verbannt.

(»Unser Jahrhundert im Bild«, Bertelsmann, Gütersloh 1964)

Zwei Skandale erschütterten innerhalb kurzer Zeit Deutschland und verdunkelten das bis dahin so strahlende Bild der Monarchie. Die sogenannte Eulenburg-Affaire wurde durch den Herausgeber der »Zukunft«, Felix Witkowski, ausgelöst. Bekannt und berühmt wurde er unter dem Pseudonym Maximilian Harden. Seine Freunde nannten in Schminkeles, weil er sich die Backen rot färbte. Er war früher Schauspieler gewesen[146]. Das Drehbuch zu diesem Drama aber hatte wohl der Geheime Rat Friedrich Holstein geschrieben, welcher den Fürsten Eulenburg – grundlos – für seinen Sturz im Jahre 1906 verantwortlich hielt, und es ihm heimzahlen wollte.

Von Sturz konnte eigentlich keine Rede sein, denn Holstein hatte sein Rücktrittsgesuch selbst eingereicht – es war das Dreizehnte – aber wie bei den hysterisch gefärbten Selbstmordversuchen von Neuropathen dienten diese Rücktrittsgesuche zur Demonstration und hier und da auch zur Erpressung, denn Holstein galt als unentbehrlich.

Diesmal allerdings nahm die Sache durch Verkettung unglücklicher Umstände (oder auch durch geschickte Regie des Reichskanzlers Bülow) ein unerwartetes und ungewünschtes Ende: Sein Rücktrittsgesuch wurde genehmigt – er war entlassen.

Holstein, ein großer Hasser, gefürchtet von allen, die ihn näher kannten und die mit ihm zu tun hatten, sann auf Rache. Sein Bündnis mit Felix Harden-Witkowski gab ihm das Presseorgan, in welchem er seinen smarten und man kann wohl sagen infamen Feldzug gegen Eulenburg mit dem zunächst versteckten Vorwurf der Homosexualität eröffnete.

Harden selbst ging es wohl in erster Linie um Profilierung, aber er wollte auch den Kaiser treffen. Nach dem Sturze Bismarcks hatte er vergeblich versucht, sich diesem für einen Feldzug gegen den eisernen Kanzler anzudienen.

Eulenburg war der Vertraute von Wilhelm und die Liebenberger Tafelrunde*, an welcher der Kaiser oft teilgenommen hatte, wurde geschickt in die zunächst verhüllten, später immer dreisteren Anschuldigungen hineingewoben. Der Zeitpunkt war günstig gewählt, denn es liefen gerade mehrere Prozesse gegen Offiziere des Heeres wegen des Verstoßes gegen den Paragraphen 175, welcher die Homosexualität unter Männern zum Delikt machte. Nun gab und gibt es Homosexualität besonders in Männergesellschaften zu allen Zeiten. Die veröffentlichte moralische Entrüstung darüber in den Medien war heuchlerisch, die Quellen, aus denen gefischt wurde, trübe. Solche Anschuldigungen dienten eher der Sensationslust, oft aber auch als Waffe – bei der vorherrschenden Prüderie der Wilhelminischen Ära eine tödliche Waffe – gegen politische Gegner. Ein Beispiel dafür war der Angriff des sozialdemokratischen »Vorwärts« gegen den kränk-

* *Liebenberg war der Wohnsitz des Fürsten Eulenburg.*

lichen, nervösen Sohn des Großindustriellen Alfred Krupp wenige Jahre zuvor.*
Eulenburg sah, was auf ihn zukam, aber zeigte sich – Schöngeist, der er war – dieser Qualität von Gemeinheit nicht gewachsen. Freunde hatte er wenige. Die Intimusrolle beim Kaiser verschaffte ihm eher Neider und Feinde und seinem Duzfreund Wilhelm II. mochte er sich nicht anvertrauen, denn von ihm sollte alles ferngehalten werden, was ihn belastete. Man mußte ihn schonen, das war die Meinung seiner Umgebung, und das war auch die Meinung von Auguste Victoria, welche ihn gut – manchmal zu gut – abschirmte gegen die Unbilden der bösen Welt draußen.

Der Fürst Eulenburg tat nichts. Alle wußten nach und nach von dem heraufziehenden Unwetter, nur nicht der Kaiser, denn die »Zukunft« gehörte nicht zu seiner Lektüre, und von seiner Umgebung wagte niemand, ihn in Kenntnis zu setzen. Viele Leute aber fühlten sich angeekelt von der intriganten, klebrigen Stickluft, welche herrschte. Die Fürstin Radziwill[147] schreibt in ihrem Tagebuch am 18. Juli 1907: »Soviel ist sicher, daß es in Berlin jetzt nur noch Intrigen gibt, Eifersüchteleien und persönlichen Ehrgeiz.«

Der Kronprinz, von einem Offizier seines Regiments – es war der Leutnant Goßler –, auf Hardens Angriffe in der »Zukunft« hingewiesen, versuchte, auf dem ihm vorgeschriebenen Dienstwege seinen Vater zu informieren, aber keiner seiner Vorgesetzten wollte den Bericht weitergeben, auch der Chef des Militärkabinetts, Hülsen-Haeseler, nicht, und auch nicht der Generaladjutant des Kaisers Plessen[148]. So entschloß sich der Hauptmann im Regiment Garde du Corps seinem höchsten Vorgesetzten und obersten Kriegsherrn unter Umgehung des Dienstweges selber von dem in Kenntnis zu setzen, was die Spatzen in Berlin von den Dächern pfiffen. Es war der 3. Mai 1907.

Der Kaiser war entsetzt, er ließ alle diejenigen fallen, welche Harden der Homosexualität beschuldigt hatte, auch seinen Intimus Eulenburg. Vielleicht mußte er sie fallen lassen, damit die Monarchie nicht in den Strudel geriet, denn schon im zweiten Kaiserreich stellte die Presse eine Macht dar, welche man sich besser nicht zum Feind machte. Die Karikaturen jener Jahre geben in ihrer Gehässigkeit ein Bild davon.

Zweifellos hatte der Kronprinz gegen das Reglement verstoßen. Es war das erste Mal, daß er politisch handelte, gegen Dienstvorschriften und gegen das ausdrückliche Gebot seines Vaters, aber mit dem Instinkt für die politische Dimension dieser Kampagne, welche die Monarchie und damit den Staat in Gefahr brachte.

Und der Kaiser? Sicher, er war unschuldig hineingezogen worden in diese schmuddelige Angelegenheit, aber durch seine Intimfreundschaft mit dem von

**Auch hier handelte es sich um den Vorwurf der Homosexualität, aber der Angriff zielte in Wirklichkeit auf den Vater, welcher nicht in die Schablone des kapitalistischen Ausbeuters paßte, da er sich mit vorbildlicher Fürsorge um seine Arbeiter kümmerte.*

ihm gefürsteten Grafen Eulenburg hatte er das Gebot der Distanz mißachtet, welchem der Herrscher verpflichtet ist – Einsamkeit war der Preis, den er zu zahlen hatte für seine Stellung und für die Verpflichtung gegenüber dem Ganzen.
Seinen Sohn, den Kronprinzen, hat er nicht getadelt wegen des Verstoßes gegen die militärische Ordnung. Aber in seinen Erinnerungen, welche 1922 erschienen, erwähnt er ihn nicht. Auch hat er diejenigen nicht zur Rechenschaft gezogen, welche sich geweigert hatten, die Meldung des Kronprinzen weiterzuleiten. Mit warmen Worten gedenkt Wilhelm II. stattdessen seines Vertrauten und Freundes, des Chefs des Militärkabinetts, Hülsen-Haeseler, welcher sich geweigert hatte, die Meldung des Kronprinzen an den Kaiser weiterzuleiten[149].

Affairen II

Discretion is the first and last quality requisite in a diplomatist.

The Daily Telegraph, 28.10.1908

Bernhard von Bülow, 1849 – 1927, auch er vom Kaiser gefürstet, Reichskanzler und preußischer Ministerpräsident von 1900–1909.
(Zentner Kurt »Kaiserliche Zeiten«, Bruckmann Verlag, München 1964)

Schon bald darauf, im Oktober des folgenden Jahres, kam es zu einer weiteren schweren Staatskrise. Sie ist unter dem Namen der »Daily Telegraph Affäre« in die Geschichtsbücher eingegangen. Und wenn die Eulenburgische Tragödie ein von der Presse inszeniertes, schlechtes Schmierentheater war, so hatte das neue Stück vor großem internationalen Publikum anderes Format.
Der wachsende Konkurrenzkampf zwischen Deutschland und England um die Weltmärkte sowie das Wettrüsten zur See hatten das Klima zwischen den beiden Ländern zunehmend verschlechtert. Die englische Presse, voran die »Times« mit ihrer Hetzkampagne gegen Deutschland, hatte maßgeblichen Anteil daran. Durch die Mobilisierung von Ängsten und Emotionen, welche sich vor allem auf die deutsche Flottenpolitik konzentrierte (navy scare), wurde die englische Öffentlichkeit schon seit den Jahren 1904/05 auf einen Krieg gegen Deutschland vorbereitet.
Der Kaiser versuchte nach Absprache mit Bülow die Atmosphäre wieder etwas freundlicher zu gestalten[150]. Einem befreundeten englischen Oberst gab er während eines Besuches in England auf dessen Landsitz einen Überblick über die Ziele und Vorstellungen der deutschen Politik aus seiner Sicht, insbesondere seine persönliche Einstellung zu den englischen Vettern in der kritischen Phase des Burenkrieges.
Dieses Gespräch* fand im Spätherbst des Jahres 1907 statt, und die Botschaft des Kaisers lautete etwa folgendermaßen:
Mit seiner Freundschaft für Großbritannien stehe er, der Kaiser, beinahe alleine im deutschen Volk da. In Englands schwerster Zeit (während des Burenkrieges) habe er zu Großbritannien gehalten, immer im Gegensatz zum größten Teil der deutschen Bevölkerung. Er habe seinerzeit den Besuch des Präsidenten Krüger und der Burenführer abgelehnt, er habe während des Krieges jene Versuche Frankreichs und Rußlands, ihn für eine Koalition gegen Großbritannien zu gewinnen, abgelehnt, auch rechtzeitig seine Großmutter (die Queen Victoria) in Kenntnis gesetzt und Rußland und Frankreich gesagt, er würde in einem solchen Falle mit seiner ganzen Macht zu England stehen, er habe noch viel mehr getan, nämlich während des Burenkrieges für seine Großmutter einen Kriegsplan gegen die Buren im deutschen Generalstab ausarbeiten lassen. Der britische Feldmarschall Lord Roberts habe auch tatsächlich auffallenderweise nach diesem Plan die Buren besiegt, usw. usw.
Im folgenden Jahr setzte der Kaiser während der Manöver im Elsaß das Gespräch mit dem Obersten Stuart-Bartley fort und man kam überein, das Ganze in Form

* *Nach Mitteilung des Kaisers an Bülow ist das sogenannte Interview die Zusammenfassung einer Reihe von Gesprächen, welche er mit verschiedenen englischen Persönlichkeiten gehabt habe. Es wäre der Wunsch derselben gewesen (!) weil sie so überzeugend für das englische Publikum sein würden, – den Inhalt einem möglichst großen Kreis ihrer Landsleute zugänglich zu machen.* *Bülow II., S. 355*

eines Interviews an die Presse zu geben. Wie gesagt, die englisches Öffentlichkeit sollte von der freundschaftlichen Einstellung des Kaisers erfahren. Es war ein gut abgestimmtes Argument auf die Person Wilhelm II. Stuart Bartley, welcher die Veröffentlichung angeregt hatte, bat um strengste Vertraulichkeit. Diese Bitte um Geheimhaltung wird von dem Historiker Schüssler positiv ausgelegt[151], da sie dem Kaiser ein Dementi ermöglichte, falls seine Ausführungen nicht die gewünschte Wirkung hatten. Andererseits wurde dadurch aber auch vereitelt, daß klarsichtige Leute, welche die verheerenden Folgen dieses »Interviews« voraussahen, die Veröffentlichung verhindern konnten. Hatte man in England vielleicht den Sprengstoff entdeckt, der in diesem Text steckte? Und hatte vielleicht Eduard VII. (ganz sicher wußte er von der Sache) seine Hand im Spiel? »Der König von England legt alle hinein, seinen Neffen als Ersten« notiert die Fürstin Radziwill am 23. August 1907[152].
Die Bitte um Geheimhaltung wird vom Kaiser an den Reichskanzler weitergegeben, welchem er das von Bartley vorgefertigte Schriftstück korrekterweise und der Verfassung entsprechend zuschickt. Bülow gibt es zur Begutachtung an das Auswärtige Amt, von Geheimhaltung kann keine Rede mehr sein. Er bekommt es im Wesentlichen unverändert zurück und läßt diesen in schrecklicher Weise naiven Ausflug in das dornige Gestrüpp internationaler Beziehungen – gelesen oder ungelesen – passieren.

Am 28. Oktober 1908 erscheint der Artikel im Daily Telegraph, am darauffolgenden Tage in der halbamtlichen Deutschen Allgemeinen Zeitung sowie zwei Tage später mit einem Kommentar des Reichskanzlers im Reichsanzeiger.
Ein Sturm der Entrüstung erhob sich in Deutschland, denn die Deutschen – und das ehrt sie – waren proburisch gesinnt. Ihre Helden waren Ohm Krüger und der General de Wet, welcher mit seiner kleinen Truppe über drei Jahre der englischen Weltmacht standgehalten hatte. Daß ihr Landesvater es mit den Engländern hielt, empörte sie, und diese Empörung ging durch alle Parteien. Die Baronin Spitzemberg fand, daß es das Beschämendste, Kläglichste, Indiskreteste und Bedenklichste war, was der Kaiser sich bisher geleistet hatte[153]. Und die Fürstin Radziwill notiert am 5. November 1908: »Trotz Darlegungen Bülows können die Worte des Kaisers weder abgeleugnet noch dementiert werden, sie bleiben. Er hat vor der Öffentlichkeit Frankreich und Rußland kompromittiert, die es ihm nicht verzeihen werden, und England, was er gewinnen wollte, wird ihm nur desto feindlicher sein[154].«
Die Franzosen und Russen, ja selbst die Japaner hatte Wilhelm II. durch die Bekanntgabe vertraulicher Gespräche ernsthaft verärgert, wenn diese denn überhaupt so, wie von ihm geschildert, stattgefunden hatten. Und die Engländer? Der Kriegsminister erklärte im Unterhaus, von einem Feldzugsplan des Deutschen Kaisers sei in seinem Ministerium nichts bekannt, was mit Heiterkeit registriert wurde[155].

Der Kaiser war völlig überrascht von der allgemeinen Empörung in Deutschland, er hatte es doch gut gemeint, und er hatte ja das Interview dem Reichskanzler vorgelegt und um Stellungnahme gebeten. Bülow, so dachte er, würde ihn im Reichstag schon rauspauken. Aber der Kanzler verteidigte ihn vor dem Parlament, welches in diesen Tagen einem Hexenkessel glich (es war der 19. November 1908), nur lau und behauptete, den Text, der zweimal durch seine Hände gegangen war, nicht gelesen zu haben. Sein Antrag, eine Adresse an den Kaiser zu richten, welche ihm für die Zukunft Zurückhaltung bei außenpolitischen Kommentaren gebot, fand überwältigende Zustimmung des Parlaments. Nur der konservative Abgeordnete Oldenburg-Januschau warf sich für den Kaiser in die Bresche, weil nach seiner Meinung eine Kritik an der höchsten Stelle im Staate die Grundfeste des Reiches erschüttere[156].

Währenddessen suchte Wilhelm II. bei seinem Freund Fürstenberg in Donaueschingen Trost und Ablenkung, aber das Schicksal gönnte ihm auch das nicht: Der General Hülsen-Haeseler, Chef des Militärkabinetts, welcher zur Aufheiterung als Balletteuse verkleidet vor dem Kaiser getanzt hatte, erlitt unmittelbar danach einen tödlichen Herzanfall.

Es war zuviel für Wilhelm, er fuhr nach Berlin zurück und brach nun endgültig zusammen. Der Kronprinz, welcher dringend ins Neue Palais gerufen wurde, schilderte die Szene in seinen Erinnerungen: »Mein Vater war zurückgekehrt und lag von Aufregung, von Unverstehen und Erschütterung über die Vorkommnisse niedergeworfen in Potsdam krank. Das für ihn kaum Faßbare war geschehen: nach zwanzig Jahren, während derer er sich für den Abgott der Mehrheit des deutschen Volkes und seine Regierungsart für vorbildlich gehalten hatte – war ihm und seinem Wesen das Mißtrauen ganz unverkennbar ausgesprochen worden. In diesen Tagen war es, daß ich dringend ins Neue Palais gerufen wurde. In der Tür empfing mich der Kammerdiener meiner Mutter, der alte Höpfner. Er hatte auf mich gewartet, um mir zu bestellen, ich möge erst zu Ihrer Majestät kommen, ehe ich mich beim Kaiser melden ließe. Meine Mutter empfing mich sogleich. Sie war erschüttert, hatte rote Augen. Sie küßte mich, hielt meinen Kopf vor sich in beiden Händen: ›Du weißt, mein Junge, warum du hier bist?‹ ›Nein Mutter ‹ – ›Dann geh hinein zum Vater. Und prüfe dein Herz, ehe du dich entscheidest.‹ Da wußte ich, worum es ging. Minuten später war ich bei meinem Vater, der zu Bette lag. Ich war tief erschreckt über sein Aussehen. Nur einmal noch habe ich ihn so gesehen! Zehn Jahre später, an dem Unglückstag in Spa, als General Groener ihm den letzten Halt, den Glauben an die Treue der Armee mit einem Achselzucken kalt zerbrach. Um Jahre schien er mir gealtert, war hoffnungslos, fühlte sich verlassen von allen, war zusammengebrochen unter der Katastrophe, die ihm den Boden unter seinen Füßen fortgenommen, sein Selbstbewußtsein und Vertrauen zertrümmert hatte. Ein tiefes Mitleid war in mir. Kaum jemals habe ich mich ihm so nah gefühlt wie in dieser Stunde. Er hieß mich setzten, redete drängend, anklagend und sich überstürzend von diesen Vorgängen, Enttäuschung, Mutlosigkeit und Resignation hielten ihn umfaßt; dabei kam immer wieder die Bitterkeit über das Unrecht durch, das er in den Vorgängen sah[157].«

Geh hinein zu Deinem Vater und prüfe Dein Herz, bevor Du Dich entscheidest – diese Worte Auguste Victorias konnten nichts anderes bedeuten, als daß der Kaiser daran dachte, abzudanken und daß die Entscheidung hierüber dem Kronprinzen eingeräumt wurde. In seinen Erinnerungen fährt dieser fort:

»Ich habe ihn beschwichtigt und aufzurichten versucht. Wohl eine Stunde habe ich damals an seinem Bette gesessen. Nie vorher, seit ich denken kann, war das geschehen. Am Ende wurde vereinbart, daß ich für eine kurze Zeit und bis er von seiner Erkrankungen völlig wiederhergestellt sei, eine Art von Stellvertretung des Kaisers übernehmen solle.«

Es war eine von Mitleid diktierte Entscheidung des Sohnes für den Vater. Der Kronprinz hat sie bis zu seinem Tode bereut, wie sein Biograph Jonas berichtet[158].

Gewiß erscheint es müßig, darüber zu spekulieren, wie die Geschichte Europas verlaufen wäre, wenn er als Wilhelm III. im November 1908 seinen Vater abgelöst hätte – aber doch: Faszinierend ist die Vorstellung einer Freundschaft zwischen England und Deutschland, dieser beiden so mächtigen Reiche, einer Freundschaft, welche durch die gegenseitige Zuneigung und Wesensgleichheit zwischen dem Kronprinzen und seinem Patenonkel möglich gewesen wäre. Noch zwei Jahre regierte Eduard VII., der Lieblingsonkel, das Vorbild. Die Weichen, das ist sicher, wären in dieser Zeit anders gestellt worden.

Eine Abdankung des Kaisers lag in der Luft. Witkowski-Harden orakelte in der »Zukunft«: Will der Kaiser abdanken? Sein Wille ist frei[159], und in einer Ausschußsitzung des Bundesrates wurde die Frage diskutiert, den Kaiser zur Abdankung zu zwingen[160]. Auch Bülow berichtet in seinen Denkwürdigkeiten über Rücktrittsabsichten des Kaisers[161]. Doch die Gelegenheit ging vorüber.

Ja, Bülow – die Frage, ob er den Text des Interviews gelesen hatte, oder nicht, ist viel diskutiert worden, doch das erscheint unerheblich: er hätte ihn lesen m ü s s e n !

Der Kaiser fühlte sich zurecht von seinem Kanzler verraten in dieser für ihn so beschämenden Affäre.

Der Verrat Bülows, wenn man es so nennen will, lag auch darin, daß er die Akte an das Auswärtige Amt weitergab – eine Geheimhaltung war dadurch endgültig unmöglich geworden. Hat Bülow mit Absicht gehandelt? In einem – fast möchte man sagen – konspirativem Gespräch mit der Kaiserin versicherte er Auguste Victoria auf ihre Frage, ob er die Abdankung des Kaisers wolle, daß ihm jeder Gedanke daran fernläge[162].

Am folgenden Tage (20. November 1908), so Bülow, suchte der Kronprinz ihn auf. Der Reichskanzler berichtet darüber ausführlich:[163]

»Am 20. November kam der Kronprinz zu mir. Er wußte ebensowenig wie sein Vater, daß ich am Tage zuvor im Neuen Palais (bei der Kaiserin) vorgesprochen

hatte. Er kam, um sich über die Lage der Dinge zu informieren. Er war wie immer höflich und bescheiden, im Gegensatz zu seinem Herrn Vater mehr zögernd, mehr rezeptiv als perorierend. Ich merkte aber bald, daß er nicht ungern wenigstens für einige Zeit die Zügel der Regierung ergriffen hätte. Während er sich über die überall hervortretende, gereizte, ja erbitterte Stimmung weiter Kreise gegen seine Majestät den Kaiser in vorsichtigen, aber doch durchsichtigen Wendungen verbreitete, stieg vor meinem Geiste die berühmte Szene auf, in der Shakespeare den Prinzen von Wales, den nachmaligen König Heinrich den Fünften, schildert, wie er, am Bette seines schlafenden Vaters, König Heinrich des Vierten, sitzend, die auf dessen Kissen liegende Krone erblickt, sie ergreift, sie sich aufsetzt;
Hier sitzt sie, seht; Der Himmel schütze sie!
Der Kronprinz frug, ob ich glaube, daß der Kaiser, der namentlich von Maximilian Harden, aber auch von anderen Seiten so maßlos angegriffen werde ›ohne weiteres‹ fortfahren könne zu regieren, als ob nichts vorgefallen wäre. Ob nicht eine Pause, und sogar eine längere Pause, wünschenswert, ja notwendig sei? Ich erwiderte, daß meines Erachtens der Kaiser schon morgen, geschweige denn in acht Tagen, sein hohes Amt in ganzen Umfange wieder aufnehmen könne und werde. Wenn Seine Majestät der Kaiser und König künftig angemessen auftrete, werde er nicht mit verminderter, sondern mit vermehrter Autorität weiterregieren können.«
Zweifellos – der Kronprinz hat daran gedacht, seinen Vater nicht nur zu vertreten, sondern abzulösen, und war gekommen, um bei Bülow zu sondieren. Aber der Kanzler, der in dieser Stunde den Schicksalsfaden des Deutschen Reiches in der Hand hielt wie nie zuvor, machte nicht mit. Als Grund hierfür nennt er den Eid, den er auf den Kaiser geschworen habe. Auch meint er, daß der Kaiser zu einer freiwilligen Abdankung nicht zu bewegen gewesen wäre, und daß die Kaiserin mit den Mitteln, »welche einer so charaktervollen Frau zu Gebote ständen«, opponiert haben würde, und schließlich hätte die ungeheure Mehrheit des deutschen Volkes eine Abdankung des Kaisers im Jahre 1908 nicht gewollt[164]. Aber gerade die Vielfalt der Begründungen macht stutzig. Diese post festum, also lange nach den Ereignissen formulierten Argumente überzeugen nicht. Sie widersprechen Bülows eigenen Angaben und seinem Verhalten im Reichstag und sie widersprechen auch der Schilderung des Kronprinzen und anderer Zeitgenossen.
Einen einleuchtenden Grund für Bülows Absage an den Thronfolger gibt der Historiker Schüssler[165]. Er meint, daß der Kanzler von dem neuen Herrscher nichts zu erwarten gehabt hätte, daß vielmehr seine Tage gezählt gewesen wären, denn der Kronprinz hatte sich in dieser für seinen Vater so demütigenden Affaire ganz auf dessen Seite gestellt.*

** Der Kronprinz hat am 21. November 1908 den Reichskanzler als Verräter an seinem Vater bezeichnet. Herre »Kronprinz Wilhelm«, S. 18*

So glaubte der geschmeidige Taktiker Bülow seine Stellung als Reichskanzler fest verankert zu haben, denn die vom Parlament geforderte Erklärung des Kaisers, sich mit außenpolitischen Äußerungen zurückzuhalten – der Volksmund sprach vom Maulkorberlaß – hatte er in der Tasche.
»Gegen Bülow ist ein Aal ein Igel«, hat der Staatssekretär Kiderlen-Wächter einmal gesagt. Doch die Rechnung ging nicht auf. Es dauerte kein Jahr, da war Bülow entlassen.
Zunächst aber übte der Kronprinz für einige Wochen »eine Art Stellvertretung« seines Vaters aus. Er schreibt: »Ich habe mich bei der Ausübung dieses Amtes völlig zurückgehalten und konnte mich seiner rasch genug ganz entledigen, denn schon nach wenigen Wochen war der Kaiser scheinbar wieder obenauf. Scheinbar! Denn wie ich schon an anderer Stelle sagte: gesundet ist er niemals wieder von diesem Schlage. Unter dem äußeren Mantel seines alten Selbstbewußtseins hat er sich von da ab mehr und mehr eine Zurückhaltung auferlegt, die vielfach noch hinter den durch seine verfassungsmäßige Stellung gezogenen Grenzen zurück blieb[166].«
Während der kurzen Regentschaft des Kronprinzen hat der Kanzler ihm nach eigenen Angaben nicht einen einzigen wichtigen Bericht unterbreitet – was er hätte tun müssen – noch einen bedeutenden Vortrag gehalten[167]. Doch der Kronprinz schreibt in seinen Erinnerungen:
»Tiefer als jeder vorhergegangene Zeitabschnitt hat mich die kurze Spanne, in der ich mit der Stellvertretung des Kaisers beauftragt war, in das Triebwerk seiner technischen Regierungsarbeit, seiner Information durch die verschiedenen Dienststellen, seine Zeitdisposition schauen lassen. Und obwohl Ich die äußeren Umrisse dieses Mechanismus doch durch eine jahrelange beiläufige Beobachtung leidlich gut kannte, hat mich – wie ich mich deutlich noch erinnere – der nahe Einblick in die innere Struktur damals tief betroffen gemacht. Wenn ich auch hierüber rückhaltlos offen spreche, so mag dieser Umstand schon erkennen lassen, daß ich nicht meinen Vater für den letzten Endes allein verantwortlichen Schuldigen an diesen Zuständen halte.
Ich habe an anderer Stelle schon angedeutet, daß ein Filtrat der öffentlichen Meinung in Form von in der Reichskanzlei zusammengestellten Presseausschnitten dem Kaiser zugänglich gemacht wurde. Die Redaktion dieses Materials schien mir zu sehr von dem Wunsche auszugehen, Unerfreuliches oder gar Bedrohliches auszuschalten, mehr angenehm als tief zu sein. Manches, was, wenn auch nicht eben erfreulich zu lesen war, doch unbedingt vor die Augen des Kaisers gehört hätte, bekam er so nie zu sehen[168].«

Die Daily Telegraph-Affaire ist in ihrer Bedeutung der Halsband-Affaire vergleichbar, welche den Untergang der französischen Monarchie einläutete. Die Schlinge des Zweifrontenkrieges, welche die Deutschen schon um den Hals fühlten, war noch etwas enger gezogen worden, und England, das auf Kosten der anderen Mächte gewonnen werden sollte, hatte mit Hohn reagiert, »the tongue talks at the heads cost«, wie man dort sagt. Vielleicht hat auch Bülow es bereut, den Wechsel auf dem Thron verhindert zu haben. Kaum drei Monate nach dem Gespräch mit dem Kronprinzen versuchte er, eine private Unterredung zwischen dem Thronfolger und dem englischen König unter vier Augen zustande zu bringen. Eduard VII. war zu einem dreitägigen Besuch nach Berlin gekommen, und der Kronprinz hatte für den Gast in seinem Domizil, dem Marmorpalais in Potsdam, einen Empfang gegeben. Aber dieses Gespräch unter vier Augen – von Bülow geplant – fand nicht statt, denn der Kaiser trat mehrfach dazwischen und verhinderte die Aussprache. »Damit war der letzte Versuch, eine Entspannung zwischen Deutschland und England durch ein dynastisches Einvernehmen herbeizuführen, gescheitert[169].«

Krisen

Von Seiten der Regierung aber wurde sowohl in der
Ära Bülow wie in der Zeit des Herrn v. Bethmann
weder eine Verständigung mit England noch ein
Anschluß an Rußland energisch und mit einem kla-
ren Aktionsprogramm angestrebt.
Man klammerte sich an die Hoffnung, die etwaigen
Kriegsklippen umschiffen zu können, wollte es mit
niemand verderben, und trieb so eine kurzfristige
Politik
von der Hand in den Mund, die mit den kunstvoll
weitgespannten Ideen Bismarckscher Tradition
nichts mehr gemein hatten.

Kronprinz Wilhelm, Erinnerungen

Ich lese viel, manchmal mit tiefer Erschütterung,
wenn es um die Fehler geht, die unsere Politik von
1890–1914 verbrochen hat. Man sollte es nicht glau-
ben, daß das Volk der Denker soviel Blödsinn fertig
gekriegt hat.

Groener an seine Frau
11. Februar 1935
cit. Mittwochsgesellschaft, S. 114

Theobald v. Bethmann Hollweg (1856–1921)
Reichskanzler von 1909–1917

Zeichnung von Olaf Gulbransson aus
Otto Hamann: Bilder aus der letzten Kaiserzeit

Den Nachfolger Bülow's schildert der Kronprinz in seinen Erinnerungen als einen zwar ehrenwerten, aber schwerblütigen Bürokraten, voll müder Resignation und schwankend in seinen Entschlüssen.* Nein, Bethmann Hollweg war nicht der Mann, welcher das Erbe Bülows hätte antreten dürfen. Allerdings – die sogenannte Einkreisung Deutschlands, der Historiker Fischer spricht etwas verkrampft von Auskreisung – war bereits unter der Ägide seines Vorgängers Bülow abgeschlossen.
Um die politischen Qualitäten des neuen Kanzlers zu beschreiben, genügt es fast, an den berühmt berüchtigten Ausspruch zu erinnern, welchen er in höchster Verzweiflung dem englischen Botschafter Goschen entgegenschleuderte, als dieser ihm am 4. August 1914 die Kriegserklärung seiner Regierung überreichte. England, so rief er, wolle wegen eines Fetzen Papiers Krieg mit Deutschland führen. Bei dem »Scrap of paper« handelte es sich um die im Jahre 1831 getroffene Vereinbarung aller Anrainerstaaten, die Neutralität des neu geschaffenen Staates der Belgier zu wahren. Dieses Wort vom Fetzen Papier war ein Leckerbissen für die englische Propagandamaschine. Natürlich hätten auch die Engländer eine über 80 Jahre alte Abmachung als »Scrap of paper« behandelt, falls sie gegen ihre Interessen verstoßen hätte. Schon der Krieg gegen die Buren hatte bewiesen, wieviel oder besser, wie wenig ihnen das Lebensrecht kleiner Nationen bedeutete.** Aber bei dem kurzen Gedächtnis der Völker tat das Argument, für die Freiheit der Belgier das Schwert zu ziehen, seinen Dienst. Es mobilisierte die Öffentlichkeit – nicht nur in England, sondern auch in den neutralen Staaten für die »gerechte Sache«. Daß Bethmann Hollweg am Tage darauf im Reichstag von dem Unrecht sprach, welches man Belgien antue, gab der Sache das amtliche Siegel – für den Augenblick, und für den Tag der Abrechnung mit den Deutschen.
Die Verletzung der belgischen Neutralität im Falle eines Krieges gegen Frankreich geht auf den sogenannten Schlieffenplan aus dem Jahre1889 zurück. Schon nach dem Berliner Kongreß im Jahre 1887 wurde deutlich, daß man außer mit dem »Erbfeind« Frankreich auch mit dem Zarenreich als Gegner rechnen mußte. Es war der »cauchemar des coalitions«, der Alptraum Bismarcks, auf den der deutsche Generalstab sich einzustellen hatte. Die einzige Möglichkeit, diesen Zweifrontenkrieg zu bestehen, so Schlieffen, bestand in der schnellen Niederwerfung Frankreichs unter Umgehung des starken Festungsgürtels an der französischen Ostgrenze; nur dann hatte man die Hand frei für den mächtigen russischen Gegner. Das aber bedeutete den Durchmarsch durch das neutrale

** Der Reeder Ballin urteilte über den neuen Reichskanzler, er habe alle Eigenschaften, die den Menschen ehren, und dem Staatsmann schaden.*
cit. Uhle-Wettler, »Tirpitz«, S. 351.

*** Ferguson schreibt dazu: »Hätte Deutschland im Jahre 1914 nicht Belgien besetzt, so hätte England das getan.« Ferguson, S. 161.*

Belgien. Es waren weniger moralische Gesichtspunkte, welche diesem Plan entgegenstanden, – sie hatten in diesen Jahren des Imperialismus kein Gewicht, und wie es scheint, haben sie es im Spiel der Mächte auch heute noch nicht. Aber es waren politische. Die Politik, welche diesen militärischen Ausweg zu verantworten hatte, schuf sich damit ein neues Problem: Das der Rechtfertigung. Bethmann hat es nicht gelöst.
Weniger bekannt als der Ausspruch vom Fetzen Papier ist die Antwort, welche Bethmann dem konservativen Abgeordneten Oldenburg-Januschau bei Ausbruch des Krieges gab. Der Kronprinz hatte diesen beauftragt, den Reichskanzler nach den neuen außenpolitischen Ereignissen zu fragen. Bethmann aber, »die Gouvernante, die nie im Leben gespielt, getrunken oder Pferde gebändigt hatte«,[170] sagte, die Außenpolitik habe aufgehört zu existieren[171]. Daß es sich hier nicht um eine einmalige Entgleisung handelte, geht aus einer Notiz des Obersten Thaer hervor, welcher in seinen Erinnerungen schreibt: »Die damals von Bethmann herausgegebene Maxime ... lautete: Ich warte ab, wie weit die Heeresleitung siegt; wenn die am Schluß ihrer Weisheit ankommen sollte, muß ich eingreifen und Frieden machen[172].« Kein Zweifel, Bethmann hatte Clausewitz nicht gelesen, welcher schreibt:
»Das Unterordnen des politischen Gesichtspunktes unter den militärischen wäre widersinnig, denn die Politik hat den Krieg erzeugt; sie ist die Intelligenz, der Krieg aber bloß das Instrument, und nicht umgekehrt. Es bleibt also nur das Unterordnen des militärischen Gesichtspunktes unter den politischen möglich[173].«
Ja, es war der Offenbarungseid eines Unfähigen, welcher noch weitere zwei Jahre für die Außenpolitik Deutschland verantwortlich zeichnete – Jahre, in denen das Schicksal des Reiches entschieden wurde.*
Politisch Lied ein garstig Lied, läßt Goethe den Studenten Brander in Auerbachs Keller in Leipzig sagen, und der Spruch, daß die Politik den Charakter verdirbt, findet auch heute noch allgemeine Zustimmung. Aber vielleicht war gerade die Unfähigkeit, Politik ihrem Wesen nach zu verstehen, die Wurzel für die politischen Niederlagen Deutschlands im letzten Jahrhundert. Denn politisch denken und handeln heißt ja nichts anderes, als seine eigenen Lebensinteressen zu wahren – sich zu behaupten im rechtsfreien Raum der internationalen Beziehungen. Doch das Bluffen, das Finassieren, das Pokern, welches auch zum Wesen der Politik gehört, liegt den Deutschen nicht, es widerspricht ihrem Rechtsempfinden. Andererseits fehlt ihnen aber auch das Gefühl für das Mögliche, das Maß. Kein Zweifel, die deutsche Außenpolitik hatte den Krieg schon verloren, lange bevor er im Jahre 1914 blutig begann.
Der Kronprinz besaß politisches Gespür, es ist ihm vielfach, so auch von seinem Vater bescheinigt worden. Aber erst nach langem Bitten und Drängen durfte er

**Auch der Kaiser meinte, Politik hält im Kriege den Mund, bis Strategie ihr das Reden wieder gestattet.* *cit. Hamann, S. 129*

schließlich ab Oktober 1907 in verschiedenen Behörden hospitieren – so in den Ministerien des Inneren, der Finanzen und im Reichsmarineamt bei Tirpitz.
Der eigentliche Angelpunkt deutscher Politik aber, das Auswärtige Amt, das ihn am meisten anzog, blieb ihm vorenthalten[174]. Die Reichskanzler, so scheint es, wollten sich nicht in die Karten gucken lassen, weder Bülow noch Bethmann. Immerhin konnte der Kronprinz nun das, was er bisher nur als Zuschauer wahrgenommen hatte, durch eingehende Gespräche mit Fachleuten ergänzen. Zu seiner Ausbildung gehörte auch die Beschäftigung mit der Presse – von der konservativen »Kreuzzeitung« bis hin zum sozialdemokratischen »Vorwärts«[175]. Lange bestätigt, daß der Kronprinz Zeitungen aller politischer Richtungen las[176]. Auch ausländische Zeitungen gehörten zu seinem täglichen Lesepensum, ohne daß sie vorher sortiert oder zensiert wurden. Das »ad usum delphini«, welches für den Dauphin galt, den ältesten Sohn Ludwigs XIV., der die antiken Klassiker nur in gereinigten, jugendfreien Ausgaben zum Lesen erhielt, war, wie der Kronprinz bemerkt, hier umgekehrt[177]. Sein Vater las nämlich nur die von den Beratern ausgewählten Zeitungsabschnitte, das Unerfreuliche, Unangenehme war vorher herausgefiltert worden. Man mußte seine Majestät schonen, das war die Meinung seiner Umgebung und das war auch die Meinung von Auguste Victoria.
Besonders eindrucksvoll wurde die Begegnung mit dem Leiter des Reichsmarineamts, Admiral Tirpitz. Der Kronprinz schildert ihn als eine überragende, große Persönlichkeit mit dem Blick und dem Verständnis für die weltpolitischen Zusammenhänge.
In einem Punkte allerdings hat er dem Admiral widersprochen. Tirpitz vertrat den sogenannten Risiko-Gedanken. Er wollte die deutsche Flotte so stark machen, daß es für die Engländer ein zu großes Wagnis wäre, sich mit ihr zu messen, weil sie den Verlust ihrer eigenen Flotte und damit den Verlust der Seeherrschaft befürchten mußten.
Der Kronprinz aber war der Meinung, daß die Engländer diesen Zeitpunkt gar nicht abwarten, sondern vorher die deutsche Flotte ausschalten würden, wie sie es mit der dänischen Flotte im Jahre 1807 gemacht hatten[178].* Damals war ein englisches Geschwader mitten im Frieden vor Kopenhagen aufgekreuzt, ihr Befehlshaber hatte die dänische Regierung aufgefordert, die gesamte Flotte, welche unbemannt im Hafen lag, auszuliefern. Sie sollte bis zum Ende der napoleonischen Herrschaft den Engländern »zur Aufbewahrung« übergeben werden. Da die Dänen das Ultimatum ablehnten, wurde die Stadt mehrere Tage lang beschossen, wobei über 2000 Einwohner getötet wurden. Die dänische Regierung mußte einlenken. Die Flotte – 33 Linienschiffe und Fregatten – wurde ausgeliefert und alles, was noch unfertig auf den Helgen lag, zerstört. Es war ein

** Tatsächlich hat der erste Lord der Admiralität Fisher König Eduard VII. 1908 den Vorschlag gemacht, die deutsche Flotte zu »copenhagen«, aber Eduard lehnte ab.*
Kronprinz I., S. 72

Präventivschlag der Engländer in ihrem Kampfe gegen das Frankreich Napoleons. Bei dieser Gelegenheit bemächtigten sie sich auch des dänischen Helgolands. Nach Meinung des Kronprinzen war der Risiko-Gedanke des Admirals Tirpitz nur dann sinnvoll, wenn während der Zeit des Flottenaufbaus ein starker Verbündeter – es kam nur Rußland in Frage – Deutschland zur Seite stand, und ihm den Rücken freihielt, aber diese Rückensicherung gab es nicht. Im Gegensatz zum Leiter des Reichsmarineamtes hatte er erkannt, daß das Risiko zunächst ganz auf deutscher Seite lag.

Mehrfach vertrat er nun seinen Vater bei Repräsentationen und Auslandsreisen. Im Jahre 1909 besuchte er Bukarest und berichtete nach seiner Rückkehr über die starke antideutsche Stimmung im Lande. Der König Carol – er stammte aus der katholischen Linie des Hauses Hohenzollern – wäre der Einzige gewesen, der Deutschland wohlgesinnt war[179].Diese wichtige Information – Rumänien war seit dem Jahre 1883 mit Deutschland verbündet – wurde im Auswärtigen Amt nicht ernst genommen.

Am 31. Mai 1910 nahm er in Vertretung des Kaisers die Frühjahrsparade der Truppen auf dem Tempelhofer Feld ab. Auf dem Heimweg entging er dem stümperhaften Attentat eines russischen Anarchisten, der ihn mit einer Konservendose angegriffen hatte[180].

Wenige Monate später, am 17. Juni 1910, erhielt er Hausarrest, weil er an der Gedenkfeier zum hundertjährigen Todestage der Königin Luise nicht teilgenommen hatte, wie Jonas unter Berufung auf das Tagebuch der Fürstin Radziwill berichtet[181].*

Daß er dem Zeremoniell fernblieb, entsprach seiner Neigung zur Opposition im Kleinen. Sein ganzes Wesen widerstrebte dem Pomp, der bei solchen Anlässen entfaltet wurde. Zweifellos war es ein unreifer Protest, welcher durch eine ebenso unreife, wie wirkungslose erzieherische Maßnahme – den Hausarrest – geahndet wurde. Aber hatte der Major im I. Garderegiment zu Fuß andere Möglichkeiten, seine grundsätzliche Unzufriedenheit mit dem Regierungsstil seines höchsten Vorgesetzten, des Kaisers und dessen Kanzler, den Beratern, Kabinettschefs und Flügeladjudanten zu zeigen ? Wohl kaum. Seine Opposition wuchs in dem Maße, in dem er Einsicht in die politische Lage gewann. Die zunächst gefühlsmäßige, in der gegensätzlichen Natur von Vater und Sohn liegende Auflehnung bekam Profil – politisches Profil.

Die sogenannten Marokko-Krisen in den ersten Jahren dieses Jahrhunderts wa-

** Die Königin Luise starb allerdings erst am 19.7.1810, so daß die Jahrhundertfeier zu ihrem Todestag nicht schon am 17. Juni 1910 stattfinden konnte. Weder unter diesem Datum, noch später findet sich ein Eintrag über diesen Vorgang im Tagebuch der Fürstin Radziwill. Möglicherweise hat Jonas sich hier in den Quellen geirrt. Daß der Kronprinz – wie auch sein Vater- wiederholt Hausarrest bekam, steht fest. Es war eine in jener Zeit durchaus übliche Art der Maßregelung.*

ren hausgemacht, sie haben unnötig das Verhältnis zwischen Frankreich und Deutschland belastet, welches wegen Elsaß-Lothringen schon schwierig genug war. Das »freundschaftliche Einvernehmen«, die Entente cordiale, welche im Jahre 1904 zwischen England und Frankreich zustande kamen, war das Werk Eduard VII. Beide Länder einigten sich nun auch über die Interessensphären in Nordafrika, über welche es vorher erbitterte Streitigkeiten gegeben hatte. Marokko, ein bis dahin selbständiges Sultanat, sollte von nun an französisches Einflußgebiet sein, dafür »bekamen« die Engländer Ägypten. Die Sache hatte allerdings einen Haken – es gab einen Vertrag über Marokko aus dem Jahre 1880, in welchem die Großmächte sich gegenseitig Gleichberechtigung in diesem Gebiet zugesichert hatten. Die Engländer hatten also sozusagen ein unbelastetes Grundstück erhalten, wogegen das Tauschobjekt durch eine Hypothek – eben den Vertrag von Madrid – belastet war. Lloyd George verdanken wir die Mitteilung über ein Gespräch, welches er in diesem Jahr mit Lord Rosebery führte. Er stellt es dem ersten Kapitel seiner Memoiren voran. Wegen seiner Bedeutung soll es hier wiedergegeben werden:
»Im Jahre 1904, an dem Tage, an dem der englisch-französische Bündnisvertrag bekanntgemacht wurde, kam ich zu einem kurzen Besuch bei dem verstorbenen Lord Rosebery nach Dalmeny. Seine erste Begrüßung war:
›Sie sind wohl mit diesem französischen Vertrag ebenso zufrieden, wie die anderen auch?‹ Ich versicherte ihm, es erfülle mich mit großer Befriedigung, daß unsere knurrigen und bissigen Beziehungen zu Frankreich endlich ein Ende gefunden hätten. Er erwiderte: ›Sie irren sich sehr. Dieser Vertrag bedeutet letzten Endes den Krieg mit Deutschland‹[182].«
Frankreich erklärte sich zu dem damals üblichen Ausgleich gegenüber den anderen Mächten bereit. So erhielt Italien das gewünschte Tripolis zugesichert, und auch die Spanier bekamen einen Teil der Beute. Auf Rußland, welches gerade Händel mit den Japanern hatte, brauchte man keine Rücksicht zu nehmen. Aber Deutschland? Bülow und Holstein – man kann die beiden nicht trennen – lehnten die späten Kompensationsangebote des französischen Außenministers Delcassé ab. Sie hatten sich etwas ausgedacht: den Kaiser überredeten sie zu einer Demonstration der Stärke in Tanger. – Es war eine Aktion gegen seine innere Überzeugung, aber er folgte widerstrebend dem Rate des Reichskanzlers[183].*
Während seiner Mittelmeerreise im Jahre 1905 machte er Station in Tanger und hielt eine Rede vor der deutschen Kolonie. Sein Besuch, so sagte er, solle dem Gedanken der Gleichberechtigung aller Nationen dienen. In einem unabhängigen Lande wie Marokko müsse auch der Handel frei sein, er werde sein Möglichstes tun, um die volkswirtschaftliche Gleichberechtigung aufrecht zu erhalten, es gäbe hier keinen vorherrschenden Einfluß[184]. Es war eine Drohung,

** Zedlitz-Trützschler gibt eine andere Version, in welcher der Kaiser als die treibende Kraft zum Besuch Tangers erscheint.*

Zedlitz-Trützschler, »Zwölf Jahre am deutschen Kaiserhof«, S. 127

Frankreich lenkte ein, Delcassé, der französische Außenminister, trat zurück, die Rechnung des Auswärtigen Amtes schien aufzugehen. Es war ein Sieg – war es ein Sieg? Bülow (d. h. Holstein) war noch nicht zufrieden, das Problem Marokko sollte nun grundsätzlich geklärt werden. Auf Wunsch der Deutschen wurde eine internationale Konferenz einberufen, welche in Algeciras in Spanien tagte. Sie endete mit einer schweren diplomatischen Niederlage. Nicht nur Frankreich und England – nein, auch Rußland und Italien, ja sogar die Vereinigten Staaten von Amerika, alle standen gegen Deutschland. Nur die Österreicher hielten schwunglos zum Reich[185]. Es war das Jahr 1906 und es war die Konstellation wie sie acht Jahre später in blutiger Auseinandersetzung das Schicksal der Mittelmächte besiegeln sollte. Von nun an gab es einen zweiten Zankapfel zwischen Deutschland und Frankreich: Marokko. In Casablanca hinderte ein französischer Offizier mit seinen Soldaten den deutschen Konsul gewaltsam daran, sechs deutsche und sechs österreichische Fahnenflüchtige der Fremdenlegion* außer Landes zu bringen. Es war im Herbst des Jahres 1908. Am 8.Oktober erhält der Reichskanzler einen Brief vom Kronprinzen, in welchem er ihn bittet, den Franzosen gegenüber hart zu bleiben. Er schreibt: »Sie sind stets so freundlich und offen gegen mich gewesen, und wir haben so manche politische Frage zusammen erörtert, daß ich mir den Mut nehme, Ihnen folgendes zu schreiben. Ich bin der festen Überzeugung, daß dieser Casablanca-Zwischenfall keine zufällige Sache ist, sondern eine französische Kraftprobe, festzustellen, wieviel wir uns bei unserer Friedensliebe gefallen lassen. Ich spreche jetzt in vollem Ernst und nach reiflicher Überlegung und in dem Gedanken, daß ich später einmal die Folgen tragen werde. Wenn den Franzosen diese Sache durchgeht, ohne daß sie uns absolute und klare Genugtuung geben und ganz gehörig sich entschuldigen, ist unser Ansehen auf lange Zeit dahin[186].«
In seiner Antwort vertrat Bülow den Standpunkt, daß diese Deserteure keinen Schutz von der Regierung erwarten könnten. Auch Bismarck habe seinerzeit so gedacht, und es auch ausgesprochen.** Er schreibt weiter: »Wo unsere Ehre nicht engagiert ist, müssen wir uns doch immer fragen, was bei einem Krieg herausschaut. Wir haben bei einem Krieg in Europa nicht viel zu gewinnen. Wenn es sein muß, würden wir wie der große König auch gegen eine Welt in Waffen kämpfen. Allein, wir müssen uns auch dann bewußt bleiben, daß ein Krieg heutzutage eine sehr ernste Sache sein würde, viel ernster als vor 38 Jahren, denn die franzö-

** Fremdenlegion, eine 1831 aus Abenteurern und Flüchtlingen vieler Länder gebildete französische Truppe. Sie wurde besonders in Nordafrika, früher auch in Indochina eingesetzt. Sie besteht aus Freiwilligen, die sich zu einem vorerst fünfjährigen Dienst verpflichten müssen. Von den etwa 30 000 Fremdenlegionären sind 70 % Deutsche. Die Werbung für ausländischen Wehrdienst im Inland und durch Deutsche auch im Ausland ist strafbar.* *Brockhaus 1961*

***Der Kaiser meinte dazu: Wenn man Unrecht hat, soll man es auch ehrlich eingestehen.* *cit. Chamier, S. 206*

sische Armee ist jetzt besser als damals. Außerdem würde eine Krieg mit Frankreich voraussichtlich einen solchen mit England bedeuten, und wenn wir Frankreich angriffen, würde auch Rußland für Frankreich eintreten[187]. «
Man kann sich den Argumenten Bülows nicht verschließen. Allerdings – er selber war für die Lage Deutschlands, die keinen Handlungspielraum ließ, verantwortlich.
Der Zwischenfall wurde in Verhandlungen geregelt und mit einem Vergleich abgeschlossen. Aber der hier dokumentierte Wille zu friedlichem Ausgleich wurde als Schwäche ausgelegt und von den Gegnern Deutschlands als Sieg gefeiert.
Eine Feindschaft ist aus der Kontroverse zwischen Bülow und dem Kronprinz nicht entstanden.
Bülow schreibt in seinen Denkwürdigkeiten:
»Der Kronprinz besaß weder die ungewöhnlich rasche Auffassung seines Vaters noch dessen rednerische Begabung. Es fehlte ihm auch der persönliche Charme, mit dem Wilhelm II. namentlich bei der ersten Begegnung und bevor seine Fehler und Schwächen hervortraten, viele Menschen bezaubert hat. Der Kronprinz hatte aber von seiner verständigen Mutter einen vorsichtigen, nüchternen Zug geerbt, der seinem Herrn Vater leider abging. Bei größerer Besonnenheit hatte der Sohn doch gleichzeitig widerstandsfähigere Nerven als sein Vater...
Er würde, wenn er auf den Thron gelangt wäre, die Welt weniger in Erstaunen gesetzt haben als sein Vater, er hätte die allgemeine Aufmerksamkeit weit weniger auf sich gelenkt, er hätte aber nicht so oft wie der Vater Souveräne, Minister und ganze Völker vor den Kopf gestoßen[188].«
Und der Kronprinz schreibt in seinen Erinnerungen:
»Mir erscheint der Fürst Bülow von allen nachbismarckischen Kanzlern als der weitaus Bedeutendste – ich schätze ihn weit über den Rahmen dieses recht relativen Kompliments, das eigentlich nicht sehr viel sagen will, hinaus. Er hat in seiner Art geführt und sich die Zügel nicht aus der Hand nehmen lassen...Er war nach meiner Überzeugung auch noch im Sommer 1917 der beste Mann, der zur Verfügung stand, und so habe ich es damals sehr bedauert, daß nach Bethmanns Abgang nicht Fürst Bülow an die erste Stelle berufen wurde... Bei den beiden Kanzlerwechseln im Kriege habe ich mich für ihn oder Tirpitz bei seiner Majestät eingesetzt, leider erfolglos[189].«

Ja, der Kronprinz und Bülow verstanden sich vom Wesen her. Bei Bethmann war es anders: Der neue Kanzler setzte sich nicht mit dem Thronfolger auseinander, sondern steckte sich hinter den Vater, wenn er Schwierigkeiten mit dem Sohn hatte – er petzte, wie man so sagt. Der Kronprinz wurde dann einbestellt und Bethmann durfte ihn in Gegenwart des Kaisers abkanzeln.
Aber es änderte sich nichts: Der Kronprinz blieb ein aufsässiger, undankbarer Sohn, welcher dem armen Kanzler das Leben schwer machte. So jedenfalls sah es der Kaiser.

Alfred v. Kiderlen-Wächter, 1852–1912
Staatssekretär des Äußeren (Außenminister) von 1910–1912,
Befürworter des »Panthersprungs nach Agadir«.

Zeichnung von Olaf Gulbransson
aus Hamann: Bilder des letzten Kaisers.

Tatsächlich – der Kronprinz, der nie nachtragend war, zeigte sich beständig in seiner Gegnerschaft, wenn sie sachlich begründet war, dann aber ohne Zugeständnisse.
Der neue Kanzler hatte es schwer. Nicht nur der Kronprinz, auch die Franzosen machten ihm zu schaffen. Sie fuhren fort, Marokko, ihr »Schutzgebiet«, zu befrieden, wie die Engländer das nannten. Ihre Soldaten besetzten die Hauptstadt Fez. Es war das Jahr 1911. Die deutsche Regierung protestierte – mit einem Kanonenboot, welches nach Agadir beordert wurde. Es hieß Panther, und die Fahrt ist in die Geschichte als der »Panthersprung nach Agadir« eingegangen. Diese dritte Marokko-Krise trug nicht mehr die Handschrift des Herrn Holstein, sondern die des Staatssekretärs im Auswärtigen Amt, Kiderlen-Wächter. Doch die Drohgebärde verpuffte, die Engländer stellten sich hinter ihre neuen Freunde, die Franzosen. Ihr Schatzkanzler Lloyd George drohte mit Krieg. Die deutsche Regierung lenkte ein. Nach Verhandlungen bekam Deutschland einen kleinen Streifen vom französischen Kongo zur Entschädigung. Reiners meint zwar, daß bei der Teilung des marokkanischen Eris-Apfels die Deutschen den Stiel bekommen hätten,[190] doch wenn man die Erfahrung hinzurechnet, die Deutschland in dieser Angelegenheit erneut mit den Engländern gemacht hatte, war es kein ganz so schlechter Handel. Doch gehörte dazu auch die Fähigkeit, Erfahrungen umzusetzen. Das Muskelspiel der Deutschen blieb jedenfalls Spiel, sie wollten keinen Krieg, was immer man ihnen nachsagte. Aber was wollten sie? Den Platz an der Sonne, der ihnen zustand, wie sie meinten. Dieses griffige Wort vom Platz an der Sonne vernebelte allerdings den steinigen Weg, der zu gehen war, um dorthin zu gelangen. Gewiß – Deutschland hatte in der Wilhelminischen Zeit einen kometenhaften Aufstieg erlebt – Wissenschaft und Forschung waren die Schrittmacher hierfür. Die Zahl der Nobelpreise war ein Beweis für die Führungsrolle, welche die Deutschen übernommen hatten. Und auch die industrielle Produktion und der weltweite Handel eroberte den Deutschen Positionen, welche vorher die Engländer besetzt hatten. Sie wurden so zwangsläufig zum Herausforderer des britischen Weltreiches.
Nach dem Motto: Der Feind meines Feindes ist mein Freund, hätte sich ein Bündnis mit Rußland angeboten, aber zu einer Allianz mit dem Gegner der Engländer konnte man sich auf deutscher Seite nicht entschließen. Es gab Gründe dafür – in erster Linie die familiären und gefühlsmäßigen Bande zu England und den Engländern. Aber man wollte sie auch nicht »reizen«. Dieses Motiv für politische Enthaltsamkeit taucht in den folgenden Jahren, – ja sogar während des Krieges gegen England – immer wieder auf. Nicht nur Bülow, welcher mit diesem Argument eine Reise des Kronprinzen in die Vereinigten Staaten verhinderte*, auch Bethmann und der Reeder Ballin haben dieses Argument allen Ernstes

** Der amerikanische Präsident Taft war begeistert von der Idee, den Kronprinzen als Privatmann in die U.S.A. einzuladen, aber Bülow schrieb in einer Note an* →

vertreten. Sie hatten vergessen, was Bismarck zu diesem Thema gesagt hatte: »Schüchternheit ist bei der Rücksichtslosigkeit der englischen Politik nicht angebracht, und kein Mittel, in guten Verhältnissen mit England zu bleiben[191].«
Anderseits wurden auch Gelegenheiten verpaßt, vertragliche Vereinbarungen mit den Engländern zu treffen. Es war wohl der Geheime Rat Holstein, welcher um die Jahrhundertwende die Bemühungen Englands, im Verein mit Deutschland aus der »splendid isolation« herauszutreten, verhinderte. Der aktenkundige, aber weltfremde Theoretiker Holstein meinte, daß die Deutschen für die Engländer nur die Kastanien aus dem Feuer holen, daß sie als Festlandsdegen gegen Rußland mißbraucht werden sollten. Das mochte wohl stimmen, aber auf Empfehlung Holsteins hatte der Reichskanzler Caprivi auch den letzten dünnen Faden, welcher Deutschland mit Rußland verband, den sogenannten Rückversicherungsvertrag, zerschnitten. Und wenn auch in den folgenden Jahren mehrfach Versuche unternommen wurden, zu einer der beiden großen Weltmächte ein besseres Verhältnis herzustellen, so blieben diese Versuche doch auf halbem Wege stecken. Die deutsche Außenpolitik konnte sich nicht zu einer klaren Entscheidung für eine der beiden Mächte durchringen. So glich Deutschland dem berühmten Esel von Buridan, welcher die Wahl hatte zwischen zwei Heuhaufen sich aber nicht für einen der beiden entscheiden konnte und darum zugrunde ging.
Nicht nur die Streitigkeiten um Marokko bedrohten den Frieden. Im Jahre 1908 annektierte Österreich die Provinzen Bosnien – Herzegowina, welche bereits seit dem Berliner Kongreß 1878 unter seiner Verwaltung standen. Für die Bosnier änderte sich dadurch nicht viel, aber die Zeiten hatten sich geändert. Die Serben, das wohl kriegerischste Volk dieser Region, empörten sich, sie träumten von einem großserbischen Reich, zu welchem auch Bosnien gehören sollte, und hinter den Serben standen nun die Russen. Und wieder wurde in Europa von Krieg gesprochen – von einem europäischen Krieg, denn aus eigener Kraft konnte der Vielvölkerstaat Österreich keine Großmachtpolitik mehr betreiben. Er brauchte den großen deutschen Bruder und verließ sich auf ihn. Tatsächlich gab Bülow dem österreichischen Außenminister einen Blankoscheck zum Handeln, und den Russen schickte er eine scharf formulierte Note, die einem Ultimatum gleichkam. Diese Note hielt sie noch einmal davon ab, den Serben zu Hilfe zu kommen, denn sie hatten sich noch nicht von ihrer Niederlage gegen die Japaner erholt.
War Bülows Aktion gute Politik? Gewiß – er wollte den einzigen, fast einzigen Bundesgenossen Deutschlands nicht im Stich lassen. Aber diese »Nibelun-

den Kaiser: »In England, wo man alle deutsch-amerikanischen Annäherungsversuche mit Mißtrauen beobachtet, würde die Reise des Kronprinzen zum Anlaß neuer Verdächtigungen unserer Politik benutzt werden«. *cit. Jonas, S. 73*
Eine große Chance für die deutsch-amerikanischen Beziehungen wurde so verspielt.

gentreue« widersprach dem politischen Dogma der freien Hand, von welcher so viel die Rede war und das in den Beziehungen zu St. Petersburg und London eine so verhängnisvolle Rolle spielte. Wenige Jahre später riß diese Nibelungentreue beide Reiche in den Abgrund.
Zwar ging das Unwetter auch diesmal noch vorbei, aber die Luft über Europa blieb schwül, die Atmosphäre gespannt. Mit der Mehrheit des Volkes empfand der Kronprinz die zunehmende Isolierung Deutschlands, die Einkreisung, wie man sagte, immer drückender. Er näherte sich in diesen Jahren den Zielen und dem Programm des einflußreichen Alldeutschen Verbandes,[192] einer überparteilichen – heute würde man sagen nationalistischen Vereinigung, welche die Belebung des Vaterländischen Gedankens, die Durchsetzung nationaler Interessen auch gegen Widerstand, wo immer er herkam, durchsetzen wollte. Es war das »right or wrong my country« der Engländer, dem die Alldeutschen sich verschrieben hatten. In seiner besten Zeit zählte der Verband an die 20.000 Mitglieder und stellte 60 Abgeordnete verschiedener Parteien im Deutschen Reichstag. Die Alldeutschen, das steht außer Frage, waren nach unserem heutigen Verständnis Chauvinisten, welche rücksichtslos nationale Interessen, so wie sie sie verstanden, durchsetzen wollten – dazu noch mit einem antisemitischen touch. Aber selbst Bethmann Hollweg, ein gewiß unverdächtiger Zeuge, entlastet sie, wenn er schreibt: »Denn nicht scharf genug kann betont werden, daß selbst die Auswüchse des Alldeutschtums zu nicht geringem Teile nur das Echo auf die leidenschaftlichen Ausbrüche eines Chauvinismus in den Ententeländern waren, der sehr zum Unterschied von den deutschen Zuständen in der offiziellen Politik dieser Mächte seinen Untergrund hatte[193].
Mehrere Aktionen des Kronprinzen stempelten ihn nun in der Umgebung des Kaisers und bei der sozialdemokratischen Opposition zum Scharfmacher. Besonderes Aufsehen erregte sein Blitzbesuch in Berlin am 9. November 1911. Von seinem militärischem Vorgesetzten, dem Generalleutnant Mackensen, waren ihm drei Tage Urlaub für den Besuch einer Sitzung des Reichstages bewilligt worden.* Es wurde über Marokko verhandelt.
Im Verlaufe der Sitzung hielt der Abgeordnete Heydebrand, Führer der konservativen Partei, eine scharfe Rede gegen die Politik des Reichskanzlers, wobei er von der Tribüne her mehrfach demonstrativen Beifall vom Kronprinzen bekam – überraschender Weise auch, als Heydebrand England als den eigentlichen Feind Deutschlands bezeichnete.
Überraschend war es, weil der Kronprinz allgemein als englandfreundlich – ja, als halber Engländer galt. Aber während seiner Indienreise, welche noch kein Jahr zurücklag, hatte er dazugelernt. Noch am selben Tage wurde er zum Kaiser bestellt,

* *Die Behauptung Herres und Jonas, daß der Kronprinz ohne Genehmigung nach Berlin gereist sei, wird durch die Privatkorrespondenz Mackensens widerlegt.*
Schwarzmüller, S. 83

der ihn scharf zurecht wies, und im Anschluß daran durfte Bethmann, der dazu extra eingeladen worden war, ihn wegen seiner ungehörigen Eskapade in die Außenpolitik runterputzen[194]. Ja, der Auftritt des Kronprinzen im Reichstag erregte viel Aufsehen – weniger im Ausland, als in Deutschland. Hier galt er nun als Militarist, ja als Kriegshetzer, jedenfalls in der Umgebung des Kaisers und bei der Opposition. Aber das Volk, die Berliner jubelten ihm zu, als er am nächsten Tage im Zeppelin über der Stadt schwebte und abends im Zirkus Schumann in der kaiserlichen Loge erschien[195]. Der Mann auf der Straße verstand ihn, denn auch er fühlte, daß die Entscheidung über Deutschlands Stellung in der Welt bevorstand, und daß durch das Hinausschieben dieser Entscheidung die Lage für Deutschland sich laufend verschlechterte.

In seinen Erinnerungen schreibt der Kronprinz, daß die öffentliche Äußerung seiner Ansichten besser unterblieben wäre, aber er fügt hinzu: »Mir war die drastische Methode Kiderlens, das Provozieren, wie es durch die Sendung des ›Panther‹ nach Agadir zum Ausdruck gekommen war, gleich unsympathisch, wie das eilige Zurückweichen nach der Drohrede des Lloyd George im Mansion House – denn beides waren Zeugnisse der tastenden Unsicherheit unserer Führung, die nicht ermaß, wie sehr der erste Schritt die Mentalitäten der Gegenseite treffen, wie sehr der zweite unser eigenes Prestige vor der Welt beeinträchtigen mußte[196].«

Die Opposition des Kronprinzen wuchs. Schon vor seinem Auftritt im Reichstag hatte er Kiderlen-Waechter, dem starken Mann im Auswärtigen Amt, ein Memorandum geschickt, in welchem er vorschlug, Italien als einen unzuverlässigen und unloyalen Bundesgenossen fallen zu lassen, und statt dessen die Türkei zu stützen[197]. Aber dieser »ungehörige Ausflug in das Gebiet der auswärtigen Politik« hatte ebenso wenig Erfolg, wie das Gespräch mit Kiderlen-Waechter nach seiner Rumänienreise im Jahre 1909. Über den damaligen Besuch schreibt der Kronprinz: »Herr von Kiderlen-Waechter (der Schwabe), hörte mich behaglich überlegen an und lächelte zu meinem Bericht. Am Ende meinte er, ich müsse mich getäuscht – ich müsse böse geträumt haben. Ganz Rumänien, das er doch kenne ›wie sei Westetasch‹, sei bündnistreu bis auf die Knochen, ›sozusagen mündelsicher‹[198].« Kiderlen mußte es eigentlich besser wissen, er war zehn Jahre lang deutscher Gesandter in Bukarest gewesen.

Was der Kronprinz kritisierte, war die Inkonsequenz des Handelns, die Planlosigkeit der politischen Aktionen und die Großspurigkeit des Auftretens. Und wenn er auch den Reichskanzler und seinen Staatssekretär im Auswärtigen Amt, Kiderlen-Waechter, für das politische Versagen verantwortlich machte, so mußte er sich doch im klaren darüber sein, daß es eigentlich sein Vater war, der es verschuldete, denn e r hatte die Berater ernannt, und stand zu ihnen. Tatsächlich – der Kronprinz wurde in diesen Jahren zum Streitrufer – zum Kriegshetzer, wie alle diejenigen ihn nannten, welche glaubten, daß Deutschland seine Stellung in der Welt, seine Weltstellung auf friedlichem Wege erreichen könnte.

Im November 1908 hatte er ein langes Gespräch mit dem General Moltke, dem Nachfolger Schlieffens als Chef des Generalstabs. Der Kronprinz meinte, daß nur ein Krieg Deutschland aus der verworrenen politischen Lage heraushelfen könne. Aber Moltke anwortete ihm ähnlich wie vorher Bülow, daß die Zeit der Kabinettskriege vorbei sei, und daß ein Krieg, den das deutsche Volk nicht wolle, oder den es nicht verstehe, und dem es darum keine Sympathie entgegenbringe, eine sehr gefährliche Sache sei. »Wenn das Volk glaube, der Krieg sei in frivoler Weise heraufbeschworen, und solle nur den Regierenden aus der Verlegenheit helfen, könne er den Krieg damit anfangen, daß man auf seine eigenen Untertanen schießen müsse[199].«
Am 1. Januar 1912 schreibt der Kronprinz einen Neujahrsgruß an seinen Vater: »Es ist mir in diesem Jahr ein besonderes Bedürfnis Dir von ganzem Herzen Glück zu wünschen, denn das werden wir im kommenden Jahr recht sehr gebrauchen, ernst genug sieht es doch um uns her aus. Ich persönlich hoffe auf einen Waffengang und nicht in frivoler Rauflust sondern aus ruhiger und nüchterner Erwägung heraus. Das deutsche Volk ist an einem Wendepunkt angekommen, es geht entweder hinauf oder hinab. Der bekannte Platz an der Sonne soll uns nicht gegönnt werden und so müssen wir ihn uns erzwingen[200].«
Mehrfach noch hat der Kronprinz in den gewitterschwülen Vorkriegsjahren durch politische Stellungnahmen die Aufmerksamkeit der Öffentlichkeit und insbesondere der Presse auf sich gezogen. Und wieder war es eine Affaire, zu der er sich äußerte – die sogenannte Zabern-Affaire. Das Reichsland Elsaß-Lothringen hatten sich die Deutschen nach ihrem Sieg über Frankreich 1871 zurückgeholt* – auf dem Wiener Kongreß war dies noch am Widerstand Rußlands gescheitert. Aber die Herzen der Menschen hatten sie nicht gewinnen können. Es ist nicht die Stärke der Deutschen, Herzen zu gewinnen. Reibereien zwischen der Bevölkerung und der deutschen Verwaltung sowie dem Heer blieben nicht aus. Im Jahre 1913 kam es zu einem Eklat, der von der Presse aufgegriffen und wohl auch aufgebauscht wurde, und der sich über Monate hinzog. Der Kronprinz stellte sich, wie ich meine, zu unrecht, auf die Seite der Militärs**, in mehreren Telegrammen betonte er seine Solidarität mit den beteiligten Offizieren. Er erregte damit wiederum das Mißfallen seines Vaters und wurde überraschend aus Danzig-Langfuhr, wo er ein Husarenregiment befehligte, zum Großen Generalstab nach Berlin zurückberufen.
Im selben Jahr feierte die Stadt Breslau den Beginn der Befreiungskriege gegen Napoleon vor hundert Jahren. In Breslau hatte 1813 der preußische König das ei-

** Für die Annexion von Elsaß-Lothringen 1871 waren strategische Erwägungen entscheidend gewesen.*
*** Bei der feindseligen Haltung der Bevölkerung und den damit verbundenen Provokationen war die Stellung des Militärs allerdings schwierig genug, zumal eine Zusammenarbeit mit den Behörden fehlte.*

serne Kreuz gestiftet. Hier war damals das Lützow`sche Freikorps gegründet worden. Den Kronprinzen hatten die Stadtväter gebeten, das Protektorat über die Feiern zu übernehmen, und der Dichter Gerhard Hauptmann hatte ein »Festspiel in deutschen Reimen« zu diesem Anlaß geschrieben. – Ein Puppenspiel, welches sogar von einer sozialistischen Zeitung als saft- und kraftlos, literarisch ausgeklügelt bezeichnet wurde[201].
Und tatsächlich: es war ein mißlungenes, dem Goethe`schen Faust nachempfundenes Stück in Knittelversen, schlecht gereimt und ungeeignet, den Menschen hundert Jahre später die damalige Begeisterung und Aufbruchstimmung gegen den Diktator Europas lebendig zu machen. Der Kronprinz war empört und sagte, er werde von dem Protektorat zurücktreten, wenn das Stück weiter aufgeführt würde. Zwar hatte der Chef des Zivilkabinetts Valentini versucht, ihm das Recht zu diesem Schritt abzusprechen, doch mußte er später zugeben, daß er dazu nicht befugt war. Das Stück wurde abgesetzt[202].
Und noch einmal tritt der Kronprinz an die Öffentlichkeit – diesmal als Herausgeber eines mit kurzen Begleittexten versehenen Bildbandes mit dem Titel »Deutschland in Waffen«.
Das Buch erscheint ein Jahr vor dem Ausbruch des großen Völkermordens, es wiederholt den Anspruch der Deutschen auf einen Platz an der Sonne, der ihnen zustehe, aber nicht freiwillig eingeräumt würde[203].
Im Gegensatz zum Reichskanzler, aber auch zu seinem Vater hielt er diesen Kampf für unvermeidlich, nachdem alle Möglichkeiten einer politischen Lösung verspielt waren. Kurz vor Ausbruch des Krieges, am 31. Mai 1914, äußert er in einem längeren Gespräch mit dem Freiherrn v. Eckardstein noch einmal seine Sorgen.
Er zweifelt an der Bündnistreue Italiens und Rumäniens, er rechnet mit einer Kriegserklärung Englands, falls deutsche Truppen die belgische Neutralität verletzen, er klagt über die ziel- und hilflose Diplomatie des Kanzlers Bethmann Hollwegs und seines Staatssekretärs Jagow. Der Kronprinz beendet das Gespräch mit den Worten: »Was Sie mir sagen, bestärkt mich nur noch mehr in meiner Überzeugung, daß wir in der gegenwärtigen Weltkonstellation überhaupt nicht in der Lage sind, uns mit irgendwelcher Aussicht auf einen Enderfolg in kriegerische Verwicklungen einzulassen ... Unsere Diplomatie müßte daher keine Mittel unbenutzt lassen, um uns aus dieser gefährlichen Zwickmühle ohne Krieg herauszuführen[204].« Der Zeitpunkt für einen Befreiungsschlag war verpaßt.
Bethmann beschwert sich telegraphisch wieder beim Kaiser über die Einmischungen des Kronprinzen in seine Friedenspolitik. Es ist der 20. Juli 1914. Der Kaiser schreibt daraufhin an seinen Sohn:
»Ich appelliere an Dein Verständnis dafür, wie außerordentlich peinlich und schmerzlich es mir sein muß, daß Du trotz Deiner mir gegebenen Versprechungen schon wieder durch Dein Verhältnis (Anm. d. Verf.: soll wohl heissen: Verhalten) den Reichskanzler zwingst, mir solche Bitten (Zurückhaltung bei Äußerungen zur Außenpolitik) vorzutragen. Ich appelliere ferner an Deine Pflicht und Dein Ehrgefühl

als preußischer Offizier, das gegebene Versprechen unbedingt einzuhalten und erwarte mit aller Bestimmtheit, daß Du Dich besonders jetzt bei der Spannung der Lage sowie hinfort überhaupt jeglicher politischer Äußerung Dritten gegenüber, die nur geeignet ist, meine und meiner verantwortlichen Ratgeber Politik zu stören, ein für allemal enthalten wirst. Papa Wilhelm[205].«
Die telegraphische Antwort des Kronprinzen vom 21. Juli lautet: *Befehle werden ausgeführt. Wilhelm Kronprinz*[206].

Zu Beginn des zwanzigsten Jahrhunderts galten Kriege noch als erlaubtes Mittel zur Durchsetzung politischer Ziele. So holten sich im Krieg gegen Spanien die Amerikaner Kuba, Puerto Rico, Guam und die Philippinen. England unterwarf den Sudan und in mühe- und wechselvollem Kriege die Burenrepubliken. Frankreich annektierte Madagaskar und »befriedete« Marokko. Italien führte Krieg gegen die Türkei und holte sich Tripolis und die Cyrenaika. Auf dem Balkan gab es mehrfach Kriege mit wechselnden Koalitionen um das Erbe des Osmanischen Reiches, Österreich hatte Bosnien annektiert, und die Russen führten Krieg gegen die Japaner um den Besitz von Korea und der Mandschurai. All das waren Eroberungskriege mit eindeutiger Zielsetzung.
Diesmal war es anders: die Ermordung des österreichischen Thronfolgers in Sarajewo schlug den Funken, welcher das ganze Pulverfaß Europa in die Luft jagte. Sicher, auch diese Mordtat hätte nicht unbedingt den Krieg auslösen müssen. Wie schon Krisen in den Jahren vorher hätte auch diese durch Verhandlungen und einen mehr oder weniger befriedigenden Vergleich beigelegt werden können. Aber das Problem wäre geblieben, das Problem der »balance of power«, des Gleichgewichts der Kräfte, welches die Engländer bedroht sahen. Mit anderen Worten handelte es sich um die Bedrohung der englischen Weltherrschaft. Tatsächlich – die Deutschen waren dabei, diese Herrschaft in Frage zu stellen. Ihre Handelsschiffe machten den Engländern auf allen Weltmeeren Konkurrenz, wie der Kronprinz auf seiner Indienreise feststellte, und ihm entging auch nicht der zwischen den Zähnen ausgestoßene Fluch: »Those damned Germans.« Schon Jahre vor dem Krieg hatte sein Patenonkel Eduard VII. ihm gesagt: »There must be put a stop to it[207].«
Die Friedenspolitik, welche Bethmann Hollweg durch den Thronfolger gestört sah, endete elf Tage nach dem bereits erwähnten Telegramm des Kronprinzen mit der Kriegserklärung an Rußland. Zwei Tage darauf, am 3. August, erhält auch der französische Botschafter die Kriegserklärung der deutschen Regierung. An diesem Tage – der Kronprinz hatte sich gerade von seinem Vater verabschiedet, um ins Feld, in den Krieg zu ziehen, trifft er vor dem Berliner Schloß den Kanzler, welcher auf dem Wege zum Kaiser war.
Das nun folgende Gespräch schildert er in seinen Erinnerungen[208]:
Bethmann: *»Kaiserliche Hoheit gehen jetzt zur Front?«*
Ich: »Jawohl.«

Bethmann: »Wird die Armee es schaffen?«
Ich: »Was eine Armee der Welt schaffen kann, das schaffen wir, aber ich kann es nicht unterlassen, Eure Exzellenz darauf hinzuweisen, daß die politische Konstellation, unter der wir in den Krieg eintreten, die denkbar ungünstigste ist.«
Bethmann: »Inwiefern?«
Ich: »Das ist doch klar, Rußland, Frankreich, England auf der Gegenseite, Italien und Rumänien günstigsten Falles neutral – aber auch das ist unwahrscheinlich.«
Bethmann: »Das ist ausgeschlossen, England bleibt bestimmt neutral!«
Ich: »Eure Exzellenz werden in wenigen Tagen die Kriegserklärung haben. Es bleibt uns jetzt nur noch eines zu tun, Bundesgenossen zu finden. Es muß nach meiner Ansicht alles daran gesetzt werden, um die Türkei und Bulgarien so rasch wie möglich zum Abschlusse von Bündnissen zu bringen.«
Bethmann: »Ich würde dies für das größte Unglück für Deutschland halten.«
Ich starrte ihn unverstehend an, bis ich den Sinn seiner Worte im Zusammenhang mit dem vorhergegangenen Gespräche erkannte. Bei seiner unbegreiflichen Ideologie meinte er also: wir könnten uns die Freundschaft und sichere Neutralität Englands durch solche Bündnisse verscherzen – eine Freundschaft, einen Neutralitätswillen, die allein in seinem Kopfe bestanden! Als ich begriffen hatte, war unser Gespräch beendigt. Ich legte die Hand an die Mütze und ging.
Am Tage darauf überreichte der englische Botschafter Goschen dem Reichskanzler Bethmann Hollweg die Kriegserklärung seiner Regierung.
Der Kronprinz hatte gewarnt, er hatte mit den maßgeblichen Leuten gesprochen – mit Bülow, mit Tirpitz, mit Bethmann Hollweg und Kiderlen, Valentini und Jagow. Er hatte Briefe geschrieben, Telegramme geschickt, aber: »Sie müssen sich getäuscht, Sie müssen böse geträumt haben«, wie der Staatssekretär im Auswärtigen Amt Kiderlen-Waechter ihm bei einer solchen Gelegenheit gesagt hatte.
Es gibt ein Foto vom Geburtstag des Kronprinzen aus dem Jahre 1887, als er fünf Jahre alt wurde. Es zeigt eine Gartenparty, wie wir heute sagen würden. Im Mittelpunkt des Bildes der zukünftige Kaiser Wilhelm, um ihn herum die Kinder, eigene und geladene, sie spielen Krocket. Die Kaiserin und mehrere Hofdamen kümmern sich um sie. Abseits von diesem Treiben, unbeachtet von der Gesellschaft, im Schatten eines großen Baumes, ein Junge, der die Trommel schlägt. Ist es das Geburtstagskind? Uns erscheint es wie ein Sinnbild für die Rolle des Kronprinzen in der wilhelminischen Zeit: Ein Trommler, auf den niemand hörte.

Geburtstagsfeier am 6. Mai 1887.
(Herzogin Victoria Luise »Bilder der Kaiserzeit«)

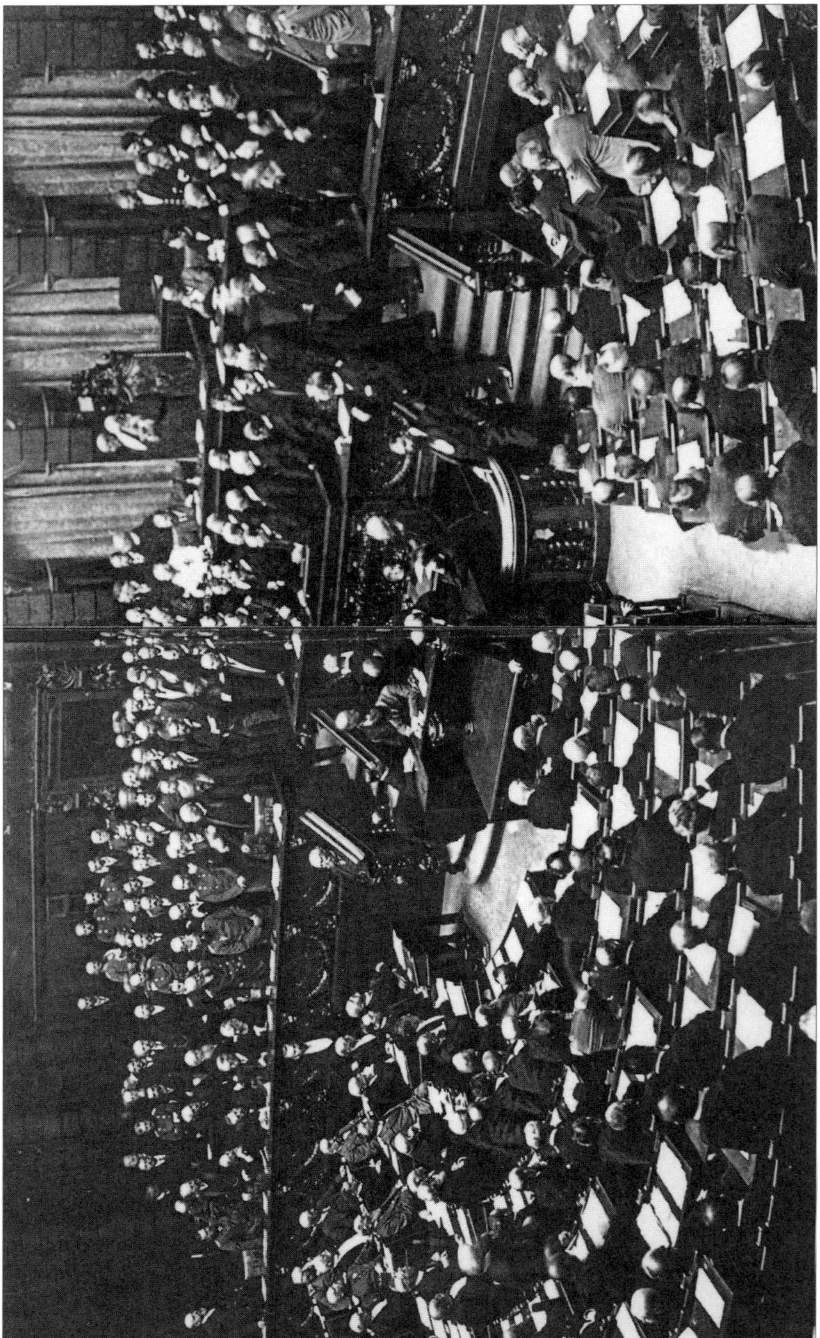

Reichstagssitzung am 4. August 1914.
(Herzogin Victoria Luise »Bilder der Kaiserzeit«)

Krieg I

Dem Ausbruch des allgemeinen Krieges
im Sommer 1914 ist ein fast zehn Jahre dauernder
Spannungszustand vorausgegangen...

v. Salis I
Weltgeschichte der neuesten Zeit

Die ganze diplomatische Maschine bei uns hat versagt.

Kaiser Wilhelm II.
Ereignisse und Gestalten

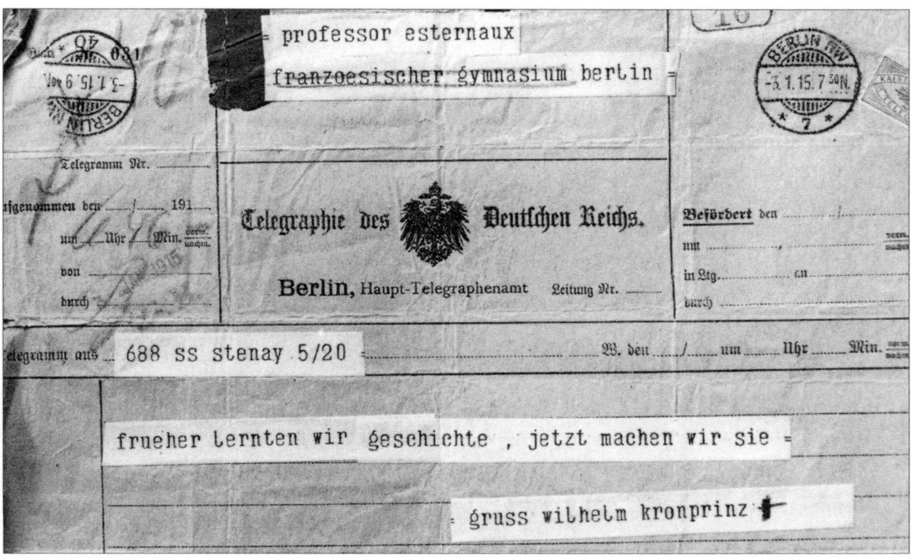

= professor esternaux
franzoesischer gymnasium berlin =

Telegramm Nr.
Telegraphie des Deutschen Reichs.
Berlin, Haupt-Telegraphenamt
Befördert den

Telegramm aus 688 ss stenay 5/20

frueher lernten wir geschichte , jetzt machen wir sie =

= gruss wilhelm kronprinz

Ein Neujahrsgruß an den damaligen Lehrer Prof. Esternaux.
(Archiv Esternaux)

Der Krieg, das wilde eiserne Würfelspiel, wie Schiller es genannt hatte, mußte kommen und er kam. Er kam in dem Augenblick, als das Pulverfaß Europas randvoll war, und zu einer Zeit, als Deutschland auf dem Höhepunkt seiner wirtschaftlichen Macht und auf dem Tiefpunkt seines politischen Einflußes in der Welt stand.
Es ist viel, sehr viel über die Ursachen geschrieben worden, die zum Ausbruch des großen Völkermordens geführt haben. Die Meinungen darüber wechselten je nach dem Standpunkt des Autors und nach dem Stand der Erkenntnisse. Wahr erwies sich das Bild des englischen Außenministers Grey, der bei Kriegsausbruch sagte, daß in diesem Augenblick die Lichter in ganz Europa ausgingen, »und« fügte er hinzu, »wir alle werden sie in unserem Leben nie wiedersehen«.
Ja, es wurde Nacht über Europa, eine Nacht, die durch das Feuer der Geschütze und Flammenwerfer erhellt und durch den millionenfachen Kanonendonner und die Schreie der Verwundeten und Sterbenden zerrissen wurde.
Der Krieg bereicherte den Wortschatz der Deutschen, er erfand Wörter wie Trommelfeuer, Großkampftag, Feuerwalze, Sperrfeuer, Materialschlacht und Gasmaske. Nein – es war kein frisch-fröhlicher Krieg, den es sowieso nie gegeben hatte. Es war der Kampf des Materials gegen den Mut und die Tapferkeit des Einzelnen. Die Munitionsfabriken, die Zahl der Granaten, die produziert werden konnten, entschieden über Sieg oder Niederlage – aber auch die Beherrschung der Herzen, die Mobilisierung der Gefühle für die »gerechte Sache«.
Wenn die Deutschen, wie es hieß, diesen Krieg geplant und angezettelt hatten, so waren sie jedenfalls sehr stümperhaft dabei vorgegangen. Wirtschaftliche Vorbereitungen gab es nicht, Vorräte an Rohstoffen und Lebensmitteln sind nicht angelegt, die Verpflegung der Bevölkerung nicht geplant worden – all dies bei der Gewißheit eines Zweifrontenkrieges und angesichts der Tatsache, daß Deutschland in erheblichem Maße auf Importe angewiesen war.
Der Staatssekretär des Inneren (Innenminister) Delbrück hatte schon 1911 angeregt, Getreidevorräte anzulegen – ohne Erfolg[209]. Zwei Jahre später drängte er nochmals darauf, Vorräte zu schaffen, aber Bethmann Hollweg lehnte ab mit der Begründung, daß dies als Kriegsvorbereitung ausgelegt werden könnte. Auf Empfehlung von Bethmann ging Delbrück daraufhin zum Staatssekretär des Äußeren (Außenminister) Jagow, doch hielt dieser das Anlegen von Vorräten für »vollkommen überflüssig«[210].
Auch militärisch konnte von einer systematischen Kriegsvorbereitung keine Rede sein. Im Jahre 1889, also bereits zwei Jahre nach dem Berliner Kongreß, hatte der damalige Oberquartiermeister Schlieffen festgestellt, daß Deutschland vor der Aufgabe stände, die zwei zahlreichsten Heere der Welt zu bekämpfen, und daß trotzdem jährlich etwa 112.000 »kriegsbrauchbare« Leute nicht eingestellt würden[211].
Tatsächlich wurden auch zwanzig Jahre später nur etwa 50 % der wehrfähigen Männer zum Militär eingezogen. Dagegen erfaßte Frankreich ab 1913 80 % sei-

ner wehrfähigen Männer bei einer dreijährigen Militärdienstzeit gegenüber einer zweijährigen in Deutschland. So stellte Frankreich trotz seiner deutlich geringeren Bevölkerung bei Kriegsbeginn ca. 70.000 Soldaten mehr als die deutsche Armee[212]. Dazu kam ja das Millionenheer der Russen, welche mit den Franzosen verbündet waren. Anders als bei der Entente hatte es vor dem Kriege keinerlei Absprachen zwischen dem deutschen und dem österreichischen Generalstab gegeben[213]. Nein, von systematischer Vorbereitung auf einen Krieg konnte keine Rede sein.

England kam in der deutschen »Kriegsplanung« praktisch nicht vor, obwohl es die Engländer waren, die seit Jahren den Franzosen gegen Deutschland den Rücken gestärkt hatten. Das Feindbild war falsch. Allerdings – die Flotte – war nicht die Angst vor der deutschen Flotte (Navy Scare) der Hauptgrund für die englische Kriegserklärung? Etwas boshaft und überspitzt könnte man sagen, daß die Flotte das Lieblingsspielzeug Kaiser Wilhelm II. war, etwa den Spielzeugsoldaten vergleichbar, mit welchen Zar Peter III., der Ehemann Katharinas der Großen, sich die Zeit vertrieb. Wilhelm wollte keinen Krieg gegen England, er wollte überhaupt keinen Krieg.

Auch Maurois, der französische Schriftsteller, meint, daß der Kaiser seine große Flotte mehr baute, um die englischen Verwandten zu verblüffen, als um sie zu bekämpfen. Sein wirkliches Leid hätte darin bestanden, daß er an einem quälenden Minderwertigkeitsgefühl litt.

Und er fährt fort: Man hat Mühe, dieses Gefühl zu verstehen, wenn man bedenkt, daß Deutschland damals die mächtigste Nation der Erde war, und, hätte es Bismarcks Politik in Europa weiter verfolgt, unbesiegbar hätte bleiben können[214].

Ja, die Flotte war das Lieblingsspielzeug des Kaisers, aber es war ein gefährliches Spielzeug. Zwar konnte von einer Bedrohung der englischen Weltmacht durch die Deutsche Flotte auch im Jahre 1914 nicht die Rede sein, denn von der Tonnage her war sie nicht einmal halb so stark wie die englische, wenn auch qualitativ besser. Aber sie wuchs natürlich, und über eine Beendigung des Wettrüstens zur See ließ der Kaiser nicht mit sich reden. Bei dem Besuch von Eduard VII. im Jahre 1904 wurde auf seinen besonderen Wunsch die gesamte deutsche Kriegsflotte in der Kieler Bucht zusammengezogen und dem englischen König vorgeführt. Tirpitz und Bülow hatten vergeblich versucht, den Kaiser davon abzubringen[215]. Eduard machte sich seinen Vers daraus: Er lud die deutsche Flotte zu einem Besuch nach England ein und schon im Juli desselben Jahres erschien sie in dem englischen Kriegshafen Plymouth zu einer Stippvisite.*

Der Mann auf der Straße konnte sich ein Bild machen, wie gefährlich die Deutschen waren, wenn er mit eigenen Augen die furchterregende Seemacht von

** Bülow meint zwar, daß die Initiative für den Flottenbesuch in England vom Kaiser ausgegangen sei, aber das macht die Sache nicht besser. Der Besuch trug jedenfalls nicht dazu bei, die Beziehungen beider Länder zu verbessern, eher konnte man vom Gegenteil sprechen.* *Bülow II, S. 34*

»the Kaiser« sah, von dem die Zeitungen ihm schon so viel Schreckliches berichtet hatten. »Der König von England legt alle hinein, seinen Neffen als Ersten«, wie die Fürstin Radziwill in ihrem Tagebuch notierte[216].
Kein Zweifel, die Deutschen würden es in dem kommenden Kriege nicht nur mit den Franzosen und Russen, sondern auch mit den Engländern zu tun bekommen – sie wußten es nur noch nicht.
Aber auch die Deutschen hatten ja Bundesgenossen. Da war vor allem die Donaumonarchie, Österreich-Ungarn. Aber ach, dieser Bundesgenosse war krank, todkrank. Fast alle der vielen Völkerschaften dieses Staates träumten von der Freiheit, einer Freiheit, die es in der harten politischen Realität allerdings nicht gab. Zyniker kommentierten Staatsbesuche von Ausländern in Österreich mit der Feststellung, die Gäste würden nur kommen, um sich Österreich noch einmal anzuschauen »eh's zerfallt«[217].
Auf das Ende der k. u. k. Monarchie wurde regelrecht spekuliert.
Der deutsche Botschafter in Wien Tschirschky meinte zwar, daß die Armee der Donaumonarchie »kerngesund« sei, aber er fügte hinzu, sie wäre das einzige gesunde Element in der ganzen Monarchie[218]. Nein Österreich-Ungarn lag im Sterben wie die Türkei, der kranke Mann am Bosporus.
Und der italienische Bundesgenosse? Die Italiener erklärten sich bei Ausbruch des Krieges neutral, wie der Kronprinz vorausgesagt hatte. Zu dieser Neutralität hatten sie sich übrigens schon im Jahre 1912 den Franzosen gegenüber verpflichtet, nachdem mit Hilfe der Engländer (!) eine Einigung über Tripolitanien, dem heutigen Libyen, zustande gekommen war. Überdies waren die Beziehungen zu dem österreichischen Bundesgenossen gespannt: Die Provinz Istrien, welche unter Österreichischer Verwaltung stand, wollten die Italiener heimholen in ihr neues Reich. Nach der Einigung mit Frankreich gab es keinen Grund mehr für ein Bündnis mit Deutschland und Österreich. Und schließlich: Auch Rumänien erklärte sich neutral, anstatt sich an dem Krieg gegen Rußland zu beteiligen. Da hätte Kiderlen-Waechter sich aber gewundert, wenn er noch gelebt hätte.
Der Kronprinz war in den Jahren vor dem großen Krieg systematisch von allen politischen Überlegungen und Entscheidungen ferngehalten worden[219]. Seine Mahnungen waren lästig, sie störten den Frieden. Nur aus den Zeitungen erfuhr er, daß die Lage in Europa sich durch den Mord an dem österreichischen Thronfolger bedrohlich zugespitzt hatte[220]. Ein dringendes Telegramm rief ihn am 29. Juli des Jahres 1914 aus dem Urlaub zurück nach Berlin. Hier ernennt ihn der Kaiser auf Empfehlung des Generalstabschef Moltke zum Führer der V. Armee.* Der dafür vorgesehene General Eichhorn war wegen einer schweren Erkrankung ausgefallen.

** Auch der bayrische Kronprinz Rupprecht und der württembergische Thronfolger waren zu Armeeführern ernannt worden.*

Nach der Mobilmachungsliste hätte der Kronprinz die 1. Gardedivision zu Fuß übernehmen sollen. Mit seiner Ernennung zum Armeeführer übersprang er zwei Stufen der militärischen Laufbahn. Im Range eines Oberst hatte er zuletzt ein Kavallerieregiment in Danzig-Langfuhr kommandiert, die Totenkopfhusaren. Um seinen Mangel an militärischer Erfahrung auszugleichen, wurde ihm ein besonders erfahrener Generalstabschef, der Generalleutnant Schmidt v. Knobelsdorf zugeteilt. »Was er Dir rät, mußt Du tun«, sagte der Kaiser[221]. Dankbar war der Kronprinz für die ergänzenden Worte des Generals Moltke: »Sie haben guten militärischen Blick und gesunden Menschenverstand. So wie die anderen werden Sie Ihre Sache auch machen. Vergessen Sie nie, daß der Armeeführer verantwortlich ist und bleibt. Der Chef (Generalstabschef, zuständig für die Planung militärischer Operationen) hat nur seinen Rat zu geben. Und nun – Gott schütze Sie![222]«
Die Ernennung zum Führer einer Armee war für den Kronprinzen in mehrfacher Hinsicht unglücklich. Knobelsdorf hatte zur Bedingung gemacht, daß er alle Anordnungen und Befehle des Kronprinzen gegenzeichnen müsse, bevor sie gültig wurden[223]. Die Entscheidungen lagen also letzten Endes bei ihm. Andererseits wurde aber der Kronprinz von Unkundigen für Mißerfolge verantwortlich gemacht, wie sich im Verlaufe des Krieges zeigen sollte.
Besonders die blutigste Schlacht des Ersten Weltkrieges, der mißlungene Versuch, das französische Heer vor Verdun zu zermürben, ist dem Kronprinzen angelastet worden. In den Augen der Welt war e r der Verantwortliche für das furchtbare Gemetzel und blieb es. Die feindliche Propaganda hatte ihn zu einem Monster gemacht.
Und noch etwas: In der schiefen Stellung, in der er sich befand, mußte es doppelt schwer für ihn sein, Respekt und Anerkennung bei den anderen Heerführern und bei dem ihm untergeordneten Offizierskorps zu finden. Man wußte: Die Entscheidungen traf Knobelsdorf. – Für den Kronprinzen eine schwere Belastung, unter welcher die ihm nachgesagten Schwächen – Oberflächlichkeit, mangelnder Ernst – nicht ausheilen konnten.
War der Kronprinz ein guter Soldat? Der Nachrichtenoffizier der Obersten Heeresleitung bei der V. Armee, der Hauptmann Kurt Anker, meinte, daß er seiner Veranlagung und auch Neigung nach mehr Politiker als Soldat gewesen sei[224]. Auch der Oberstleutnant Bauer war der Meinung, daß der Kronprinz bei guten militärischen Anlagen mehr Staatsmann als Soldat gewesen wäre[225].
Die Beurteilung der militärischen Vorgesetzten des Kronprinzen sind erhalten. Daß es auch hier bürokratisch genau zuging, zeigt der Eintrag zum Jahresende 1909: »wirtschaftliche Verhältnisse geordnet«[226].
Aus den Berichten ergibt sich das Bild eines wagemutigen, schneidigen Offiziers, dessen frisches, offenes, natürliches Wesen ihn sowohl bei den Mannschaften als auch im Offizierskorps in hohem Maße beliebt machte! Bei allem Selbstbewußtsein ist er nicht empfindlich gegen Vorhaltungen. Er sorgt in den von ihm befehligten Einheiten für straffe Disziplin, wobei Fürsorge für Mannschaften und

Pferde besonders hervorgehoben wird. Seine schnelle Auffassungsgabe wird immer wieder betont. Mit schnellem Blick erfaßt er taktische Lagen und handelt energisch und mit Ruhe. Bei ruhiger Beurteilung und richtigem Blick für das Gelände zeigt er einen bemerkenswerte Entschlossenheit und die Gabe, den gefaßten Entschluß in klare Befehle umzusetzen. An seine Untergebenen stellt er hohe Anforderungen, ist andererseits unermüdlich für ihr Wohlergehen bemüht und genießt dafür ihre Liebe und ihr uneingeschränktes Vertrauen.
Soweit die Habenseite. Dagegen steht das mangelnde Interesse für Details, das Fehlen von Stetigkeit und strenger Selbstzucht, der fehlende Ernst und die eher sportliche Einstellung zum Dienst anstatt der vorschriftsmäßigen, preußisch-militärischen.
Schwer wiegt das Urteil des Brigadekommandeurs aus dem Jahre 1913: »Es wird ihm (dem Kronprinzen) immer noch schwer, in der Behandlung dienstlicher Fragen und Aufträge im Kleinen mit genügendem Ernst und Nachhaltigkeit auch in die Details einzugehen und Unbequemlichkeiten auf sich zu nehmen.« Und schärfer noch urteilt im selben Jahr Mackensen: »Der Kronprinz könnte in jeder Beziehung stärker gegen sich selbst sein. ›Forderungen der Pflicht‹ werden ›persönlichen Wünschen‹ und Neigungen nicht immer mit unbedingter Selbstverständlichkeit vorangestellt: konzentrierter anspannender Gedankenarbeit wird gern aus dem Wege gegangen.
Die eigene militär-wissenschaftliche Weiterbildung macht daher bei aller Erkenntnis ihrer Notwendigkeit nur zögernde Fortschritte.
Auch die Entwicklung seiner K. u. K. Hoheit zum höheren Führer erfährt dadurch Hemmungen. Wägen ist nicht seine Sache. Erfassen des flüchtigen Augenblicks. Thatenlust und ein gewisser Muth der Unerfahrenheit bestimmen sein Handeln.* Angeborene militärische Anlage, gesunder Menschenverstand u. soldatisches Geschick lassen ihn dabei Erfolge erringen. Die im vorjährigen Qualifik. Bericht hervorgehobene Befähigung für die Führung kleiner selbständiger Detachements bewährt sich immer wieder, aber die Führung innerhalb größerer Verbände bereitet ihm Schwierigkeiten. Auch hier ist der Hauptgrund eine gewisse Unlust, sich in den Gedankengang des höheren Führers hineinzuarbeiten; diese Unlust u.

* *Diese Beurteilung ist falsch. Während des ganzen Krieges hat der Kronprinz kein einziges Beispiel dafür geliefert. Der Nachrichtenoffizier der V. Armee Anker schreibt dazu nach dem Kriege: Niemals konnte die Aussicht auf persönlichen Kriegsruhm ihn (Kronprinz) veranlassen, seine Soldaten dafür ins Feuer zu schicken. Keiner war dem leichtsinnigen Wagen von Grund aus abgeneigter als er. Die soldatischen Tugenden unbedingter Nüchternheit in Beurteilung jeglicher Lage ist und war ihm stets eigen. (Major Anker, Nachrichtenoffizier der V. Armee, Deutsches Offiziersblatt XXV Jg., 1921).*

eine nicht unterdrückte Neigung zum Anderswissen machen ihn auch zu einem unbequemen u. unsicheren Unterführer. Die diesjährigen Übungen der Kav. Division E. zeitigten dafür Beispiele.
Die Unvollkommenheiten in der dienstlichen Betätigung des jungen Oberst werden zu einem wesentlichen Theil ausgeglichen durch seine in den Berichten des Brig. und Div.Kommandeurs mit Recht hervorgehobenen guten Erweisungen im inneren Dienst des Regiments, sein Verständnis für die Bedürfnisse der Truppe u. für die Eigenart seiner Offiziere, sowie vor allem durch die aus seiner ganzen freimüthigen Persönlichkeit leuchtende militärische Begabung. Ich bewerthe diese Eigenschaften so hoch, daß ich den Oberst Kronprinz Wilhelm einen tüchtigen Regiments Kommandeur nennen u. als zum Brig.Kommandeur geeignet bezeichnen kann.
Dzg. 30.11.13 gez. v. Mackensen
Grl.d.Kav.Grl.Adj.u.Komdr.Grl[227]

Nichts hinzuzufügen
Danzig 20. Dezbr. 1913 v. Mackensen«

Man kann davon ausgehen, daß die Beurteilungen im allgemeinen eine verläßliche Beschreibung der militärischen Begabung des Kronprinzen darstellen. Ihr Wert wird allerdings durch die Rücksichtnahme auf den obersten Kriegsherrn, den Kaiser, eingeschränkt. Das problematische Verhältnis zwischen Vater und Sohn war zweifellos in der Armee bekannt.*

Als Oberster Kriegsherr hat der Kaiser die Qualifikationsberichte sicher gelesen, und daß er Mackensen einmal sagte: »So wie Sie meinen Sohn beurteilen, beurteile ich ihn auch«,[228] spricht dafür. Mackensen, das muß man wissen, war sein Günstling und ihm absolut ergeben. So ergeben, daß er dem Kaiser die behandschuhte Rechte zur Begrüßung küßte. Diese – für einen Soldaten zweifellos etwas ungewöhnliche Geste gab dem Gerede vom Byzantinismus am Hof weitere Nahrung. Der Verdacht liegt nahe, daß seine Ergebenheit dem Kaiser gegenüber das Urteil über den Kronprinzen negativ beeinflußt hat. Salopp gesagt: Das Hemd war ihm näher als der Rock.
Der Sohn Mackensens, der spätere Generaloberst Eberhard v. Mackensen, urteilte in einem persönlichen Brief an Jonas: »Wir alle, Offiziere und Mann des 1. Leibhusarenregiments liebten den Kronprinzen aus vollem Herzen. Er war ein Gentleman vom Scheitel bis zur Sohle. Stets freundlich, fröhlich, natürlich, immer sich gleich bleibend, taktvoll und von seltenem Charme. Ein prächtiger Soldat und – ein altes hohenzollernsches Erbe – von sehr guter militärischer

** So hatte der Kaiser dem Brigadekommandeur Mackensen bei einer Parade vor versammelter Mannschaft zugerufen: »Mackensen, bringen Sie dem Jungen endlich das Reiten bei!« Jonas, S. 96*

Begabung. Der Kronprinz hatte durchaus ein höchst eigenes und dabei sicheres Urteil, war aber auch zugänglich für den Rat verantwortlicher Berater. Ein guter Kamerad, aber doch durchaus sich seiner Pflichten und Stellung als Erzieher seiner Untergebenen bewußt. Auch in der Bevölkerung war der Kronprinz mit Recht sehr beliebt, übrigens auch noch lange nach der Revolution. Wir ehemaligen Leibhusaren verehren auch heute noch alle in ihm einen sehr liebenswerten Menschen[229].«

Am 3. August 1914 ergänzt der Generaloberst v. Moltke, Chef des Generalstabes, den Qualifikationsbericht des Kronprinzen vom 1. Dezember 1913 mit seiner zierlichen Handschrift: *

»Während seines Kommandos zur Dienstleistung beim Großen Generalstab und seiner Teilnahme an der großen Generalstabsreise im Mai dieses Jahres habe ich Seine Kaiserliche Hoheit den Kronprinzen als einen Offizier von bemerkenswerter militärischer Veranlagung kennengelernt. Als Führer einer Armee bei der Generalstabsreise bewies er Entschlußkraft, Verantwortungsfreudigkeit und gutes Verständnis für operative Fragen. Ich glaube, daß er als Armeeführer im Kriege sich gut bewähren wird[230].«

Schon früh zeigte sich, daß die ursprüngliche militärische Planung für den Fall eines Zweifrontenkrieges von Voraussetzungen ausgegangen war, die nicht mehr zutrafen: Rumänien, welches man sich als Bundesgenossen gegen Rußland gedacht hatte, machte nicht mit, und auch auf die 20 italienischen Divisionen – gegen Frankreich von Schlieffen eingeplant – mußte man verzichten[231]. Das Österreichische Heer war nicht so gesund, wie Tschirschky das geglaubt hatte. Schon in den ersten Kriegswochen verloren die Österreicher eine ungeheure Zahl an Gefangenen und Vermißten, letztere wohl meistens Überläufer[232].

Von Anfang an benötigte dieser Bundesgenosse Hilfe und Unterstützung aus Deutschland. Ja sogar Lebensmittel mußten geliefert werden.

Der Schlieffenplan (es war kein Schlieffenplan mehr) scheiterte an den Schwächen der Vorbereitung sowie an der kraftlosen, ja fehlenden Führung des Feldzuges[233]. Dazu kam die unzureichende Nachrichtenübermittlung, das Fehlen einer »fernmeldemäßigen Sicherung« der Operation[234]. Nur eine einzige Kraftwagen-Funkenstation diente der O.H.L. (Oberste Heeresleitung) als Verbindung zu den sieben Armeen der Westfront, deren rechter Flügel sich in raschem Vormarsch befand. Es gab keinen Kurierdienst mit Kraftfahrzeugen oder Flugzeugen[235]. Daß diese einzige Funkverbindung selbst bei voller Funktionstätigkeit überfordert war, leuchtet ein.

Auch der Kronprinz schreibt in seinen Kriegserinnerungen, daß der Nachrichten- und Befehlsapparat von der O.H.L. zum Ober-Kommando der V. Armee nicht gut organisiert war. »Die leichte Zügelführung artete während der ersten Vormarschtage in Verbindungslosigkeit wegen überlasteter Telegraphen aus[236].«

* *Alle Beurteilungen wurden handschriftlich abgefaßt.*

Knobelsdorf war vor dem Kriege Lehrer des Kronprinzen im Großen Generalstab gewesen. Er galt als überdurchschnittlich begabte und tüchtige, wenn auch eigenwillige Persönlichkeit[237]. Steinbömer, der Freund aus Plöner Tagen, wirft ihm vor, als Planungschef der V. Armee den Kronprinzen mehr oder weniger von allen Entscheidungen ausgeschlossen zu haben[238].
Rückendeckung durch den Kaiser hatte er ja, »Was er sagt, mußt Du tun«, wie dieser seinem Sohn mit auf den Weg gegeben hatte. Das war mehr als eine väterliche Ermahnung gewesen, das war ein Befehl.
Der Schlieffenplan, dieser verzweifelte militärische Versuch, den Deutschen den Platz an der Sonne zu sichern, welchen die Politik nicht zu sichern vermocht hatte, mißlang. Doch zunächst befand sich die V. Armee im Vormarsch zur Maas und auf die starke Festung Verdun. Überraschend schnell ergab sich die Grenzfestung Longwy. Der Kaiser war stolz auf seinen Sohn, aber der Kabinettschef Lyncker goß Wasser in den Wein mit den Worten: »Knobelsdorf Majestät, Knobelsdorf!«[239].
Kurz darauf geriet auch die V. Armee in den Strudel des Marne-Wunders, wie die Franzosen es genannt haben – den plötzlichen, der Truppe unbegreiflichen Rückzug. Schon am 9. September gab es Gerüchte – Latrinenparolen, wie die Soldaten das nannten – über Rückschläge bei den benachbarten Armeen. Ein von der V. Armee vorgesehener Angriff in der Nacht vom 9. auf den 10. September wurde von der O.H.L. kurzfristig untersagt, alle notwendigen Vorbereitungen dafür waren allerdings getroffen, die Befehle erteilt. Der Kronprinz versuchte per Telefon die Genehmigung für diesen Angriff doch noch zu erwirken, denn »ordre, contreordre, desordre«, wie die Franzosen sagen. Aber der Bescheid der O.H.L. ließ auf sich warten. Knobelsdorf lehnte die Verantwortung ausdrücklich ab und stellte den Kronprinzen vor die Alternative, diesen Nachtangriff, wie befohlen abzusagen, oder ihn auf eigene Verantwortung durchzuführen[240].
Der Kronprinz blieb bei seiner Entscheidung, die spät in der Nacht noch von der O.H.L. abgesegnet wurde. Der Angriff war erfolgreich. Die Episode zeigte, daß der Kronprinz bereit und auch fähig war, Verantwortung zu übernehmen, sie zeigte aber auch bereits den Keim der Spannung, welche sich zwischen dem Oberbefehlshaber und seinem Planungschef entwickelte.
Als am Tage darauf der unglückselige Oberstleutnant Hentsch im Hauptquartier der V. Armee mit mündlicher Vollmacht von der O.H.L. den sofortigen Rückzug befahl, wurde er vom Kronprinzen »kurz abgefertigt«[241].
Dieser schreibt in seinen Kriegserinnerungen[242]: »Ich konnte die ungeheure Zumutung an meine Truppen nicht ertragen, die mit unendlichem Blut erkämpften Stellungen weit südlich der Argonnen und fast im Rücken von Verdun auf Grund der subjektiven Anschauung eines Beauftragten der O.H.L. ohne weiteres räumen zu sollen.« Er verlangte eine Bestätigung dieses Befehles entweder von der O.H.L. oder vom Kaiser selber. »Wir fühlten uns und unsere Nachbararmee zu sehr als Sieger und Herr der Lage, als daß daraus nicht jeder erdenkliche Vorteil für die Gesamtheit und für die Wohlfahrt der eigenen Armee,

ihrer Verwundeten und Kranken, ihrer Munitions- und Proviantdepots gezogen werden mußte. Ich verlangte daher einen alle diese Verhältnisse berücksichtigenden klaren Befehl, der bei seiner unübersehbaren Tragweite nur vom Obersten Kriegsherrn selber oder von seinem Generalstabschef erlassen werden konnte. Mein Chef und ich – so der Kronprinz – fühlten sich berechtigt, das eigene Urteil so lange über das des ungenügend bevollmächtigten Oberstleutnants Hentsch zu stellen, bis dieser auf Grund seiner Feststellungen von der allein zuständigen O.H.L. die Entscheidung erwirkt hätte.«

Der Nachtangriff vom 9. auf den 10. September schaltete mehrere französische Artillerieeinheiten aus, welche den Deutschen starke Verluste gebracht hatten. Er verhinderte außerdem einen geplanten französischen Großangriff. Der Kronprinz schreibt: »Unter dem Nachlassen der bisher so verlustbringenden feindlichen Artillerieeinwirkung atmeten alle Truppen erleichtert auf. Es wurde offenbar, daß die große Offensive des Generals Sarrail zur Umfassung meines östlichen Flügels durch unseren überraschenden Gegenangriff vollkommen mißglückt war[243].«

Am nächsten Tag, es war der 11. September 1914, erschien Moltke persönlich im Hauptquartier der V. Armee und wiederholte den Befehl zum sofortigen Rückzug. Es kam zu einer erregten und, wie der Kronprinz schreibt, peinlichen Auseinandersetzung. Moltke, welcher den Eindruck eines gebrochenen Mannes machte, versuchte »in unzusammenhängender Darlegung« die Gründe für seine Entscheidung darzulegen. Der Kronprinz widersprach. Tatsächlich, er war ein unbequemer Unterführer, wie Mackensen in seiner Beurteilung schreibt. In hitziger Debatte erkämpfte er sich die Genehmigung, den Termin des Rückzuges selbst zu bestimmen. Er hatte dafür gute Gründe: »Daß die V. Armee bei dem zur Tatsache gewordenen Rückzug der vier Armeen des rechten Heeresflügels nicht allein stehen bleiben konnte, dieser Erkenntnis entzog auch ich mich nicht. Ich sträubte mich aber sehr energisch gegen jede Überstürzung, die das Unheil nur noch vergrößern konnte... ich bestand darauf, die durch den gestrigen erfolgreichen Nachtangriff... geschaffene günstige Lage zum geregelten Abfluß der Kolonnen und Trains (Nachschubeinheiten), der Verwundeten und Kranken, der Munitions-, Verpflegungs- und Sanitätsdepots auszunutzen[244].«

Das bedeutete, daß zunächst alle Versorgungseinheiten durch die wenigen vorhandenen Straßen abfließen mußten, bevor 24 Stunden später die kämpfende Truppe – es handelte sich ja um mehrere Hunderttausend Mann – folgen konnte. »Die wenigen Straßenzüge, die durch die unwegsamen Argonnen und neben ihnen zur Verfügung standen, waren in uhrwerksmäßiger Genauigkeit viele Tage und Nächte lang mit ununterbrochenen Wagen- und Marschkolonnen zu belegen[245].« Selbst einem Laien mußte einleuchten, daß der reibungslose Ablauf einer solchen Operation, vergleichbar der Evakuierung einer Großstadt, eine minutiöse Planung erforderlich machte, wenn ein Chaos vermieden werden sollte. Der in eigener Verantwortung durchgeführte Nachtangriff zwei Tage vorher erwies sich so auch im nachhinein als segensreich.

Am 14. September 1914, wenige Tage später, wurde der Generalstabschef Moltke durch Falkenhayn ersetzt.
Ja Moltke, der Kronprinz nennt ihn den preußischen Benedek, war völlig zusammengebrochen[246]. Am 8. September 1914 schreibt er in sein Tagebuch: Die schrecklichen Spannungen dieser Tage, das Ausbleiben von Nachrichten von den weit entfernten Armeen, das Bewußtsein dessen, was auf dem Spiel steht, geht weit über menschliche Kraft. Die furchtbare Schwierigkeit unserer Lage steht oft wie eine schwarze Wand vor mir, die undurchdringlich erscheint. Und weiter: Die ganze Welt hat sich gegen uns verschworen, es sieht so aus, als ob es die Aufgabe aller übrigen Nationen wäre, Deutschland endgültig zu vernichten[247], und einen Tag später: Es geht schlecht, die Kämpfe im Osten von Paris werden zu unseren Ungunsten ausfallen... Wir müssen ersticken in dem Kampf gegen Ost und West[248].
Der Generalstabschef hätte »die weit entfernten Armeen« innerhalb weniger Stunden mit dem Auto, und noch schneller mit dem Flugzeug (das gab es damals ja schon) erreichen können – nein müssen. Auch der Kaiser hatte die Verlegung des Hauptquartiers näher zur Front gefordert, ebenso wie die Fortsetzung der Angriffe, aber er konnte sich nicht durchsetzen.
Es gibt Parallelen zwischen Moltke und Bethmann – den Mangel an Tatkraft, die Unfähigkeit zum schnellen, der Lage angepaßten Entschluß, das Bedenkliche, die Neigung zum Philosophieren, das »Lyrische«. Beide waren übrigens schlechte Reiter. Immerhin (ein oft gebrauchtes Wort Bethmanns)– immerhin hatte Moltke bei seiner Berufung zum Chef des Großen Generalstabs erklärt, er sei den Aufgaben, die damit verbunden waren, nach Wesen und Gesundheit nicht gewachsen[249], und er fügte hinzu: Deutschland könne nicht erwarten, in derselben Lotterie zweimal den Haupttreffer zu machen – eine Anspielung auf seinen genialen Onkel, den Generalfeldmarschall gleichen Namens. Der Kronprinz, welcher nicht vergessen hatte, daß er die Ernennung zum Oberbefehlshaber der V. Armee Moltke zu verdanken hatte, schrieb im Dezember 1914 an ihn: »Exzellenz habe ich schon lange einmal schreiben wollen, wie sehr ich mit Ihnen fühle in dieser für Sie so schweren Zeit. Es hat mir ins Herz geschnitten, wie ich Sie damals in Mezieres so einsam und krank sehen mußte...
Während meiner Zeit im Generalstab habe ich nur Güte, Nachsicht und Verständnis bei Eurer Exzellenz gefunden... all dieses gibt mir das Recht jetzt, in den für Sie trüben Tagen an Ihre Seite zu treten in dem Gefühl der Hochachtung und der treuen Anhänglichkeit...
Nun auf Wiedersehen... und einen herzlichen Gruß an Ihre liebe Frau, die in dieser Zeit die einzige wirkliche Trösterin sein kann. In alter Treue Wilhelm[250].«
Der neue Mann im Großen Generalstab hieß also Falkenhayn. Moltke hatte vergeblich versucht, dessen Ernennung zu verhindern, die Briefe, welche er zu diesem Zweck an den Kanzler Bethmann und den Kaiser schrieb, sind bewegend[251].*
Aber sein Rat war nicht mehr gefragt. Übrigens war auch Schlieffen nicht um Rat gefragt worden, als er aus Altersgründen, wie es hieß, zurücktreten mußte und

Moltke zu seinem Nachfolger ernannt wurde. Damals hatte der Kriegsminister Einem der Berufung Moltkes entschieden widersprochen und seine Bedenken auch dem Chef des Militärkabinetts und dem Reichskanzler Bülow mitgeteilt. Doch alle Vorstellungen hatten nichts genützt, es blieb bei der Entscheidung des Kaisers für Moltke.
Falkenhayn war ein schöner Mann, ein stattliche Erscheinung, die Eindruck machte, und wohl auch Eindruck machen wollte. Allgemein galt er als ehrgeizig und verschlossen. Er hörte sich die Meinungen seiner Berater schweigend an, aber Einfluß auf seine einsamen Entscheidungen hatten sie kaum. Ob der Chef der Operationsabteilung Tappen zu den Wenigen gehörte, deren Rat er schätzte, ist nicht klar. Der Oberstleutnant Bauer hält seinen Einfluß auf Falkenhayn für verhängnisvoll. Zu den vielen Kritikern Falkenhayns gehörte auch der Chef des Feldeisenbahnwesens, der General Groener, welcher darüber klagte, daß er unzureichend und spät von dessen Entscheidungen informiert wurde – dies besonders schwerwiegend, da Groener ja die Bahnverbindungen für die häufigen Truppenverschiebungen sicher zu stellen hatte[252]. Und auch der Kaiser, dem Buchstaben nach der Oberste Kriegsherr, klagte darüber, daß er nichts erfahre: »Der Generalstab sagt mir nichts. Wenn man sich in Deutschland einbildet, daß ich das Heer führe, so irrt man sich sehr. Ich trinke Tee und säge Holz und gehe spazieren, und dann erfahre ich von Zeit zu Zeit, das und das ist gemacht, ganz wie es den Herren beliebt. Der Einzige, der ein wenig netter zu mir ist, ist der Chef der Feldeisenbahnabteilung (Groener), der erzählt mir alles, was er macht und beabsichtigt[253].«
Es ist Tragik in diesen Worten, aber schließlich – der Kaiser selber hatte sich diesen Mann Falkenhayn ja gewählt – stand er zu ihm, obwohl die Oberbefehlshaber der Armeen ihn für unfähig hielten.
Anscheinend war es Falkenhayn, welcher das verbriefte Recht der kommandierenden Generäle und deren Stabschefs aufhob, dem Kaiser mündlich oder schriftlich über Vorgänge zu berichten, die ihnen bedeutungsvoll erschienen[254]. Von nun an war es ihnen verboten, sich unmittelbar an den Kaiser zu wenden, und er erfuhr als Oberster Kriegsherr nur noch das, was Falkenhayn für notwendig hielt – er war ausgeschaltet. Trotzdem gehörte der neue Generalstabschef mit seinem Charme zu den wenigen Leuten, die Einfluß auf ihn hatten, Einfluß, der über den Augenblick hinausging.
»Das setze ich beim Kaiser schon durch«, wie er sagte[255]. Ja, er hatte Charme und gebrauchte ihn. Wo er allerdings glaubte, ihn nicht nötig zu haben, zeigte er sich

** Die Briefe Moltkes an den Kaiser zur Ernennung Falkenhayns sind möglicherweise auf Bitten von Auguste Victoria geschrieben worden, welche sich mit dem Kronprinzen abgesprochen hatte. In der Beurteilung Falkenhayns waren sie sich einig.*
Elwen, S. 69

auch schon mal arrogant und verletzend. Diese Arroganz bekam besonders der Oberbefehlshaber der VI. Armee, der kluge Kronprinz Rupprecht von Bayern zu spüren, einer seiner schärfsten Kritiker. Und auch den österreichischen Oberbefehlshaber Conrad v. Hötzendorf behandelte er mit schneidendem Hochmut. Es wunderte dann nicht, daß sein Verhältnis zu dem Großadmiral Tirpitz als denkbar schlecht beschrieben wird[256]. Mit den erfolgreichen Armeeführern im Osten stand er in Dauerfehde.

Letzten Endes verbarg sich hinter seiner Verschlossenheit und seinem Hochmut Unsicherheit und Zweifel an der eigenen Begabung. Schon wenige Monate nach Amtsübernahme im Dezember 1914 sagte er, man könne froh sein, wenn es gelänge, sich an allen Fronten zu behaupten[257].

Auch Riezler bemerkte in dieser Zeit ein Gefühl von Unsicherheit und Unzulänglichkeit bei Falkenhayn[258].

Nein, Falkenhayn glaubte nicht mehr an den Sieg – eine schlechte Voraussetzung dafür, den Sieg zu erringen. Sein Plan, mit jungen, unerfahrenen Truppen die Offensive wieder aufzunehmen und die Küste mit den französischen Kanalhäfen zu erreichen, scheiterte. Der Blutzoll dieses Unternehmens war hoch – 80.000 Mann fielen der Operation zum Opfer, darunter viele Freiwillige, es gab ganze Studentenkompanien – für sie steht der Name der kleinen Stadt Langemarck, welche am 11. November unter schrecklichen Verlusten erstürmt wurde. Falkenhayn hatte die englische Berufsarmee unterschätzt, ein gutes Jahr später wird er auch die Franzosen bei Verdun unterschätzen.

Zwei Tage nach dem Sturm auf Langemarck mußte er dem Kaiser melden, daß die Artilleriemunition verbraucht sei, das Heer verfüge nur noch über einen Vorrat von sechs Tagen. Es herrschte tiefe Niedergeschlagenheit im Großen Hauptquartier[259]. Aber auch die Alliierten waren erschöpft, ihre Munitionsvorräte verbraucht. Der Krieg kam zum Stillstand. Um sich vor dem mörderischen Artilleriefeuer zu schützen, verwandelten sich die Soldaten in Maulwürfe, in Höhlenbewohner, die sich tief in der Erde vergruben. Der Spaten wurde genau so wichtig, wie das Gewehr. Es wäre der Zeitpunkt für Friedensverhandlungen gewesen, wie Schlieffen empfohlen hatte, falls die schnelle Niederwerfung Frankreichs mißlingen sollte.

Die Stellung des Kronprinzen war nach dem Wechsel von Moltke zu Falkenhayn schwieriger geworden. Sein Planungschef Knobelsdorf gehörte zu den wenigen Leuten, die das Ohr Falkenhayns hatten. Die Beiden kannten sich von früher her, zeitweise war Knobelsdorf sogar der Dienstältere gewesen. So konnte er auch einen Brief an ihn mit »Lieber Falkenhayn« beginnen und mit »herzlichem Gruß« beenden[260]. Mit der Rückendeckung durch den Chef des Generalstabs konnte Knobelsdorf seine strategischen Vorstellungen auch dann durchsetzen, wenn sie denjenigen des Kronprinzen widersprachen. Dieser wurde mehr oder weniger ausgeschaltet, wie Steinbömer notiert. Und im Zusammenhang mit der Wiederaufnahme der Offensive vor Verdun schreibt François: »Der Kronprinz,

dessen Abneigung gegen Kräfteverbrauch man kannte, wurde mit diesem neuen Angriffsplan überrascht. General von Falkenhayn hatte mit dem General von Knobelsdorf alles Erforderliche im unmittelbaren Verkehr bereits geregelt[261].«
Zunächst allerdings bot der Stellungskrieg, welcher nun begann, wenig Raum für strategische Pläne. Das Hauptquartier befand sich in Stenay, einem kleinen Ort an der Maas. Das Quartier des Kronprinzen, die Villa der Madame Duverdier, wurde, wie der Biograph Jonas schreibt, zum Treffpunkt von Diplomaten, Heerführern, Journalisten und Fürstlichkeiten. Auch der Korrespondent der amerikanischen Hearstpresse Wiegand wollte sich vom Auswärtigen Amt die Genehmigung zu einem Besuch beim Kronprinzen holen, aber der Unterstaatssekretär Mumm wies den Amerikaner ab mit den Worten: »Der Kronprinz soll kämpfen, nicht schwatzen!«[262] Dies ist ein Beispiel für den Ton, welchen man sich in der Wilhelmstraße in Bezug auf den Thronfolger erlaubte. Allerdings – der Kaiser verwandte daßelbe Vokabular seinem Sohn gegenüber – auch in der Öffentlichkeit.
Wiegand fuhr ohne die Genehmigung des A.A. auf eigene Faust nach Stenay und wenige Zeit später veröffentlichte die »New York Evening World« seinen Bericht über den Besuch bei der V. Armee.
»Der Kronprinz«, so schreibt Wiegand, »ist doch so ganz anders, als er in so manchen Beschreibungen geschildert wird. Solche Berichte tun ihm unrecht. Wenn er je ein Hitzkopf, ein Ungestüm, ein unbekümmerter Draufgänger gewesen wäre, wie er so vielfach beschrieben wird, dann müßte ihn erst der Krieg zu einen wirklich nüchternen, ernsten und denkreifen Mann mit tiefem Verantwortungsgefühl gemacht haben. Unter allen hochgestellten Persönlichkeiten, denen ich in Deutschland begegnet bin, ist er einer der modernsten Denker – der Grundton seines ganzen Wesens ist die ungewöhnliche Einfachheit. Er ist natürlich, Mensch unter Menschen, gar keine Pose. Er verabscheut jeglichen Pomp und scheint geneigt, mit... den alten Traditionen zu brechen, wenn sie den Fortschritt hemmen... er ist kein Diplomat, davon zeugt seine freie, offene gerade Art... er ist ungewöhnlich populär bei seinen Truppen[263].«
Schon bei der Begrüßung hatte der Kronprinz seinem Gast gesagt: »Wir haben den Krieg verloren, lange Zeit noch wird er dauern – aber für uns ist er längst verloren[264].«
Mit dem Großadmiral Tirpitz, welcher nur eine Autostunde entfernt im Großen Hauptquartier verbittert und untätig die Zeit totschlug – auch er war kaltgestellt –, hielt der Kronprinz weiterhin Kontakt.
Die häufigen Gespräche der Beiden erregten das Mißtrauen des Auswärtigen Amtes, man munkelte von einer Verschwörung, einem Putsch, durch welchen die bestehenden Gewalten gestürzt werden sollten. Daß dies mehr war, als der übliche Hofklatsch in der Umgebung des Kaisers, geht auch aus den Aufzeichnungen des Admirals Hopmann hervor, welcher Tirpitz gegen den Vorwurf verteidigt, er hätte in klarer Voraussicht der Katastrophe etwas tun müssen, um sie zu verhin-

dern. Hopmann schreibt: »Er (Tirpitz) hat – ich kann und will nicht weiter aus der Schule plaudern – versucht, die Gummimauer, ein Begriff, der Reichskanzler, Auswärtiges Amt, Kabinettschefs, Flügeladjutanten usw. umfaßte, beiseite zu schieben, damit der Kaiser nur in die Hand der wirklich äußerlich wie innerlich verantwortlichen Männer käme und ihnen zwangsläufig folgen müsse. Dazu hat er nach Bundesgenossen gesucht in der Flotte, im Heer, im politischen, parlamentarischen, wirtschaftlichen, Beamtenkreisen usw. – aber ohne Erfolg[265].«
Tirpitz gehört zu den tragischen Figuren dieser Zeit. Seine Erinnerungen sind auch heute noch lesenswert, seine Vorstellungen von dem »Europa der Väterländer« überraschend zeitnah.
Ja, die Front erstarrte, die Hoffnung der Soldaten darauf, Weihnachten wieder zuhause zu sein, erlosch. Bei Vielen erlosch überhaupt die Hoffnung, diesen Krieg noch zu gewinnen. Falkenhayn hoffte vergeblich auf die Politik, die einen Sonderfrieden mit Rußland zustande bringen sollte. (Darin war er sich übrigens mit Tirpitz einig.) Bethmann seinerseits hoffte auf militärische Erfolge, die Falkenhayn nicht brachte.
So waren die gegenseitigen Vorwürfe zwischen Politik und Militär schon im Keim vorhanden.
Am 3. Juni des Jahres 1915 griffen etwa 40 französische Flugzeuge in Wellen das Hauptquartier der V. Armee an. Insgesamt fielen 160 Bomben auf die als Lazarett dienende Kaserne, den Marktplatz und die Umgebung der Villa Duverdier. Sieben Tote und 21 Verwundete, deutsche Soldaten und belgische Zivilisten, waren die Opfer des Angriffes, welcher mehrere Stunden dauerte. Gerade in diesen Tagen war die Kronprinzessin zu Besuch bei ihrem Mann. Der Leibjäger rettete ihre draußen spielenden Kinder aus dem Bombenhagel[266].
Das Kronprinzenpaar war zum Erstaunen der aus der Fassung geratenen Umgebung ruhig und kaltblütig geblieben und wollte nicht einmal einen Luftschutzraum aufsuchen[267].

Schon zu Beginn des Krieges konnten die Alliierten wesentlich mehr Flugzeuge einsetzen, als die Deutschen.* Das änderte sich im Verlaufe des Krieges kaum. Im Jahre 1918 standen den 5000 frontfähigen Flugzeugen eine fünffache Übermacht der Alliierten gegenüber. Durch feindliche Einwirkung gingen im Verlaufe des Krieges auf deutscher Seite 3200 Flugzeuge verloren, von den Deutschen wurden 8400 alliierte Maschinen abgeschossen, die meisten im Luftkampf[268].
Auch Angriffe auf deutsche Städte gab es schon im Ersten Weltkrieg. Während eines französischen Fliegerangriffs auf Karlsruhe am Fronleichnamstag, dem 2. Juni 1916, trafen die Bomben einen Zirkus, in welchem gerade eine Kindervorstellung stattfand. Es gab 82 Tote und 154 Verletzte[269].

** Bei Kriegsbeginn verfügte Deutschland über 250 einsatzfähige Frontflugzeuge, die Alliierten konnten 1200 Maschinen einsetzen. Riebicke, S. 70/71*

Insgesamt führten die Alliierten während des Ersten Weltkrieges etwa 2000 Luftangriffe auf deutsche Städte durch, vorwiegend in Süddeutschland, weil dort die Front verhältnismäßig nahe zur deutschen Grenze verlief und die Reichweite der Flugzeuge noch gering war. 2600 Zivilpersonen wurden das Opfer der Luftangriffe. Die Deutschen ihrerseits flogen mit ihren Luftschiffen im Verlauf des Krieges 40 Angriffe auf London, wobei insgesamt 1888 Menschen ums Leben kamen[270]. Es waren Nadelstiche, die militärisch wenig ausrichteten, aber den Kampfgeist des englischen Volkes weckten und stärkten. »Die Luftschiffe«, so der Admiral Scheer, »waren die einzigen Kriegsfahrzeuge, die die Engländer aus ihrer Sicherheit auf der Insel aufschreckten«, und Tirpitz gibt dem Admiral Müller recht, welcher sich über die nutzlosen Luftschiffangriffe beklagt hatte. Er notiert: »Ich will versuchen, die Kindereien mit den Zeppelinschiffen zu bremsen[271],« und der bayrische Kronprinz Rupprecht meinte: »Unser ganzes Flugwesen ist vernachlässigt worden wegen der Zeppeline, die im Feld nichts taugen, und das müssen wir heute mit ungeheuersten Opfern büßen[272].«

Schon nach dem Scheitern des verwässerten Schlieffenplans war der Kronprinz der Ansicht, daß man nicht durch imperialistische Ansprüche eine baldige Beendigung des Krieges verhindern dürfe[273], und bereits im November 1914 meinte er in einem Gespräch mit seinem Ordonnanzoffizier Rechberg, man müsse zu einem Separatfrieden mit Frankreich kommen, um alle Kraft gegen England wenden zu können[274].

Ein Jahr später, am 18. Dezember 1915, wendet er sich mit einer Denkschrift an den Kaiser und alle in Frage kommenden Stellen. Wegen der Bedeutung dieses Briefes soll er hier aus den Erinnerungen des Kronprinzen zitiert werden.

»Was unser Volk in diesem Kriege geleistet hat, das wird erst die spätere Geschichtsschreibung in vollem Umfange zu würdigen wissen. Wir wollen uns aber keiner billigen Selbsttäuschung hingeben. Die Blutopfer, die das deutsche Volk bisher gebracht hat, sind bereits enorm... Es ist nicht meines Amtes, hier die Verlustzahlen aufzustellen, nur sollte uns eine Reihe ernster Anzeichen zum Nachdenken anregen, wie lange unsere Lücken im Heere noch geschlossen werden können. Es ist mir wohl bewußt, daß wenn wir, wie die Franzosen, unsere Volkskraft restlos ausschöpfen würden, der Krieg noch recht lange geführt werden könnte. Dies sollte aber gerade vermieden werden. Jeder, der mit der Front in enger Fühlung lebt, wird schon jetzt oft tief traurig, wenn er die Kinder sieht, die in die Gräben wandern müssen. Wir sollten daran denken, daß Deutschland auch nach dem Kriege noch genügend Kräfte übrig behält, um seine Mission zu erfüllen. Von den finanziellen Verhältnissen soll hier gar nicht gesprochen werden, weil ich nicht in der Lage bin, über diese Frage ein kompetentes Urteil abzugeben. Wirtschaftlich hat sich Deutschland großartig den Kriegszeiten angepaßt, und dennoch muß auch hier der Wunsch bestehen, daß der Krieg nicht unnötig in die Länge gezogen wird, da sonst zu große Werte verloren gehen. Auch die trotz aller guten Maßregeln der Regierung dauernd steigende Teuerung der

Der Schrecken des Krieges.
(Weltkrieg im Bild, Bd. 1)

Lebenshaltung der armen Bevölkerungsklassen, die große Futternot auf dem Lande und was damit in Zusammenhang steht, lassen eine Abkürzung des Krieges sehr erwünscht erscheinen. Somit liegt die Beantwortung der Frage: was können wir erreichen? einfach so: Bekommen wir einen Sonderfrieden mit Rußland, so können wir im Westen reinen Tisch machen. Ist dies aber nicht möglich, so müssen wir versuchen, eine Verständigung mit England herbeizuführen... Nur auf diesen beiden Wegen ist meines Erachtens ein Ende abzusehen, und ein Ende muß abzusehen sein, wollen wir nicht mehr unser Vaterland bis zur gänzlichen Erschöpfung weiterkämpfen lassen. Gerade unsere momentane günstige Lage ermöglicht es uns, im angedeuteten Sinne zu verfahren[275].«

Wurde diese Denkschrift zur Kenntnis genommen?

Wurde sie überhaupt gelesen?

Der Stellungskrieg, dieses blutige Patt, in welchem beide Seiten sich in verzweifelter Wut ineinander verkrallten, beherrschte den Tag und die Nacht der Soldaten. Das Trommelfeuer, welches die Erde nach und nach in eine Mondlandschaft verwandelte, die Angriffe, bei denen einige Quadratkilometer Boden erobert wurden, der Gegenstoß, welcher das verlorene Gelände wieder zurückgewinnen sollte, die nächtlichen Patrouillen, Spähtrupps mit dem Ziel ein paar Gefangene zu machen, von denen man sich Auskünfte über den Gegner versprach, die verwesenden Leichen in den Drahtverhauen, die nächtlichen Leuchtkugeln – verzweifelte Signale an die eigenen Leute um Hilfe, die hastig auf abgerissenen Zetteln mit Bleistift gekritzelten Meldungen, die von Meldegängern durch das rasende Geschützfeuer nach hinten gebracht werden mußten, die verschlammten Schützengräben, in denen die langschäftigen Stiefel der Soldaten, die Knobelbecher, stecken blieben – dieser Brei aus Blut, Schlamm und Verwesung, dieses Inferno, war der höllische Alltag der Frontsoldaten beider Seiten. Spätere Generationen würden sich kein Bild mehr davon machen können, geschweige denn es verstehen.

Gab es eine Steigerung? Ja, es gab sie: Die Steigerung hieß VERDUN.

Die Schlacht

Unser Problem ist eben, mit verhältnismäßig bescheidenem eigenem Aufwand dem Gegner schweren Schaden an entscheidender Stelle zuzufügen.

Falkenhayn

Falkenhayn weiß nicht, was er will, hofft auf Glücksfälle und will wieder einmal mit viel zu begrenzten Kräften halbe Sachen machen.

Kronprinz Rupprecht

Zum ersten Mal kam mir das Bewußtsein, was es heißt, eine Schlacht zu verlieren, Zweifel am eigenen Können, Selbstanklagen, bittere Gefühle gegen andere durchwogten das Herz.

Kronprinz Wilhelm

Die günstige Lage, welche der Kronprinz in seiner Denkschrift erwähnt, bestand in der Handlungsfreiheit des Feldherrn Falkenhayn Ende des Jahres 1915. Bulgarien war auf die Seite der Mittelmächte getreten, die Verbindung zu der verbündeten Türkei damit hergestellt. Die Fronten hielten und Falkenhayn hatte Truppen »aufgespart«, Truppen, die möglicherweise an der Ostfront für einen entscheidenden Sieg gegen die Russen gefehlt hatten, Hindenburg und Ludendorff hatten sie vergeblich angefordert. Nun sollte der große Schlag im Westen geführt werden. Und gerade auf die stärkste Befestigung der Franzosen, die mit Forts gespickte Feste VERDUN, welche in einem für die Verteidigung hervorragend geeigneten waldreichen hügeligen Gelände lag, fiel seine Wahl. Sie sollte erobert werden – oder nicht?

General Tappen, Planungschef von Falkenhayn, hat nach dem Kriege beteuert, daß die Eroberung von Verdun niemals der Zweck der Offensive gewesen wäre, sondern die Zerschlagung des französischen Heeres. »Fiel dabei Verdun in unsere Hand, um so besser«, so Tappen[276]. Dieser Gedanke, wenn er denn wirklich bestanden hat, war neu. Noch nie war ein Feldherr auf die Idee gekommen, den Gegner an seinem stärksten Punkt anzugreifen, ohne die Absicht, diesen zu erobern. So hält der General Groener, Chef des Feldeisenbahnwesens, das auch für eine nachträgliche Schutzbehauptung der O.H.L., für einen Akt der Selbstverteidigung[277].

Einiges spricht freilich dafür, daß die »Zermürbungsstrategie« Falkenhayns doch Leitmotiv der Offensive war. So schreibt Wilhelm II. in seinen Erinnerungen: »Wir strebten den Gewinn einer Linie, aus der wir Verdun tödlich bedrohten; einer Linie, die günstig war, um die zu erwartenden Gegenangriffe der Franzosen möglichst verlustreich zu gestalten[278].«

Die Festung Verdun, das hatte Falkenhayn richtig gesehen, war eine potentielle Bedrohung der deutschen Front und sie war ein Prestige-Objekt der Franzosen. Würden Sie nicht alles daran setzen, sie gegen die Boches, die Deutschen, zu verteidigen? Um so besser – sie würden zermürbt werden, bis zum Weißbluten würden sie ihre Kraft zur Verteidigung der Festung einsetzen, sie würden ausbluten. Mehrfach hatte Falkenhayn dieses Wort vom Ausbluten des Gegners in den Vorgesprächen zum Angriff gebraucht. Das hatte den Kronprinz beunruhigt. Entgegen der Behauptung Herres[279] ist er nie ein Vertreter des Ausblutungsgedanken gewesen – im Gegenteil: er war bekannt dafür, daß er Aktionen, welche mit großen Menschenverlusten verbunden waren, ablehnte[280].

Es scheint, daß der schweigsame Feldherr Falkenhayn seine Absicht, Verdun nicht zu erobern, sondern nur das französische Herr zu zermürben, dem Führer der V. Armee, welche die Offensive durchführen sollte, sogar seinem Intimus Knobelsdorf nicht glasklar übermittelt hat[281]. Beide standen jedenfalls unter dem Eindruck, daß die Festung genommen werden sollte, und nach Meinung von Fachleuten (Groener, Bauer) wäre das auch möglich gewesen. Voraussetzung war die rechtzeitige Zufuhr von Verstärkungen zur Fortsetzung des Angriffes. Aber

über die Rechtzeitigkeit entschied nicht die V. Armee, sondern die O.H.L., welche die Reserven mit der Begründung zurückhielt, sie würden für einen möglichen Angriff der Engländer benötigt. Dieser Angriff fand nicht statt. Er wurde weder vom Kronprinzen noch vom Führer der benachbarten VI. Armee, dem Kronprinzen Rupprecht von Bayern, erwartet[282].
Die Offensive, welche mit ungeheuerem Artillerieeinsatz am 21. Februar begann, blieb nach Anfangserfolgen stecken; die vorgesehenen Ziele, die beherrschenden bis 400 m ansteigenden Höhenzüge am Ostufer der Maas, wurden nicht erreicht. Es fehlte an Infanterie, die Verstärkungen blieben aus.
Am 23. März notiert General Groener in sein Tagebuch: »Der Angriff auf VERDUN ist versiebt... es ist der Augenblick da, in dem Falkenhayn sich entscheiden muß: entweder Fortsetzung mit allen Kräften oder Verzicht auf Defensive in den gewonnenen Stellungen – keinesfalls aber weiter mit kleinen Mittelchen arbeiten. Für beide Entschlüsse sprechen gute Gründe. Mir persönlich will es besser erscheinen, die versiebte Sache aufzugeben. Keineswegs aber einen halben Entschluß.«
Und weiter: »Tappen kämpft – wie er sagt – seit 14 Tagen dafür, weitere schwere Artillerie und Reserven auf dem westlichen Maasufer einzusetzen. Halb entschließt sich Falkenhayn dafür, bis es ihm Knobelsdorf wieder ausredet[283].«
Schon vorher (22.3.) hatte er vermerkt, daß Falkenhayn mit seinen Absichten hin und her pendele, Tappen wolle weitere Kräfte zum Angriff auf Verdun einsetzen, Knobelsdorf wollte sie nicht haben, empfiehlt den Angriff an anderer Stelle. »Man weiß nicht mehr recht, wer eigentlich der entscheidende Mann ist« – so Groener[284].
Schuld an dem Mißerfolg war auch ein weiterer Planungsfehler der O.H.L.: Die V. Armee hatte den Angriff auf beiden Maas-Ufern empfohlen. Nur so würde die Offensive erfolgreich sein, das war die Meinung aller mit der Planung befaßten Stabsoffiziere. Aber Falkenhayn lehnte ab – Truppen ständen dafür nicht zur Verfügung.
Bei einer Besprechung der Planungschefs am 11. Februar, zehn Tage vor dem Angriff, kritisierten die beteiligten Offiziere nochmals die unzureichenden Angriffskräfte und die Beschränkung der Offensive auf das Ostufer der Maas[285]. – Umsonst. Wenige Tage später überzeugten die Führer der Armeecorps rechts und links der Maas, die Generäle Zwehl und Goßler, Falkenhayn vor Ort, daß wegen des gefährlichen flankierenden Artilleriefeuers vom westlichen Maasufer her der Angriff unbedingt doch auf beiden Ufern des Flusses geführt werden müsse. Falkenhayn gab ihnen recht. Aber am nächsten Tag überbrachte Knobelsdorf den Befehl der O.H.L.: Angriff nur östlich der Maas![286] Hatte Knobelsdorf den Oberbefehlshaber umgestimmt? Bei seinen Kritikern galt er als der böse Geist Falkenhayns[287].
Noch fünf Tage nach Beginn der Offensive wiederholt Falkenhayn im Hauptquartier der V. Armee das Verbot, den Angriff auf das westliche Maasufer

Transport eines Verwundeten durch die Mondlandschaft der Front.
(Der Weltkrieg im Bild. Oldenbourg, München, 1927)

auszuweiten, aber das verheerende französische Feuer von dort zwang ihn eine Woche später, gerade diesen Angriff zu befehlen, mit Truppen, die aus anderen Frontabschnitten herausgezogen werden mußten.
Es war nicht später, es war zu spät! Auch hier blieb der Angriff stecken. Die Franzosen hatten zwei Wochen Zeit gehabt, ihre Verteidigungsanlagen auszubauen, das Überraschungsmoment war verpaßt, Frankreich hatte die Herausforderung angenommen, das Ausbluten konnte beginnen.
»Falkenhayn weiß nicht, was er will, hofft auf Glücksfälle, und will wieder einmal mit viel zu begrenzten Kräften halbe Sachen machen« hatte der kluge Kronprinz Rupprecht von Bayern schon vor Beginn der Offensive gesagt, nachdem er – spät – von seinem Chef über die Angriffsplanung informiert worden war[288]. Und wirklich, weil Falkenhayn sich gegen alle Eventualitäten sichern wollte, weil Angst vor der Niederlage sein Handeln bestimmte, führte er sie herbei. Er klotzte nicht, er kleckerte, wie man so sagt.
Die Schlacht um Verdun entwickelte sich zu einem der tragischen Höhepunkte dieses an Tragödien so reichen Jahrhunderts. Sie ist in ihrer Bestialität, in ihren schrecklichen politischen und militärischen Folgen zu Recht der Schlacht um Stalingrad gleichzusetzen.
Rund fünf Wochen nach Beginn der Offensive hatten die Deutschen bereits über 80 000 Mann verloren. Gegen Ende der Schlacht betrugen die Verluste auf deutscher Seite 337 000 Tote und Verwundete, die Franzosen hatten 377 000 Gefallene und Verletzte zu beklagen[289]. Beide Nationen, die Franzosen u n d die Deutschen hatten sich vor Verdun in schrecklicher Weise zur Ader gelassen. In ständigen Angriffen, die sich über viele Monate hinstreckten, hatten die Deutschen etwa 12 km an Gelände gewonnen und zwei Vorwerke, Douaumont und Vaux, erobert. Den größten Teil des Geländes holten sich die Franzosen Ende des Jahres in Gegenangriffen zurück. Mit ihrem Mut, ihrer Tapferkeit und Leidensfähigkeit waren sie den Deutschen ebenbürtig. Klugheit und Feldherrnkunst ihrer Oberbefehlshaber, des Marschalls Petain und des Generals Nivelle entschieden die Schlacht.
Letzten Endes bleibt es sich gleich, ob der Gedanke des Ausblutens, der Zermürbung, nur eine nachgeschobene Schutzbehauptung der O.H.L. war, wie Groener meint, oder ob wirklich eine Idee – Falkenhayns Idee – dahinterstand. Moralisch allerdings wiegt die Absicht schwerer. Den General Falkenhayn und seinen Intimus Knobelsdorf kann man nicht von dem Vorwurf freisprechen, Ratschläge und Einwände von erfahrenen und bewährten Offizieren auf Kosten unzähliger Toter und Verstümmelter vom Tisch gewischt zu haben.
In dieser Tragödie hatte der Kronprinz nur die Rolle eines Statisten. Er war ausgeschaltet wie Steinbömer, François und auch Bauer bezeugen[290]. Sein Stabschef Knobelsdorf gab die Befehle, und wenn er gerade mal Zeit hatte, hieß es: »Darf ich Euere Kaiserliche Hoheit orientieren?« und dann folgte ein kurzer Bericht, der mittendrin abgebrochen wurde, sobald etwas Wichtigeres dazwischentrat[291].

Knobelsdorf wußte, daß er Falkenhayn auf seiner Seite hatte, und Falkenhayn hatte den Kaiser hinter sich. Wie wenig die O.H.L. Rücksicht auf den Kronprinzen nahm, geht auch daraus hervor, daß sein erster Generalstabsoffizier, der Oberstleutnant Heymann, ohne vorherige Rücksprache mit dem Kronprinzen zu einem anderen Truppenteil versetzt wurde. Am 21. April überraschte Knobelsdorf den Kronprinzen mit dieser Nachricht. Heymann hatte den ursprünglichen Angriffsplan, östlich u n d westlich der Maas konzipiert und sich später gegen die Fortsetzung der zahlreichen kleinen Angriffe mit beschränkten Zielen ausgesprochen, weil sie ohne Erfolg blieben, und dabei viel stärkeren Truppenverbrauch beanspruchten, als für die Großangriffe je gefordert war[292].

Der Kronprinz hatte diesen tüchtigen Offizier sehr geschätzt. Er schreibt: »Die eigenwillige Natur meines Chefs (Knobelsdorf) hatte bereits zu manchen Zusammenstößen mit mir geführt, deren Schärfe Oberstleutnant Heymann mit großer Ruhe und viel Takt immer wieder zu mildern verstand. Sein Fortgang wurde mir schwer[293].«

Je länger die Schlacht dauerte, je weniger sie der eigentlichen Zielsetzung entsprach, desto mehr wuchs sein Widerstand gegen die Fortsetzung der Angriffe. Der Chef des Marinekabinetts, Admiral Müller, welcher ihn am 12. März besuchte, notiert in seinem Tagebuch, daß der Kronprinz den Glauben an die Eroberung von Verdun verloren habe, und daß er für eine Abkürzung dieses furchtbaren Krieges wäre. Bissig fügt er hinzu, daß er dies wohl auch wünsche wegen der persönlichen Opfer, die er durch den Aufenthalt in dem Nest Stenay bringen müßte[294].

Es war dieselbe Zeit, in welcher Marschall Petain in seinem berühmten Tagesbefehl an die französischen Truppen die glorreichen Abwehrerfolge gelobt hatte, und der damit endete: »Die Deutschen werden ohne Zweifel weitere Angriffe versuchen. Jedermann hat zu wachen und seine Pflicht zu tun, damit die gleichen Erfolge wie gestern erzielt werden. Nur Mut, man wird sie kriegen – on les aura!«

Nein, der Kronprinz glaubte nicht mehr an einen Erfolg der Offensive, er schreibt: »Das zähe hin und her wogende Ringen um jeden Fußbreit Boden seit Anfang April befestigte in mir die Überzeugung, daß entscheidende Erfolge vor Verdun auch mit den mehrfach geänderten Systemen kaum noch zu erzielen waren, jedenfalls nicht ohne die schwersten Opfer, die im Mißverhältnis zu dem erstrebten Gewinn standen. Nachdem ich mit mir selbst ins klare gekommen war, hielt ich mit meiner Überzeugung auch gegenüber den Herren meines engsten Operationsstabes nicht zurück. Ich fand unter ihnen eigentlich bei allen Zustimmung, hier und da mit einigen Vorbehalten, ganz und gar nicht aber bei meinem Chef (Knobelsdorf). In den ernsten Aussprachen, die ich mit ihm hatte, berief er sich stets darauf, daß der Chef des Generalstabs des Feldheeres (Falkenhayn) mit ihm in der Auffassung übereinstimme, es komme jetzt alles darauf an, nicht vorzeitig zu erlahmen und das Ringen um den Endsieg nicht aufzugeben. Keiner von uns beiden konnte dem anderen die Richtigkeit seiner Ansicht beweisen[295].«

Am 13. Mai findet eine Besprechung im Hauptquartier der V. Armee statt. Der Kronprinz fordert, daß nur noch Angriffe gemacht werden dürften, von deren Erfolg Führer und Truppe überzeugt wären. Knobelsdorf gibt zu, daß die Offensive auf dem Ostufer »vorläufig« gescheitert sei. Auf Drängen des Grafen Schulenburg überläßt er dem Kronprinzen die Entscheidung, die Angriffe »vorläufig« einzustellen.

Zur Erinnerung: alle Armeebefehle mußten von Knobelsdorf gegengezeichnet werden.

Erfreut schickt ihn der Kronprinz am nächsten Tag zur O.H.L., um auch dort die Einstellung der Angriffe genehmigen zu lassen, doch Knobelsdorf kommt mit dem Befehl zurück, die Angriffe fortzusetzen.

Der Kronprinz – verzweifelt: »Excellenz tragen mir heute das Gegenteil von gestern vor, ich gebe den Befehl nicht! Wenn die O.H.L. befiehlt, muß ich zwar gehorchen, aber ich muß jede Verantwortung ausdrücklich ablehnen[296].«

Die O.H.L. befahl. Falkenhayn erschien persönlich in Stenay, um diesem Befehl Nachdruck zu verleihen. Und der Kronprinz unterschrieb »knirschend« (!) (es ist wohl zähneknirschend gemeint), die Angriffsbefehle[297].

Mußte der Kronprinz gehorchen? Gewiß, er war Soldat, und zu soldatischem Gehorsam erzogen und verpflichtet, aber aus heutiger Sicht hätte er einen Befehl nicht ausführen dürfen, der gegen sein Gewissen verstieß. Doch nicht nur aus heutiger Sicht: Auch früher hatte es in der preußischen Armee Beispiele von Befehlsverweigerung aus Gewissensgründen gegeben. Aber der Kronprinz besaß nicht die Härte, welche für eine solche Entscheidung gefordert war, gegen das Duo Falkenhayn/Knobelsdorf, hinter welchem der eigene Vater stand, der die Hand über Falkenhayn hielt. Allerdings – der Bruch mit seinem Planungschef war nur noch eine Frage der Zeit.

Während Falkenhayn die Lust an dem Unternehmen Verdun allmählich verlor, wurde Knobelsdorf zur treibenden Kraft[298]. Noch im Juli holte er sich die Genehmigung für weitere Angriffe von der O.H.L.[299]. Es gab hierfür allerdings einen triftigen Grund: Die Stellungen verliefen seit Monaten in einem einsehbaren, für die Verteidigung höchst ungeeigneten Gelände, die Deutschen erlitten weiterhin schwere Verluste, weil die beherrschenden Höhen auf dem östlichen Maasufer – das eigentliche Ziel der Offensive – nicht erreicht worden waren. Man mußte entweder vorwärts – oder zurück!

Der Kronprinz war für Rückverlegung der deutschen Stellungen in ein für die Verteidigung günstigeres Gelände. Es war die richtige Entscheidung, wie der weitere Verlauf der Dinge zeigte. Aber noch behielt Knobelsdorf die Oberhand: »Was er sagt, das mußt Du tun«, wie der Kaiser seinem Sohn mit auf den Weg gegeben hatte. Verdun war zu einem Prestigeobjekt für Knobelsdorf geworden. Die Entscheidungen wurden weiterhin am Kronprinzen vorbei zwischen Falkenhayn und Knobelsdorf getroffen, weil man seine Abneigung gegen Kräfteverbrauch kannte[300].

Aber Knobelsdorfs Uhr lief ab. Der Kronprinz erreichte beim Kaiser die Ablösung seines Stabschefs, welchen er »seit jenem Tag im Mai« nicht mehr verstand. Am 23. August mußte er seinen Posten räumen und ein Armeecorps übernehmen. Kurz darauf, am 29. August, kam Falkenhayn seiner Entlassung durch ein Abschiedsgesuch zuvor. Er hatte das Jahr 1916 blutig vertrödelt, wie man im Hauptquartier Oberost sagte[301].

Auf einen Antrag des Konprinzen hin entschied die neue, dritte O.H.L. Hindenburg/Ludendorff am 2. September 1916: »Die Angriffe auf Verdun sind einzustellen, die bisher gewonnenen Linien auszubauen.«

Auch diese Entscheidung war falsch. Aus Prestigegründen wurde die Front nicht in ein für die Verteidigung günstigeres Gelände zurückverlegt, wie der Kronprinz vorgeschlagen hatte. So blieben die Deutschen weiterhin in gut einsehbaren Stellungen dem verheerenden Artilleriefeuer der Franzosen ausgeliefert.

Innenpolitische Rücksichten haben während des Krieges wiederholt militärische Entscheidungen negativ beeinflußt. Die militärische Führung glaubte, man könne der Bevölkerung einen Rückzug nicht zumuten, auch wenn er militärisch gerechtfertigt – ja, geboten war.

Zunächst aber flaute die Kampftätigkeit auf beiden Seiten ab. Statt hunderttausend Schuß, wie auf dem Höhepunkt der Schlacht, verschoß die deutsche Artillerie täglich »nur noch« viertausend – die Franzosen etwa sieben mal so viel[302].

Sie, die Franzosen, schrieben das letzte Kapitel in diesem Drama: Unter ihrem General Nivelle, dem Blutsäufer, wie man ihn nannte, eroberten sie in zwei Großangriffen am 24. Oktober und 15. November fast das gesamte Gelände zurück, welches die Deutschen in so vielen Monaten und unter so schrecklichen Verlusten gewonnen hatten. Dabei machten sie 20.000 Gefangene, eine bis dahin ungewöhnlich hohe Zahl, welche die vollständige Erschöpfung der Truppe widerspiegelt. Die Schlacht an der Maas hatte nicht nur die Körper, sondern auch die Herzen der Soldaten zermalmt, wie der Kronprinz sagte. Und er schreibt: »Heute, bei rückschauender Betrachtung, stehe ich nicht an zu erklären, daß es von mir ein Fehler gewesen ist, nicht längst auf die Anwendung jenes Radikalmittels (gemeint ist die Rückverlegung der Front bis in die Ausgangsstellungen vor Beginn der Offensive) gedrungen, und sie durchgesetzt zu haben. Zum ersten Mal kam mir das Bewußtsein, was es heißt, eine Schlacht zu verlieren, Zweifel am eigenen Können, Selbstanklagen, bittere Gefühle, ungerechte Urteile gegen andere durchwogten das Herz und legten sich wie eine schwere Hemmung auf das Hirn. Ich gestehe offen, ich bedurfte einiger Zeit, bis ich meinen Gleichmut wieder fand und innerlich zu neuem festen Glauben erstarkte[303].«

Krieg II

Vos armees sont terrible mais votre
diplomatie c'est un éclat de rire.
(Ein gefangener französischer Offizier im Gespräch mit einem
deutschen Sanitätsoffizier)

cit. Tirpitz

Im Verlaufe des Krieges wurden selbständige Maschinengewehrkompanien aufgestellt, welche das Rückgrat der Verteidigung bildeten. Auf Empfehlung von Prof. Dr. Bier, beratender Chirurg des XVII. Armeekorps, war 1916 der Stahlhelm eingeführt worden.
Im Zentrum des Bildes der Kompanieführer, Vater des Verfassers.
(Privatarchiv)

Verdun war das Menetekel, aber die Europäer des 20. Jahrhunderts waren nicht klüger als der König Belsazar, auch sie konnten die Schrift an der Wand nicht lesen. Im Juli 1916, noch während der Schlacht an der Maas, versuchten die Alliierten mit ungeheurem Einsatz an Artillerie und Truppen die deutsche Front an der Somme zu durchbrechen, aber noch war der Todesmut und die Tapferkeit des Einzelnen stärker als das Material und die Masse. Bis auf eine leichte Einbuchtung von wenigen Kilometern hielt die Front. Die Bilanz: eine Million Tote und Verwundete, davon vierhunderttausend Deutsche. Ja, es war ein deutscher Erfolg, ein Abwehr-Erfolg.
Aber die Zahl der Abwehr-Erfolge nahm zu, die Zeit arbeitete gegen die Deutschen. Der Krieg war ihnen schon lange über den Kopf gewachsen. Die Heimat hungerte und auch die Soldaten an der Front hungerten. Im Frühjahr 1917 betrugen die Lebensmittelrationen in Deutschland pro Kopf 1100 Kalorien täglich[304]. Die englische Flotte verhinderte erfolgreich den für Deutschland so notwendigen Handel über See. Diese Blockade widersprach zwar dem allgemeinen Seerecht, welches neutralen Ländern die Lieferung von nicht kriegspflichtigen Gütern (also z. B. Lebensmitteln) erlaubte. – Ein Recht übrigens, welches die Engländer während des amerikanischen Bürgerkriegs vehement und bis an den Rand einer kriegerischen Auseinandersetzung mit den Nordstaaten verteidigt hatten[305]. Aber sie widersprach nicht dem Grundsatz des Ersten Lords der Admiralität Fisher, welcher lautete: Might is Right.
Im Verlaufe des Krieges verhungerten etwa 800.000 Menschen in der belagerten Festung Deutschland[306]. Daran änderte auch nichts der zu Beginn des Jahres 1917 nach langem hin und her erneut beschlossene uneingeschränkte U-Boot-Krieg, welcher 1915 auf energische Proteste der amerikanischen Regierung wieder eingestellt worden war. Ausgelöst wurde dieser Protest durch den Untergang des englischen Passagierdampfers und Hilfskreuzers »Lusitania«, welcher am 7. Mai 1915 vor der irischen Küste durch ein deutsches U-Boot versenkt worden war. 1198 Passagiere ertranken, darunter 128 Amerikaner.
Ein Sturm der Entrüstung ging durch die Weltpresse, aber es bestehen heute kaum noch Zweifel, daß die Versenkung des mit Munition und Kriegsmaterial beladenen Schiffes von der britischen Admiralität bewußt in Kauf genommen, möglicherweise inszeniert worden war, um die Vereinigten Staaten als Bundesgenossen in den Krieg zu ziehen.*

** In einer Beilage der »Irish Times« vom 10. Mai 1980 schreibt Niall Fallon dazu: On her last trip, the Lusitania's cargo was almost entirely what she should not have carried according to her alleged rights; there were over 1.200 cases of shrapnel... 51 tons of them.*
This load was next to the boiler room which was later seen to explode after Schwiegers (Kapitän von U-20) one only torpedo had hit the ship and exploded... Over the years the story has broadened, and it is a nasty, cynical and manipulative one of collusion,

Das Interesse an dem europäischen Krieg war nämlich in Amerika deutlich zurückgegangen, wie Lloyd George in seinen Erinnerungen schreibt: »Es machten sich Anzeichen bemerkbar, daß der Krieg das Publikum langweilt[307].«

Zur Haltung der USA gegenüber dem europäischen Krieg schreibt Lloyd George weiter: »Es gab noch andere Rücksichten, die Amerika zur Neutralität zwangen. Die deutsche Bevölkerung in den Staaten bildete ein hochgeachtetes, fleißiges und friedliebendes Element des Gemeinwesens, und ihre Charaktereigenschaften lieferten recht wenig Beweise für die Legende von der preußischen Brutalität[308].«
Das Ziel, Amerika in den Krieg zu ziehen, wurde zwar noch nicht erreicht, aber der uneingeschränkte U-Bootkrieg wurde auf den energischen Protest der amerikanischen Regierung wieder eingestellt, und – schlimmer noch – das deutsch-amerikanische Klima hatte sich entscheidend verschlechtert.
Nun, im Jahre 1917, hatten die Engländer sich mit getarnten U-Bootfallen, Wasserbomben, Netzen und dem Gleitzugsystem auf d i e Waffe eingestellt, welche allein ihnen lebensgefährlich werden konnte.
Bei allen Einzelerfolgen der U-Boot-Waffe wurde allerdings bald klar, daß die Marine von falschen Zahlen ausgegangen war, als sie versprach, mit dem uneingeschränkten U-Bootkrieg England in sechs Monaten verhandlungsbereit zu machen.
Auch die erfolgreiche Seeschlacht im Skagerrak änderte daran nichts. Die Aufbauphase der deutschen Flotte war nicht durch eine kluge Bündnispolitik abgedeckt worden, wie der Kronprinz in seinen Gesprächen mit dem Chef des Reichsmarineamtes kritisiert hatte[309].
Daß die Beziehungen zwischen ihm und seinem Vater während des Krieges »sehr innig« wurden, wie Eppstein meint[310], ist undenkbar, dazu reichten die Gemeinsamkeiten nicht. Doch zweifellos hatten Vater und Sohn sich einander genähert. Um Wilhelm II. war es einsam geworden. Vorbei die glanzvollen Paraden, die Feste, die Reden, die Visionen. Er stand nicht mehr im Mittelpunkt, die Entscheidungen wurden meist ohne ihn, oft gegen ihn getroffen. Dabei hat nicht nur der Kronprinz bezeugt, daß er oft richtig urteilte. In seinen Erinnerungen schreibt er: »Wann auch immer ich persönlich mit meinem Vater über die strategische Gesamtlage sprach, hatte ich dabei stets den Eindruck, daß sein Urteil den Nagel auf den Kopf traf.« Aber er konnte sich nicht gegen seine Berater durchsetzen, wie auch Kürenberg meint[311].

espionage, understandably, much of the conclusive evidence is either destroyed or locked away. But what is clear is, that the Lusitania was being used by the British to ferry war material across the Atlantic under a peaceful guise; that in the terms of war, her sinking was justified.

(Siehe auch: O'Sullivan, Patrick: Die Lusitania, Mythos und Wirklichkeit, Verlag Mittler 1999).

Ja, es wurde einsam um ihn, er war nicht der starke Mann, als der er so gerne erscheinen wollte. Schon lange vor dem Krieg hatten die Franzosen ihn »Guillaume Timide« – Wilhelm den Furchtsamen – genannt[312], weil er sie in ihrem Konflikt mit den Engländern über koloniale Erwerbungen in Afrika nicht unterstützt hatte. Mit deutscher Rückendeckung hätte die französische Regierung ein Jahr nach Faschoda wohl kaum den Vertrag unterschrieben, in welchem sie den Engländern 1899 das ganze obere Niltal überließen.
Dabei hatte der Kaiser zwei Jahre vorher mit dem berühmt-berüchtigten Krüger-Telegramm die Engländer brüskiert und ein Inferno in der englischen Presse gegen Deutschland ausgelöst. Empörung gehörte zum politischen Rüstzeug der Engländer. Der deutschen Diplomatie war es innerhalb kurzer Zeit gelungen, die Franzosen zu enttäuschen und die Engländer zu »reizen«. Zwei kleine Steinchen im Gebäude der »Einkreisung«.
Ja, der Kaiser verstand sich besser mit seinem Ältesten, doch ging das nicht so weit, daß der Kronprinz bei wichtigen Entscheidungen gehört, oder gar daß a u f ihn gehört wurde. Dafür sorgten schon die Kabinettchefs Lyncker, Müller und Valentini. Sie hatten zwar nur beratende Funktion, die Entscheidungen traf der Monarch, er war rechtlich nicht auf sie angewiesen. Aber bei seiner mangelnden Menschenkenntnis, bei seiner durch das Hyperkinetische Syndrom bedingten Sprunghaftigkeit, dem Wechsel der Stimmungen war ihr Einfluß groß – zu groß. Auch wenn man ihnen keine persönlichen Motive für die Abkapselung des Kaisers von der übrigen Welt unterstellen will, bleibt doch die Tatsache, daß sie zum Schaden für das Land über Jahrzehnte verhinderten, daß der Kaiser wichtige Informationen erhielt. Zahlreiche, ihm wohlgesonnene und dem Land verpflichtete Männer – so Ballin, Tirpitz, Hindenburg – haben das schmerzlich in ihren Erinnerungen vermerkt. Im Frieden war dies schon bedenklich genug, während des Krieges unverzeihlich.
Man muß ihnen immerhin zugute halten, daß der schnell erregbare Kaiser zu überzogenen Reaktionen neigte, auch dies ein Kernsymptom des Hyperkinetischen Syndroms. Und natürlich – auch Auguste Victoria stand auf ihrer Seite in der ständigen Sorge um die Gesundheit ihres Mannes, der ja schon einen schweren Zusammenbruch seit der Daily Telegraph Affaire hinter sich hatte. Eine macchiavellistische Natur hätte vielleicht einen solchen Zusammenbruch herbeigeführt, um einen Machtwechsel möglich zu machen.
Nach der in Blut und Schlamm erstickten Tragödie von Verdun fand der Kronprinz wieder Zeit, sich Gedanken über die zunehmend bedrückende Lage des Reiches zu machen. So besuchte er seinen alten Schulfreund aus Plöner Tagen, Steinbömer, in Metz, welches nur eine Autostunde von seinem Hauptquartier Stenay entfernt war. Steinbömer sollte in seinem Auftrage führende Männer in Deutschland aufsuchen, um ihre Meinung zur Lage zu hören, sowie die Aussichten für einen Verständigungs- ja Verzichtfrieden zu erkunden[313]. In der deutschen Öffentlichkeit wäre das Wort Verzichtfrieden selbst Ende des Jahres

1916 noch auf Unverständnis gestoßen, vielfach sogar mit Empörung aufgenommen worden. Standen die Soldaten nicht weit in Feindesland, gab es nicht Erfolge, Siege? JA – nicht allein der Kaiser bekam nur die guten Nachrichten zu hören, auch das Volk. Die Menschen in Deutschland bekamen nur d a s zu hören, was – wie man meinte – ihnen zuträglich war. Auch sie lebten »in a fools paradise«, wie es Ballin einmal über den Kaiser gesagt hatte. So dachten sie, daß ihr gutes Recht doch siegen müßte über die bösen Feinde, welche ihnen den Platz an der Sonne nicht gönnten. D a f ü r waren sie in den Krieg gezogen, andere Kriegsziele gab es nicht, jedenfalls nicht zu Beginn der Auseinandersetzungen.
Aber nach den großen Anfangserfolgen im Osten wie im Westen – fast ganz Belgien war besetzt und ein großer Teil Frankreichs, die Russen im Osten schwer angeschlagen. – Ja, da mußte man doch überlegen, was man nach dem Siege – und daß man siegen würde, daran zweifelte niemand – für Forderungen stellen sollte. Besonders die Alldeutschen taten sich hervor bei diesen Diskussionen: ganz Belgien, die Kanalhäfen wurde zur Annexion ausersehen. Aber auch Frankreich hatte seine Pläne. – Das linke Rheinufer, das Ruhrgebiet, das Saarland.
Die Engländer sagten nichts. Sie wollten den Krieg gewinnen gegen die Hunnen – THE HUNS! – Dieses Attribut für die Deutschen hatte Kaiser Wilhelm ihnen lange vor dem Kriege leider selbst geliefert, in seiner berühmten »Hunnenrede« zur Verabschiedung des deutschen Kontingents, welches zusammen mit den anderen europäischen Mächten den Boxer-Aufstand in China niederschlagen sollte. Damals hatte er gesagt: »P a r d o n wird nicht gegeben, Gefangene nicht gemacht. Wie vor tausend Jahren die Hunnen sich unter König Etzel einen Namen gemacht haben, der sie schon jetzt in Überlieferung und Märchen gewaltig erscheinen läßt, so möge der Name Deutscher in China auf tausend Jahre durch Euch in einer Weise bestätigt werden, daß niemals wieder ein Chinese wagt, einen Deutschen auch nur scheel anzusehen[314]. Das war zwar schon vierzehn Jahre her, aber die Engländer hatten ein gutes Gedächtnis, wenn es um ihre Belange ging.

Die Völker hatten das Morden satt. In Deutschland gab es zu Beginn des Jahres 1917 die ersten Streiks[315], und im Juli kam es zu Meutereien in der Marine.
Auch in der französischen Armee kam es zu schweren Meutereien nach vergeblichen verlustreichen Angriffen auf deutsche Stellungen. Hundertfünfzig Todesurteile wurden gefällt, von denen allerdings nur 23 vollstreckt wurden. 2000 Soldaten verschwanden in den Strafkolonien[316].
Es ist merkwürdig, daß es der deutschen Führung entging, daß im Juni 1917 45 französische Divisionen ihre Stellungen verließen und daß weite Abschnitte der gegnerischen Front praktisch nicht besetzt waren.
Ja, Europa war kriegsmüde, da mußten die Propaganda-Maschinen die Stimmung wieder hochpeitschen. Jede Lüge war recht, jede Verteufelung billig – »throw dirt enough and some will stick«, wie die Engländer sagen. Natürlich hatten auch die Deutschen ihren »Propagandaminister«, es war der Zentrums-Abgeordnete Mathias

Erzberger[317]. Aber die Redensart – Nomen est Omen – traf hier nun wirklich nicht zu. Reiners beschreibt ihn als einen intelligenten Volksschullehrer, der weder die Welt kannte, noch politischen Instinkt besaß[318]. Erzberger im Disput mit dem Lord Northcliffe, das glich dem rhetorischen Duell zwischen einem Hilfsschüler und einem Universitätsprofessor. Allerdings konnte Northcliffe im Gegensatz zu Erzberger fast die ganze Welt mit seiner, wie man sagte, Greuelpropaganda überschwemmen. Die halbe Welt sprach ja schon englisch, und auf einem Fünftel der Erdoberfläche wehte der Union Jack. Die Bürger in Sydney, Kalkutta, Kapstadt und Toronto lasen es in den Zeitungen, was für Teufel die Deutschen waren und daß sie ausgerottet werden mußten wie Ungeziefer. Zum Niveau dieser Propaganda gibt Reiners ein Beispiel aus dem Daily Chronicle: »Wie wir neulich gelacht haben über die Deutschen in irgendeinem Unterstand, als eine Zahl von Handgranaten von geschickten Händen geschleudert, sie geradewegs in ihre fetten Bäuche traf und sie alle in Stücke riß. Es war ein köstlicher Scherz... Wir lachten und lachten... Das Töten von Deutschen ist ihnen (den britischen Soldaten) nicht mehr als das Töten von Ungeziefer, je mehr, je lustiger[319].«

Mit Entsetzen starrten die Deutschen am Ende des Krieges auf die Mauer von Hass und Wut, welche die Propaganda um sie errichtet hatte.

Lord Northcliffe, das kann man sagen, war kein Anfänger. Am 24. Mai d. J. 1907 schreibt der belgische Gesandte Graf Lalaing an den Außenminister seines Landes aus London: »Eine gewisse Kategorie der Presse, hier unter dem Namen ›Gelbe Presse‹ bekannt, trägt zum großen Teil für die feindselige Stimmung zwischen den beiden Nationen (England und Deutschland) die Verantwortung. Was kann man denn auch von einem Journalisten wie Harmsworth, heute Lord Northcliffe, Herausgeber der ›Daily Mail‹, des ›Daily Graphic‹, des ›Daily Express‹, der ›Evening News‹ und der ›Weekly Dispatch‹ erwarten, der in einem Interview für den ›Matin‹ sagt: ›Ja, wir verabscheuen die Deutschen, und das von Herzen. Sie machen sich in ganz Europa verhaßt. Ich werde nicht zugeben, daß meine Zeitung auch nur das Geringste druckt, was Frankreich verletzen könnte, aber ich möchte nicht, daß sie irgendetwas aufnimmt, was den Deutschen angenehm sein könnte‹[320].« Das war sieben Jahre vor Kriegsanfang.

Die Mission Steinbömers (s.o.) ist wenig bekannt. Jonas und Herre, die Biographen des Kronprinzen, erwähnen sie nicht. Immerhin dauerte die Reise mehrere Monate, in welchen er zahlreiche Politiker, Wirtschaftsführer und Bankleute aufsuchte.

Namentlich erwähnt werden der Reichskanzler Bethmann Hollweg, der Innenminister Helfferich, der Großindustrielle Stinnes und Rathenau, Direktor der AEG. Von ihm schreibt Steinbömer, daß er als Einziger der Notwendigkeit eines Status quo-Friedens, zustimmte, welcher mit allen möglichen Mitteln sogleich einzuleiten wäre, bevor Amerika in den Krieg eintrete. Die Regierung hielt er allerdings dafür nicht fähig[321].

Ein geplantes Treffen zwischen Rathenau und dem Kronprinzen kam nicht mehr zustande. Zwei Telegramme, welche Steinbömer innerhalb weniger Stunden erreichten, beendeten sein »fact finding«-Unternehmen vorzeitig. Auf die Nachricht, daß der Kronprinz ihn als seinen persönlichen Adjutanten beim Gouverneur von Metz angefordert hatte, folgte kurz darauf ein langes Telegramm von Knobelsdorf: Ohne sein Wissen habe der Kronprinz ihn (Steinbömer) als persönlichen Adjutanten angefordert. Er habe seiner kaiserlichen Hoheit dargelegt, daß ein Generalstabsoffizier im Kriege nicht in eine fürstlich persönliche Adjutanten-Stellung gehöre, seine kaiserliche Hoheit sei dieser Auffassung beigetreten. Die Anforderung sei damit erledigt[322]. Als Adjutant des Kronprinzen wurde kurz darauf ein anderer Generalstabsoffizier, ein langjähriger Regimentsadjutant von Knobelsdorf, bestimmt. Steinbömers Kommentar dazu: »Die Absicht war klar, ihre Form dumm dreist.«

Kurze Zeit später wurde er aus Metz in eine von Stenay weit entfernte Dienststelle versetzt, so daß Kontakte zwischen ihm und dem Kronprinzen nicht mehr möglich waren.

Die gescheiterte Mission Steinbömers zeigte, daß der Kronprinz weiter nach Friedensmöglichkeiten suchte, und daß er dazu die Meinung maßgeblicher Männer hören wollte – ja mehr, daß er hoffte, Verbündete zu finden. Sie zeigte aber auch wieder, wie gering der Spielraum war, in dem er sich bewegte. Er war von Spitzeln und Zuträgern umgeben; wer sein Vertrauen besaß, mußte mit Versetzung rechnen, ja mit Nachteilen für seine Karriere. Der Kronprinz hat dieses Netz um sich herum nie zerrissen, eine Hausmacht hat er nie gehabt. Aber er hat sie wohl auch nie angestrebt, ihm fehlte die Härte, die Zielstrebigkeit – der Wille zur Macht, welcher notwendig war, um Einsichten auch gegen Widerstand durchzusetzen. Seine Offenheit, aber auch seine Naivität und seine immer wieder durchschimmernde Verspieltheit verhinderten das.

Die Verbündeten waren am Ende. Immer dringender wurde der Ruf – ja, die Forderung nach Frieden. Papst Benedikt XV. hatte sich über seinen Vertreter in Berlin, den Nuntius Pacelli, bereit erklärt, zwischen den Parteien zu vermitteln, der Kronprinz hatte seinem Vater zugeredet, diese ihm hingehaltene Hand zu ergreifen. Aber die Verhandlungen scheiterten, ehe sie richtig in Gang kamen, da die Deutschen an ihren illusionären Kriegszielen festhielten. Ein Hubertusburger Friede schien ihnen zu wenig, es ging um das Faustpfand Belgien.

So war auch der Besuch des österreichischen Außenministers im Mai 1917 bei der Heeresgruppe »Deutscher Kronprinz« erfolglos. Graf Czernin kam im Auftrage Kaiser Karls, er sollte wegen Friedensmöglichkeiten sondieren. Czernin schreibt vom Kronprinzen: »...er will den Frieden, und sehnt ihn herbei, nur weiß er nicht, wie man dazu kommen soll. Er war dafür, auch territoriale Opfer zu bringen, aber er scheint auch zu glauben, daß Deutschland das nicht ertragen würde[323].«

Dem österreichischen Außenminister versprach der Kronprinz trotzdem, sich mit den zuständigen Stellen für einen baldigen Frieden einzusetzen, Bethmann Hollweg, der Kanzler, bestätigt, daß der Thronfolger sich dafür einsetzte, Frieden zu schließen, selbst mit Abtretungen in Lothringen[324].

Nachdem der österreichische Außenminister dem Kaiser Karl in Wien über seinen Besuch bei dem deutschen Kronprinzen berichtet hatte, schreibt dieser ihm einen von Czernin entworfenen Brief:
»Mein Minister des Äußeren hat mir die interessante Unterredung gemeldet, die er mit Dir zu haben die Ehre hatte, und alle Deine Aussprüche haben mich von Herzen gefreut, weil sich darin meine Auffassung der Lage genau widerspiegelt. Trotz aller übermenschlichen Leistungen unserer Truppen erfordert die Lage im Hinterland unbedingt ein Ende des Krieges noch vor dem Winter, dies gilt für Deutschland so gut wie für uns. Die Türkei wird nur mehr sehr kurz mitmachen, und mit ihr verlieren wir auch Bulgarien. Dann sind wir zwei allein und das kommende Frühjahr wird Amerika bringen und noch eine verstärkte Entente. Ich habe andererseits bestimmte Anzeichen, daß wir Frankreich für uns gewinnen könnten, wenn Deutschland sich zu gewissen territorialen Opfern in Elsaß-Lothringen entschließen könnte. Haben wir Frankreich gewonnen, so sind wir Sieger, und Deutschland kann sich anderweitig entschädigen. Aber ich will nicht, daß Deutschland das Opfer allein tragen sollte, ich will selbst den Löwenanteil dieses Opfers tragen und habe Seiner Majestät, Deinem Vater, erklärt, daß ich unter den vorerwähnten Bedingungen bereit bin, nicht nur auf ganz Polen zu verzichten, sondern auch Galizien an Polen abzutreten und dieses Reich an Deutschland angliedern zu helfen. Deutschland würde im Osten ein Reich gewinnen, während es im Westen einen Teil seines Landes hergeben würde. Im Jahre 1915 haben wir, ohne irgendeine namhafte Kompensation zu fordern, dem treulosen Italien den Trento (Trentino) angeboten, um den Krieg zu vermeiden. Heute ist Deutschland in einer ähnlichen, jedoch weit aussichtsvolleren Lage. Du als Erbe der deutschen Kaiserkrone bist berechtigt, Dein gewichtiges Wort mit in die Waagschale zu werfen, und ich weiß, daß Seine Majestät Dein Vater diesen Standpunkt bezüglich Deiner Mitarbeit voll und ganz teilt. Darum bitte ich Dich, in dieser für Deutschland wie für Österreich-Ungarn entscheidenden Stunde, die gesamte Situation zu bedenken und Deine Bemühungen mit den meinen zu vereinen, um den Krieg rasch in ehrenvoller Weise zu beenden. Wenn Deutschland auf seinem ablehnenden Standpunkt verharrt, und einen möglichen Frieden zerstört, so ist die Situation in Österreich sehr kritisch.
Ganz besonders würde ich mich freuen, wenn ich baldigst eine Aussprache mit Dir haben könnte, und Dein mir durch den Grafen Czernin mitgeteiltes Versprechen, uns bald zu besuchen, freut mich ausnehmend[325].«
Das Versprechen des Kronprinzen, den Kaiser Karl in Wien zu besuchen, enthielt eine Einschränkung, denn der Kronprinz hatte hinzugefügt: Sobald ich die Erlaubnis erhalte.
Diese Erlaubnis von der O.H.L., so scheint es, ist nicht erteilt worden. In seinen Erinnerungen fährt Czernin fort: »Die Antwort des Kronprinzen (auf den Brief des Kaisers Karl) war eine sehr freundliche und entgegenkommende, bewegte sich jedoch in allgemeinen Phrasen, und es war klar, daß es den deutschen Militärs ge-

lungen war, seine Bestrebungen im Keim zu ersticken. Als ich Ludendorff einige Zeit später in Berlin traf, wurde meine Anschauung durch die Worte bestätigt, mit welchen er mich apostrophierte: ›Was haben Sie denn mit unserem Kronprinzen gemacht, der ist ja ganz schlapp geworden? Aber wir haben ihn wieder aufgepumpt.‹ Das Spiel war immer daßelbe. Die letzte Kriegszeit galt in Deutschland ein einziger Wille, und dies war der Wille Ludendorffs. Sein Denken war nur Kämpfen und seine Seele Sieg[326].« Soweit Czernin.

Im August kommt er noch einmal in das Große Hauptquartier, es brennt ihm unter den Nägeln, er braucht Frieden für Österreich, aber ohne die Deutschen kann und will er nicht handeln. Doch Ludendorff lehnt wieder ab. Deutschland, so sagt er, könne nur siegen oder untergehen[327].

Der Kronprinz ist anderer Meinung, es kommt zu einem ernsten Zusammenstoß mit Ludendorff[328]. Dem Grafen Czernin gibt er eine Kopie seiner Denkschrift für den Kaiser Karl mit. Durch Verrat gelangt sie von Wien aus in die Hände der Alliierten.

Der Zusammenbruch des Zarenreiches glich den zunehmenden Druck an der Westfront nicht aus. Gewiß – es gab noch Siege – Abwehrsiege. Die Schlacht bei Arras und an der Aisne, welche den großen Durchbruch für die Entente bringen sollte – General Nivelle hatte es versprochen – und Flandern, schrecklicher und blutiger noch als Verdun, selbst Cambrai waren Beweise dafür. Aber Deutschland war am Ende, nicht nur die Front, welche sich mühsam gegen die Übermacht aus aller Herren Länder behauptete – auch die Heimat, das Volk. Die letzte große Kraftanstrengung, die Märzoffensive 1918, schenkte den Deutschen noch einmal das berauschende Gefühl zu siegen. Aber auch diese Offensive blieb schließlich stecken. Das Ziel, die Trennung der englischen Truppen von der französischen Armee, wurde nicht erreicht und damit die Hoffnung auf eine militärische Entscheidung vor dem massenhaften Einsatz der Amerikaner endgültig begraben.

»Keine Phase des Weltkrieges hat die strategische Begabung unseres Kronprinzen und sein sicheres Urteil in Fragen der Truppenführung so klar erkennen lassen, wie die ›Große Schlacht von Frankreich‹« (März 1918), schreibt der General François, und weiter: »Der Kronprinz hatte schon am 28. März der Obersten Heeresleitung sagen lassen, daß er der Ansicht sei: Zunächst müsse der Vorstoß auf Amiens in Fluß kommen. Dieses wichtige Verkehrszentrum müsse ausgeschaltet und der Engländer vollkommen geschlagen werden. Dann erst könne die Operation gegen die Franzosen durchgeführt werden. Die Oberste Heeresleitung kann sich dieser klaren strategischen Logik kaum verschlossen haben, sie hat aber augenscheinlich nichts getan, um die Stoßkraft der 2. Armee zu erhöhen. Die 2. Armee kam nicht vorwärts, Amiens wurde nicht erreicht[329].«

Der letzte Akt des Dramas hatte begonnen.

Im Juli 1917 war Bethmann Hollweg, »die lange Unzulänglichkeit«, gestürzt. Die Tage davor wurden von allen Beteiligten als dramatisch empfunden. Bülow, welcher als Vorgänger des Kanzlers allerdings Partei ist, schreibt in seinen

Erinnerungen, daß Bethmann nie soviel Willenskraft an den Tag gelegt hätte, wie er im Sommer 1917 im Haften am Amt bewies[330]. Das war boshaft, aber es stimmte. Ausgelöst wurde die Krise durch die Absicht Bethmanns, das allgemeine Wahlrecht in Preußen einzuführen. Zweifellos stand er in dieser Angelegenheit unter zunehmendem Druck des Parlaments, aber die Reform kam zur unrechten Zeit, sie hätte entweder viel früher, oder erst nach Kriegsschluß kommen sollen, nicht aber unter dem Druck des Reichstages in Zeiten zunehmender Unruhe und Führungsschwäche.

Wegen der Bedeutung, welche das allgemeine Wahlrecht auch für die Dynastie hatte, wollte der Kaiser vor einer Entscheidung erst die Meinung des Kronprinzen hören. Das war neu, und man kann annehmen, daß Bethmann Hollweg nicht begeistert war von dieser Idee. Durch das Eingreifen des Thronfolgers erhielt die Angelegenheit eine unerwartete und für ihn unerfreuliche Wendung: Sie wurde zur Kanzlerfrage. Nachdem der Kronprinz sich vorher bei preußischen Ministern und bei den diplomatischen Vertretern Österreichs und Bulgariens über die äußere wie über die innere Situation informiert hatte, erbat er sich vom Kaiser die Erlaubnis, Abgeordnete der im Reichstag vertretenen Parteien (es waren sechs) über ihre Meinung zu Bethmann zu fragen – sollte er bleiben? Alle, mit Ausnahme des Abgeordneten Payer von der Fortschrittlichen Volkspartei sprachen sich z. T. mit Einschränkungen gegen den Kanzler aus.

Bethmanns Stuhl wackelte, aber erst auf die Rücktrittsdrohung der O.H.L. (Hindenburg/Ludendorff) nahm er schließlich seinen Hut. Es war ein Sieg der Militärs. Als Vermittler und Vertrauensmann des Kaisers hatte der Kronprinz wesentlichen Anteil an der Ausschaltung d e s Mannes, den er von Anfang an für unfähig gehalten hatte, Deutschland durch die gefahrvollen Strömungen dieser Jahre zu steuern – nicht im Frieden und gewiß nicht im Kriege. Bemerkenswert, daß erstmals bei einer Entscheidung, welche der Kaiser der Verfassung nach alleine hätte treffen können, das Parlament – das Volk – befragt worden war.

Der Kronprinz, welcher die Befragung durchgeführt hatte, hinterließ bei allen Beteiligten einen guten Eindruck[331]. Bülow schreibt, daß er durch seinen Takt und durch kluge Fragen allgemein gefallen habe[332], und auch der Kaiser selber äußerte sich dankbar über die Art und Weise, in welcher sein Sohn die Verhandlungen geführt hatte. Er betonte wiederholt, wie wertvoll ihm dessen Unterstützung gewesen sei[333].

Schon bei der Mission Steinbömers ein halbes Jahr zuvor hatte sich gezeigt, daß der Kronprinz die Ansichten maßgeblicher Männer hören wollte, bevor er sich seine eigene Meinung bildete – es war sein Führungsstil, so scheint es.

Ja, der Kaiser war zufrieden gewesen mit seinem Sohn, aber Konsequenzen hatte diese Zufriedenheit nicht: Bei der Ernennung eines Nachfolgers für Bethmann wurde der Kronprinz nicht hinzugezogen (er hätte sich für Tirpitz oder Bülow eingesetzt), übrigens auch nicht das Parlament, der Reichstag. Noch am 11. Juli hatte Valentini – Freund und Vertrauter Bethmanns – in einem Gespräch mit dem

Kaiser in Anwesenheit des Kronprinzen gesagt, daß alles zurückstehen könne, wenn wirklich ausreichender Ersatz für den Kanzler zur Verfügung stände, der sei aber absolut unauffindbar[334].
Wenige Tage später zauberte er mit den anderen Kabinettschefs in aller Eile den neuen Kanzler aus dem Hut. Er hieß Michaelis, und war bis dahin weitgehend unbekannt. Valentini wollte, so schreibt Herre, mit dieser schnellen Empfehlung an den Kaiser jeder Möglichkeit eines Drucks von außen zuvorkommen, um die Handlungsfreiheit des Monarchen aufrecht zu erhalten[335]. Das Motiv klingt edel, überzeugt aber nicht. Wahrscheinlich ist, daß er der Nominierung eines ihm nicht genehmen Kandidaten – (Bülow bzw. Tirpitz) – zuvor kommen wollte.
Michaelis war eine Fehlbesetzung, von welcher nicht viel mehr zu berichten ist, als daß er für nicht einmal vier Monate einer der Nachfolger Bismarcks war.
Der Sturz Bethmanns war ein Sieg der Militärs, welche von nun an mehr und mehr die Politik des Reiches bestimmten, denn die nachfolgenden Kanzler – Michaelis, Hertling, Prinz Max von Baden hatten nicht das Format, aber wohl auch nicht mehr die Möglichkeit, das Steuer herumzureißen, das heißt, einen Verständigungs- oder gar Verzichtsfrieden zu Stande zu bringen. Doch das konnten auch die Soldaten nicht, sie waren angetreten zu siegen, militärisch zu siegen.
Am 14. Juli des Jahres 1917 kam der Kronprinz zurück in das Hauptquartier der Heeresgruppe, welches im Januar d. J. von Stenay nach Charleville verlegt worden war. Wenige Tage später erschien auf Empfehlung des bayrischen Thronfolgers der parteilose Journalist Viktor Naumann in Charleville. Er kam mit geringen Erwartungen. Das Bild, welches er sich von dem Kronprinzen gemacht hatte, war wenig schmeichelhaft, er galt ihm als imperialistischer Kriegstreiber. Immerhin – ein sozialdemokratischer Abgeordneter (Franz Schmitt) hatte ihm erzählt, daß er während eines Besuches beim Kronprinzen diesem seine Ansicht über soziale Fragen ungeschminkt hätte vortragen können, und daß der Kronprinz ihm am Ende sogar recht gegeben hätte[336]. Auch der Kronprinz Rupprecht von Bayern hatte ein völlig anderes Bild von dem Manne gezeichnet, den er jetzt besuchen wollte. Er hatte ihn gelobt wegen seiner vernünftigen Ansichten und seiner Aufgeschlossenheit für einen baldigen Frieden. So reiste Naumann mit Vorbehalten, aber sicher auch mit einer gewissen Neugier nach Charleville. Er blieb fünf Tage, und es erging ihm wie manchem anderen vor ihm und nach ihm: Seine vorgefaßte Meinung über den Kronprinzen änderte er vollständig. Dieser Sinneswandel trat schon am ersten Tage nach seiner Ankunft ein, nachdem er einen ausgiebigen Vortrag über die innen- und außenpolitische Lage gehalten hatte. Darin wies er auf die drohende Revolution und die Gefahr für die Monarchie hin, aber der Kronprinz unterbrach ihn mit den Worten: »Unser Geschick steht ganz zurück hinter dem Deutschlands, ganz allein das Schicksal des Deutschen Volkes muß berücksichtigt werden.« Mit diesen Worten hatte der Kronprinz das Herz des Journalisten Naumann gewonnen. In den folgenden Tagen gab es eine Reihe von Gesprächen, in welchen Naumann, ermutigt durch das ihm entgegen-

gebrachte Vertrauen, es wagte, dem Kronprinzen zu sagen, daß im Reich oft ungünstig über ihn geurteilt würde. Sein Gesprächspartner hörte ihn schweigend an und Naumann dachte schon, daß er sich zu weit vorgewagt hätte. Als er aber geendet hatte, ging der Kronprinz auf ihn zu, schüttelte ihm die Hand und sagte: »Ich danke Ihnen für Ihre Offenheit, die ich Ihnen nicht vergessen werde[337].«

Noch am gleichen Tag während einer gemeinsamen Autofahrt eine neue Überraschung: Der Kronprinz fragt ihn, was er von der Politik seines Vaters halte. Naumann wollte erklärlicher Weise nicht mit der Sprache heraus, erst auf nochmaliges Drängen des Kronprinzen versuchte er nach Schilderung der guten Eigenschaften des Kaisers, vorsichtig die schweren, verhängnisvollen Fehler seiner Politik zu formulieren. Der Kronprinz: »Ich will Ihnen die Briefe, die ich an meinen Vater, an Hindenburg und an den Kanzler (es war der neue Kanzler Michaelis) geschrieben habe, vorlesen.«

Wieder verblüffte er Naumann, diesmal durch die Offenheit, mit welcher er dem Vater die Wahrheit sagte, und wie anders er urteilte, als Naumann angenommen hatte. Weiß Gott, er hatte ihn falsch eingeschätzt. Mit seinen Vorstellungen von einem Verständigungs- ja Verzichtfrieden rannte er bei dem Kronprinzen offene Türen ein! In der Sache entsprachen die Briefe ganz seinen eigenen Überzeugungen, aber im Ton waren sie zu scharf, fand Naumann. Der Kronprinz: »Mildern Sie meinen Stil ab, geben sie dem Schreiben die gemäßigtere Form. Dafür wollen wir aber sachlich desto bestimmter auftreten.« Naumann bat um einen Sekretär, dem er am nächsten Tage den Entwurf in die Maschine diktieren könne, aber es gab keinen Sekretär und der Kronprinz wollte auch nicht warten.

So setzten sie sich zusammen und glätteten und feilten an dem Text, bis Naumann zufrieden war. Der Kronprinz schickte ihm den Major Kummer von den 2. Gardedragonern, der wie er sagte, ein guter Freund von ihm sei und famos Maschine schreiben könne[338].

Das Ergebnis dieses Besuches war eine weitere Denkschrift des Kronprinzen, welche bereits kurz darauf an den Kaiser, den neuen Reichskanzler Michaelis und die O.H.L. abgeschickt wurde. Darin beschreibt der Kronprinz die Lage an den verschiedenen Fronten, welche größere Offensiven nicht zulasse. Der uneingeschränkte U-Bootkrieg habe die Hoffnung auf ein Einlenken Englands nicht erfüllt, die Verbündeten seien am Ende, die Amerikaner mit ihren unermeßlichen Reserven auf die Seite der Gegner getreten. (Am 6. April 1917 hatten die USA Deutschland den Krieg erklärt.) Die Friedensresolution des Reichstages – (im selben Monat) – habe den schon erlahmten Kampfeswillen der Alliierten wieder gestärkt. Die Hoffnung auf Friedensbereitschaft im Westen speziell mit England sei aufzugeben. Statt dessen sollten alle politischen Bemühungen auf einen schnellen Frieden mit Rußland gerichtet sein. Und weiter: »Die Not wird bei uns steigen, die Auffüllung der Mannschaftsreserven bei uns von Tag zu Tag schwieriger werden. Die Lebenskraft unseres Volkes wird durch weitere blutige Verluste sich mindern, im Inneren können Streiks und Aufstände kommen, ein Brachliegen der

Munitionserzeugung kann uns wehrlos machen. Die finanzielle Belastung des Reiches wird ins Riesenhafte wachsen, die Bundesgenossen werden möglichenfalls ihren Frieden mit den anderen suchen, die Neutralen zum Anschluß an die anderen gezwungen werden.
Es handelt sich heute um die Erhaltung der Dynastie, um den Bestand des Deutschen Reiches und das Fortbestehen des deutschen Volkes. Diktieren unsere Gegner den Frieden, dann ist der letzte Buchstabe hohenzollernscher, preußischer und deutscher Geschichte mit dem gleichen Federstrich geschrieben. Dazu darf es nicht kommen, und daher ist es unsere Pflicht, wenn es sein muß, auch auf einen Verständigungsfrieden einzugehen. Ein solcher bringt uns zwar eine Enttäuschung, aber eine uferlose Verlängerung des Krieges könnte uns im Frühjahr 1918 allein, ohne Bundesgenossen, nach dreieinhalb Kriegsjahren aus schweren Wunden blutend der ganzen Welt gegenüberstehend sehen, uns mit Vernichtung bedrohen.
Erhalten wir einen baldigen Frieden mit dem östlichen Gegner, so wird auch das Resultat für uns ergeben, daß Rußland als wirtschaftliches Expansionsgebiet uns gesonnen ist, kommt er zu spät, so kommen wir zu spät, weil der Amerikaner sich in dem weiten Reich bereits eingenistet hat.
Im ersteren Falle ist aber der Krieg finanziell für uns gewonnen, auch daran müssen wir denken.
Eines steht fest: Behaupten wir uns in diesem Kriege, so sind wir tatsächlich die Sieger, weil wir gegen die ganze Welt gekämpft haben, ohne vernichtet zu werden. Dies wird uns ein unerhörtes Ansehen nach dem Kriege verschaffen und eine gewaltige Machtvermehrung. Unsere Lage gleicht der Friedrichs des Großen vor dem Frieden von Hubertusburg. Er gilt in der Geschichte mit Recht als Sieger, weil er im Kampf nicht unterlag.

gez. Wilhelm
Kronprinz des Deutschen Reiches
und von Preußen[339]«

Diese Denkschrift stellt dem Kronprinzen ein gutes – das beste – Zeugnis aus für seine politische Urteilsfähigkeit, seinen gesunden Menschenverstand und seine Weitsicht, welche eine Grundforderung für das Regieren ist – wie die Franzosen sagen: Gouverner c'est prevoir.
Aber diese Denkschrift nutzte nicht mehr, »als wenn er sie in den Wind gerufen hätte«[340].
Das Jahr 1917 brachte außenpolitisch dramatische Veränderungen. Im Februar kommt es zu massenhaften Befehlsverweigerungen in der russischen Armee, Zehntausende verlassen die Truppe und tragen den Aufstand ins Hinterland und in die Hauptstadt[341]. In St. Petersburg treten die Arbeiter in den Streik und am 15. März dankt Zar Nikolaus II. ab, wenig später auch sein Nachfolger, ein Bruder des Zaren, Rußland war – für kurze Zeit – eine Republik, welche bald dar-

auf in einem Meer von Blut untergehen sollte. Ein Jahr vorher, während der Amtszeit des Ministerpräsidenten Stürmer, wäre ein Sonderfrieden mit den Russen vielleicht noch möglich gewesen, – Falkenhayn, Tirpitz* und auch der Kronprinz hatten ihn herbeigesehnt. Inzwischen aber war der Zug in Richtung Revolution abgefahren. Das Zarenreich zerbrach, aber auch die anderen Monarchien, die Habsburger, die Hohenzollern würden bald folgen.

Seit dem Sturze Bismarcks war die deutsche Politik Rußlands gegenüber halbherzig, ja widersprüchlich gewesen. Obwohl mehr Gemeinsamkeiten als Gegensätze bestanden, hatte man nie ernstlich versucht, die Russen aus ihrer widernatürlichen Allianz mit den Engländern und Franzosen herauszubrechen. Statt dessen proklamierte Bethmann Hollweg am 5. November 1916 im Reichstag die Gründung eines selbständigen polnischen Staates.

Befürwortet hatte diesen Schritt auch der deutsche Gouverneur von Warschau, General Beseler. Er schlug vor, die polnische Karte zu spielen, nachdem die russische nicht gestochen hätte. Auch Ludendorff war dafür, weil er sich polnische Truppen gegen die Russen versprach.

In seiner Rede vor dem Parlament verbeugte sich der Kanzler vor der Leidenschaft, der Vaterlandsliebe und der Zähigkeit, mit welcher das polnische Volk seine alte westliche Kultur, seine Freiheitsliebe gegen das Russentum verteidigt hätte. Er hoffe, so sagte er, daß man jetzt am Beginn einer Entwicklung stände, welche die alten Gegensätze zwischen Deutschen und Polen aus der Welt schaffe und das vom russischen Joch befreite Land einer glücklichen Zukunft entgegenführe. Dies waren erhabene Worte, aber das Angebot selbst war mager.

Über die Zweckmäßigkeit, die Polen gegen die Russen auszuspielen, hatte es vorher erhebliche Auseinandersetzungen gegeben: Tirpitz, Falkenhayn, Zimmermann, der Kronprinz und nicht nur sie, waren dagegen gewesen, weil sie zurecht befürchteten, daß die Hoffnung auf einen Sonderfrieden mit den Russen damit begraben würde. Der neu proklamierte polnische Staat ging nämlich ganz zu deren Lasten. Ihre Befürchtungen bestätigten sich. Bereits vierzehn Tage später wurde der deutschfreundliche Ministerpräsident Stürmer gestürzt, sein Nachfolger General Trepow war ein Anhänger der Kriegspartei[342].

Aus den polnischen Hilfstruppen, die Ludendorff sich erhofft hatte, wurde nichts. Schon Napoleon I. hatte sich polnische Soldaten gegen den Zaren versprochen, das Großherzogtum Warschau gegründet und erwartete Dankbarkeit von den Polen, und Dankbarkeit hieß bei ihm Hilfstruppen gegen die Russen. Bei seiner Flucht aus dem zerstörten Moskau macht er in Warschau Station und bestellt den

* *In seinen Erinnerungen schreibt Tirpitz: Der Krieg mit Rußland war der Kardinalfehler unserer Politik, ein baldiger Friedensschluß mit dem Zaren unbedingtes Ziel einer nach Sieg strebenden Staatskunst... Noch 1916 konnte ein annehmbarer Frieden geschlossen werden, als der Zar, der seinen Thron wanken fühlte, Stürmer zu dem Zweck ernannte, um mit uns Frieden zu schließen.* *(Tirpitz, S. 149)*

französischen Gesandten zu sich. Aber er muß erfahren, daß nichts da sei, keine Soldaten, keine Vorräte – nichts. Der General Caulaincourt, welcher den Kaiser begleitet, berichtet in seinen Memoiren, daß die Unterredung immer heftiger wurde, und der Kaiser schließlich ausruft: »Was wollen denn die Polen, für sie kämpft man, für sie habe ich meinen Schatz geleert...« und der Gesandte, ein Herr v. Pradt antwortet: »Sie wollen wieder Preußen werden, Majestät[343].«
Auch diesmal also gab es keine polnischen Hilfstruppen gegen den Zaren. Das halbherzige Angebot auf einen eigenen polnischen Staat ließ die Polen kalt. Ihrer Leidenschaft, ihrer Freiheitsliebe, welche Bethmann Hollweg so gelobt hatte, genügte das Angebot nicht, welches die Deutschen und die Österreicher unter dem Druck der Ereignisse gemacht hatten. Nur zwei Jahre später bekamen sie von der anderen Seite mehr, als sie je hatten hoffen können.
Am 6. April 1917 erklärten die Vereinigten Staaten von Amerika Deutschland und später auch Österreich den Krieg, welcher dadurch zu einem Weltkrieg wurde. Ihr Präsident forderte alle neutralen Staaten der Welt auf, die diplomatischen Beziehungen zu Deutschland abzubrechen, denn die Deutschen waren böse, sie versenkten harmlose Passagierschiffe ohne vorherige Warnung.
Bethmann Hollweg hatte sich stets gegen den uneingeschränkten U-Bootkrieg ausgesprochen, weil er zu Recht den Eintritt der USA in den Krieg befürchtete.
Auch der Kaiser war dagegen gewesen, er hielt diese Art der Kriegführung für unmenschlich. Ja, sie war unmenschlich. Aber die englische Hunger-Blockade war auf ihre Art auch unmenschlich, nur fiel sie nicht so auf, denn es brauchten keine Schiffe versenkt zu werden. Die Neutralen wagten es gar nicht erst, die englische Seeblockade zu durchbrechen, um Handelsware nach Deutschland zu bringen.
Der am 31. Januar 1917 erneut erklärte und von den Deutschen gewünschte uneingeschränkte U-Bootkrieg erfüllte nicht die Hoffnungen und Erwartungen, die man daran geknüpft hatte. Der Versuch, auch England in eine belagerte Festung zu verwandeln – mit unzureichenden Mitteln übrigens[344] – schlug fehl. Die englische Lebensmittelversorgung ist nie ernsthaft gefährdet gewesen[345]. Doch diese Art der Kriegführung machte aus den Deutschen endgültig die Barbaren, die Untermenschen im Spiegel der Weltmeinung, welche fest im Griff der Alliierten Propaganda waren. In verhängnisvoller Weise hatte man zudem in Deutschland die Wirtschaftskraft der Vereinigten Staaten unterschätzt, welche sich jetzt ganz auf den Krieg konzentrieren konnte. Die Amerikaner, das kann man sagen, waren auch vor der Kriegserklärung nicht neutral gewesen, Munition und Kriegsgerät wurden täglich in englischen Häfen ausgeladen. Das Handelsdefizit gegenüber Europa von vier Milliarden Dollar verwandelte sich im Verlaufe des Krieges in einen horrenden Überschuß, die Vereinigten Staaten wurden zum weltweit größten Gläubiger. Allein die Alliierten standen mit zehn Milliarden Dollar bei ihnen in der Kreide. Diese Gläubigerrolle spielte zweifellos mit beim Eintritt in den Krieg. Man sieht nicht gerne, daß der Schuldner Bankrott geht.

Aber man wird dem amtierenden Präsidenten nicht gerecht, wenn man dies als den einzigen Grund für die Kriegserklärung ansieht. Woodrow Wilson war ein Idealist, er war auch ein Pazifist, er wollte den Frieden. Seine Philosophie war verhältnismäßig einfach, es gab gute Menschen und böse Menschen, und er war ein guter Mensch. Gern hätte er den Schiedsrichter gespielt in diesem europäischen Streit, wie es die USA schon nach dem russisch-japanischen Kriege getan hatten. Aber dieser Rolle des arbiter mundi war er nicht gewachsen – weder kannte er Europa, noch hatte er die Kraft, vielleicht auch nicht einmal den Willen, sich gegen harte, von Vergeltungswillen beherrschte Verhandler wie Clemenceau und Lloyd George durchzusetzen. Vergessen waren die großen Worte von einst: »Ich habe heute zu Ihnen über ein einziges Thema gesprochen, nämlich über die volle Bereitschaft der Nation, die unparteiische Rolle in diesem Erdteil und der Welt zu spielen, die ihr nach unser aller Glaube von der Vorsehung bestimmt ist.« (7. Dez. 1915).
Und weiter: »Wir sind in den Krieg gegangen, ohne unsererseits eine besondere Kränkung erlitten zu haben, nur weil wir immer gesagt haben, wir seien Freunde und Diener der Menschheit.« (12. Mai 1917) Und: »Denn die Glorie dieses Krieges ist, soviel uns betrifft, die, daß es vielleicht zum ersten Mal in der Weltgeschichte ein selbstloser Krieg ist[346].« (18. Mai 1918)
Am 9. November dieses so ereignisreichen Jahres, in welchem das Schicksal Europas noch einmal auf der Waagschale lag, ist der Kronprinz wieder in Berlin. Seine jüngste Tochter Cecilie wird getauft. Er versucht, die Gelegenheit für ein Gespräch mit seinem Vater zu nutzen, aber trotz aller Bemühungen gelingt ihm das weder an diesem noch am folgenden Tage[347]. Es scheint, daß der Kaiser solchen Gesprächen unter vier Augen ausgewichen ist, wann immer er konnte, denn der Kronprinz brachte ihn aus seinem, in diesen schweren Zeiten so mühsam bewahrten Gleichgewicht. Ja, es stimmte, fast immer hatte der Kronprinz schlechte Nachrichten für ihn, Nachrichten allerdings, welche ihm seine Berater vorenthielten. Diesmal ging es um den Chef des Zivikabinetts Valentini. Während der Friedensverhandlungen in Brest-Litowsk war es zu einem bitteren Streit zwischen der Politik und den Militärs der O.H.L. gekommen. Der Dialog zwischen den Mittelmächten und den siegesbewußten Bolschewiken war schwierig, hier standen sich zwei Welten gegenüber. Kühlmann und Czernin waren zu einem schnellen Frieden ohne Annektionen bereit, aber Ludendorff meinte, die Diplomaten würden preisgeben, was die Soldaten mit ihrem Blut erkämpft hätten. Er wollte Sicherheiten, und das hieß Land. Der politische Aspekt eines schnellen milden Friedens ohne Annexionen, die positive Ausstrahlung auf die Weltmeinung entging ihm, ebenso wie der militärische Vorteil, unmittelbar Truppen für die Westfront freimachen zu können.* Dort nämlich wurde über Sieg oder Niederlage der Mittelmächte entschieden. Nach Meinung der O.H.L. sollte also der flaue Verhandlungsführer Kühlmann durch einen Mann ihrer Wahl ersetzt werden. Und nicht nur Kühlmann, auch die Kabinettchefs Lyncker,

** Der Wert dieser Truppen war allerdings begrenzt.*

Müller und vor allem Valentini sollten abgelöst werden. Gegen sie hatte sich im Laufe der Zeit aus Gründen, die schon genannt wurden, zunehmend Feindschaft – ja Hass – entwickelt. Auf der Sitzung des Kronrates am 2. Januar 1918 hatten Ludendorff und Hindenburg den Kaiser hart »bis an die Grenze des für kaiserliche Offiziere Möglichen« angegriffen[348]. Und wieder drohten sie mit Rücktritt. Beide – Hindenburg und Ludendorff – waren starke Persönlichkeiten, ihre herausragende Begabung als Feldherren hatten sie vielfach bewiesen. Aber sie waren keine Politiker, sie dachten weiter in militärischen Kategorien – an Sieg. Einen Hubertusburger Frieden, den der Kronprinz noch für möglich hielt, zogen sie nicht in Erwägung, jedenfalls nicht zu der Zeit, als er vielleicht noch zu haben gewesen wäre. Und noch einmal berief der Kaiser seinen Sohn zur Vermittlung. Für Wilhelm war die Lage fast ausweglos, die Feldherren Hindenburg und Ludendorff konnte er nicht entlassen, an sie klammerte sich die Hoffnung des Volkes, diesen schrecklichen Krieg doch noch zu einem guten Ende zu bringen. Aber sollte er seine Berater entlassen, die ihm in diesen schweren Zeiten so treu gedient hatten? Die Mission des Kronprinzen war diesmal heikler, als jene in der Angelegenheit Bethmann Hollweg ein halbes Jahr zuvor, denn die O.H.L. war mächtig, allmächtig. Seinem Verhandlungsgeschick gelang es, dem Oberstleutnant Bauer, der ihn über die Forderung der O.H.L. informierte, die Entlassung der Kabinettchefs Lyncker und Müller auszureden. Wegen des deutschen Delegationsleiters in Brest-Litowsk Kühlmann besprach er sich mit dem Reichskanzler Hertling, dem Kriegsminister Stein und dem Staatssekretär Helfferich. Sie alle hielten die Entlassung Kühlmanns während der schwierigen Verhandlungen mit den Bolschwiken für fatal und rieten ab. Ihre Argumente überzeugten den Thronfolger, welcher den Oberstleutnant Bauer bat, die O.H.L. umzustimmen, was gelang. Es war ein großer persönlicher Erfolg des Kronprinzen, wie Herre schreibt[349].
Valentini allerdings, da war sich der Kronprinz mit der O.H.L. einig, sollte gehen. Da er selber trotz wiederholter Bitten beim Kaiser nicht durchgedrungen war, bat er den Obersten Winterfeldt, Valentini davon zu überzeugen, daß er zurücktreten müsse, andernfalls würden Hindenburg und Ludendorff, die Eckpfeiler des Reiches, um Entlassung bitten. Die schwierige Aufgabe hat Winterfeldt mit Geschick gelöst, Valentini reichte seinen Rücktritt ein und der Kaiser genehmigte ihn. (Mitte Januar 1918.)
Zwei Wochen danach versucht Oberstleutnant Bauer, den Kronprinzen zum Handeln zu bewegen. Der Kaiser, so sagt er, ist unser Verhängnis, die Revolution steht vor der Tür, es muß etwas geschehen, man muß den Kaiser davon überzeugen, eine Zeitlang die Zügel aus der Hand zu legen[350]. Aber der Kronprinz lehnt es ab, gegen seinen Vater zu putschen, er war nicht der Mann des Zupackens in dieser Stunde höchster Bedrohung, obwohl er sie deutlich erkannte.
Noch immer hielt die Front. Ludendorff hoffte, sich mit kleinen Preisgaben an Gelände bis über den Winter auf französischem Boden halten zu können. Er setzte auf Zeit, die es nicht mehr gab. Einen Vorschlag des Kronprinzen, die Front in

gut vorbereitete Stellungen weiter zurückzunehmen, lehnte er aus politischen Gründen ab. Die militärischen Argumente sprachen allerdings dafür. Dazu der Kronprinz: »Mit Hinsicht auf unsere äußerst schwierig gewordene militärische Situation hielten wir die nach vorherbestimmten Etappen geregelte Rückverlegung der gesamten Front in die Antwerpen-Maas-Stellung für geboten. Dies hätte eine ganze Reihe von Vorteilen gebracht: Erholung und Auffrischung der ermüdeten und seelisch gedrückten Truppen durch Lösung vom Gegner sowie eine starke Frontverkürzung, welche Soldaten einsparte. Dazu noch Rückzug in vorbereitete starke Verteidigungsstellungen[351].« Aber Ludendorff wollte »keine Schwäche zeigen«, und so stach auch das Argument des Kronprinzen nicht, daß eine Rücknahme der Front doch nicht zu vermeiden sei, und daß es besser wäre, mit kampffähigen Truppen zurückzugehen, als so lange zu warten, bis die Truppen ausgebrannt seien[352].

Auch Groener und General Beck haben nach dem Kriege die Ansicht vertreten, daß im Juli 1918 das Westheer in weit zurückliegende vorbereitete Stellung hätte verlegt werden müssen, um es kampffähig zu erhalten, aber der Starrsinn des Generals Ludendorff habe das verhindert[353]. Am 14. August des Jahres 1918 kam die O.H.L. zu der späten Überzeugung, daß der Krieg militärisch nicht mehr zu gewinnen sei[354].

Vier Wochen vorher noch hatte Ludendorff auf die präzise Frage des Staatssekretärs des Äußeren Hintze, ob er sicher wäre, nach der jetzigen Offensive den Feind endgültig und entscheidend zu besiegen, gesagt: »Darauf antworte ich mit einem bestimmten Ja![355]«

Das Ende

So ist nun der Kaiser weggefahren, ohne irgendwelche Maßnahmen noch angeordnet zu haben, nur hat er gesagt: Hindenburg, führen Sie die Armee in die Heimat. Es ist kein Vertreter, kein Statthalter ernannt, wir alle wissen nicht, sind wird noch königliche Offiziere oder nicht mehr.

Oberst Thaer

Albert Ballin, Reeder, Generaldirektor der HAPAG, Freund Kaiser Wilhelms. Als am 9. November 1918 die Abdankung des Kaisers durch das Reichskanzleramt bekannt gegeben wurde, setzte er seinem Leben ein Ende.

Zeichnung von Olaf Gulbransson aus Otto Hamann »Bilder aus der letzten Kaiserzeit«.

Im Reichstag wurde offen über die Abdankung des Kaisers gesprochen. Dazu hatten insbesondere die Noten des amerikanischen Präsidenten Wilson beigetragen – es waren insgesamt vier. Die Deutschen, so der Tenor, sollten sich von d e n Kräften befreien, die für diesen Krieg verantwortlich waren, erst dann könne man mit ihnen reden. Auch die Presse diskutierte unbekümmert die Abdankung Wilhelm II. Und noch einmal erwog der Kaiser seinen Rücktritt, wie der Nachfolger Valentinis dem Reichskanzler berichtete, aber, fügte er hinzu, sein Pflichtgefühl habe ihn daran gehindert[356].
Im Oktober 1918 schreibt Viktor Naumann nochmals an den Kronprinzen. Er hält den Rücktritt des Kaisers für unausweichlich. »Niemand weiß besser als ich«, so Naumann, »wie unschuldig der Kaiser an dem fürchterlichen Blutvergießen ist, wie gerade er alles daran gesetzt hat, als Friedenskaiser zu regieren. Die entsetzliche Tragik liegt darin, daß er als echter Romantiker auf dem Thron sich einer Zukunft gegenüber sieht, in der der Romantiker vereinsamt und verkannt dastehen muß[357].« Allerdings, weder Romantiker noch Ideologen konnte sich das Reich bei seinem Kampf um den Platz an der Sonne leisten.
Allmählich entstand bei den Deutschen der Eindruck, daß sie zu wählen hätten zwischen dem Kaiser und dem Frieden, und sie handelten entsprechend. Am 26. Oktober wird die parlamentarische Monarchie eingeführt, der Kaiser entmachtet. Entmachtet wird auch General Ludendorff, welcher die politischen Entscheidungen der letzten zwei Jahre diktiert hatte.* Es waren Vorgaben für den Frieden, welchen die Deutschen sich von dem Präsidenten Wilson erhofften. Von dessen Forderung nach dem Selbstbestimmungsrecht der Völker hatten sie nichts zu befürchten, wie sie meinten. Doch die schöne Seifenblase platzte bald darauf, denn das Selbstbestimmungsrecht der Völker galt nicht für sie. Aber es galt für die Donaumonarchie – für den Vielvölkerstaat Österreich bedeutete diese Forderung des Präsidenten Wilson das Todesurteil. Seine Noten nahmen an Schärfe zu, und auch der Abstand zwischen den einzelnen Noten nahm zu. Wilson ließ sich Zeit, denn die Zeit arbeitete für ihn. Die Lage für die Mittelmächte wurde von Tag zu Tag bedrohlicher. So bedrohlich, daß Ludendorff den neuen Reichskanzler Prinz Max von Baden schon am ersten Tag seiner Amtszeit unter massiven Druck setzte, sofort einen Waffenstillstand abzuschließen, es handele sich nicht um Tage, sondern um Stunden[358]. Kein Zweifel, Ludendorff hatte die Nerven verloren. Fünf Wochen später, am 11. November, wurde der Waffenstillstand unterzeichnet, die Front hatte gehalten.
Am 29. Oktober verläßt der Kaiser Berlin. Prinz Max von Baden hatte mit allen Mitteln versucht, ihn in diesen entscheidenden Stunden in der Hauptstadt des Reiches zu halten[359]. Noch kurz vor der Abreise des Kaisers das letzte Telefongespräch: Prinz Max bittet ihn zu bleiben, der Kaiser sei in diesen Tagen am Sitz der Regierung unentbehrlich. Aber der Kaiser entgegnet, daß Krieg sei

** Nachfolger wird der Chef des Feldeisenbahnwesens, General Groener.*

und er zu seinen Soldaten gehöre. Darauf Max – ärgerlich – ihm sei bekannt, daß man sich im Kriege befinde, wenn der Kaiser durchaus Berlin verlassen wolle, so wäre es unbedingt notwendig, daß er vorher seinem Kanzler Gelegenheit zu einer Aussprache gebe. Aber diese Bitte schlägt Wilhelm II. ab mit der Begründung, sein Leibarzt lasse einen Besuch des Prinzen nicht zu, weil er Ansteckungsgefahr befürchte. (Prinz Max hatte sich noch nicht richtig von einem Grippeinfekt erholt[360].) Zwei Tage später begründet der Kaiser seine Abreise damit, daß die Regierung des Prinzen Max von Baden auf seine Beseitigung hinarbeite, dem hätte er sich in Berlin weniger entgegenstellen können, als inmitten seiner Armee[361]. Kein Zweifel, es war eine Flucht, aber ob in Berlin oder im Großen Hauptquartier in Spa, hier wie dort wurde über seinen Kopf hinweg verhandelt und entschieden. Und noch einmal, es sind nur noch zwölf Tage bis zum Ausbruch der Revolution, versucht Oberstleutnant Bauer den Kronprinzen zum Handeln zu bewegen. Telefonisch drängt er ihn, umgehend nach Berlin zu kommen, das Kriegskabinett fordere den Rücktritt des Kaisers, würde ihn (den Kronprinzen) aber als seinen Nachfolger akzeptieren. Bauer bekommt eine ausweichende Antwort[362].

Der Kronprinz wird nicht rebellieren, er wird stets der treue Sohn bleiben, der gehorsame Sohn. Ja, er war der Einzige, der seinem Vater die Wahrheit sagen konnte, aber doch nicht die bittere Wahrheit, daß er ihm, dem Sohn, Platz machen müsse, damit die Monarchie gerettet würde. Statt dessen übernimmt er noch einen Versuch, seinen Vater zu retten. Am 3. November bittet er den Prinzen Rupprecht von Bayern um die Unterschrift zu einem Schriftstück, das er selbst entworfen hat. Er warnt darin den Reichskanzler davor, den Kaiser abzusetzen, da dies verheerende Folgen für die Disziplin des Heeres haben könne. Aber Rupprecht unterschreibt nicht. Einen Tag vorher hatte er in seinem Tagebuch notiert, daß die deutschen Fürsten sich gemeinsam an den Kaiser wenden sollten, um ihm die Abdankung nahezulegen[363].

Auch seinen Vater besucht der Kronprinz an diesem Tage im Großen Hauptquartier. Er versucht, ihn durch Zuspruch wieder aufzurichten. Dabei kommt es zu einem schweren Zusammenstoß mit dem Kabinettchef Delbrück, der gerade anwesend ist, um dem Kaiser die Abdankung und den Thronverzicht seines Sohnes nahezulegen. Der Kronprinz verwahrt sich empört dagegen, daß über seinen Kopf hinweg sein Verzicht auf den Thron gefordert wird. Delbrück entschuldigt sich zwar, aber er fügt hinzu, daß in den Augen der Entente der Kronprinz ja ebenso belastet sei, wie der Kaiser[364]. Ja, er war belastet, die Alliierten hatten aus ihm den Blutsäufer, den Satan, den Kriegsverbrecher gemacht, und auch Gerüchte, welche in der Etappe umgingen und in die Heimat gelangten, hatten seinem Ruf geschadet. Die Opposition gegen die Monarchie hatte seit dem Frieden von Brest-Litowsk stark zugenommen. Mit Geld und Propagandamaterial wurde sie von der frisch eröffneten sowjetischen Botschaft in Berlin geschürt. Ein neuer Botschafter war in die verwaiste Residenz am Pariser Platz eingezogen, welcher sich den Namen Joffe zugelegt hatte. Er brachte dreihundert Mitarbeiter mit und reichlich »diplomatisches Gepäck«, vollgestopft mit Aufrufen zur Revolution und zur Beseitigung der Monarchie. Die Saat in Deutschland und in der Etappe ging auf. Der Kronprinz hatte sich nie ernstlich um seinen Ruf gekümmert, nie etwas gegen Gerüchte und böswilligen Klatsch getan. Dem Gerede, und der oft gezielten Verleumdung hatte er naiverweise Nahrung gegeben durch seine Schwäche für weibliche Reize, und die salopp wirkende, unbekümmerte Art seines Auftretens.

Es besteht kein Zweifel, daß Prinz Max von Baden, der Konkursverwalter des zweiten Deutschen Kaiserreiches, davon überzeugt war, daß man den Kaiser nicht halten konnte. Aber es besteht auch kein Zweifel, daß er alles versucht hat, die Monarchie als Institution zu retten. Dem Kronprinzen schlug er in diesen Tagen vor, eine öffentliche Erklärung abzugeben, daß er mit dem neuen Kurs der parlamentarischen Monarchie einverstanden sei[365]. Dieses Angebot des Reichskanzlers bestätigte gewissermaßen den dringenden Telefonanruf des Oberstleutnants Bauer kurz zuvor. Diese schriftliche Erklärung gibt der Kronprinz jetzt am 7. November, aber es ist zu spät. Unter dem Druck der radikalen Linken hatten die Sozialdemokraten inzwischen auch gegen den Kronprinzen entschieden. Dieser sei bei den Massen zu verhaßt, wie der Vorsitzende der SPD, Ebert, dem General Groener bei seinem Besuch in Berlin sagte[366].

Die Luft schwirrte in diesen Tagen von Gerüchten, Aufrufen, Telegrammen und hektischen Aktivitäten, aber die Würfel waren gefallen, das Drama des zweiten Deutschen Kaiserreiches ging zu Ende. Am 9. November fällt der Vorhang im Großen Hauptquartier im belgischen Spa. Noch am Tage zuvor hatte der Kaiser die Absicht geäußert, an der Spitze des Heeres die Ordnung in Deutschland wieder herzustellen. Dem General Groener gibt er den Befehl, die Operation vorzubereiten[367].

Doch in der Nacht zum 9. November kamen Hindenburg und Groener zu der Überzeugung, daß ein solches Unternehmen unmöglich zu verwirklichen war. Die Entfernungen waren zu groß, es fehlte an Transportmöglichkeiten, die zuverlässigen Truppen standen in schweren Abwehrkämpfen an der Front[368]. Und es kam noch etwas hinzu: Das Heer war müde, ausgepumpt, es würde unter seinen Führern diszipliniert nach Hause gehen, aber nicht mehr für den Kaiser und auch nicht gegen die Bolschewisten kämpfen. Dies hatte eine Umfrage bei den kurzerhand nach Spa zitierten Stabsoffizieren ergeben. Während des Vormittags häuften sich die Telefonate aus Berlin mit der Bitte, ja Forderung des Reichskanzlers, der Kaiser möge doch abdanken, die Lage in Berlin sei unhaltbar, aber Wilhelm II. kann sich zu keinem Entschluß aufraffen.

Mittags gegen 12.00 Uhr verkündet das Nachrichtenbüro Wolff in einem Telegramm die Abdankung des Kaisers und den Thronverzicht des Kronprinzen. Diese Meldung war falsch, aber sie kam von offizieller Seite – aus dem Kanzleramt. Prinz Max hatte die Abdankung als unmittelbar bevorstehend angesehen und sie freigegeben[369]. Der Ministerialdirektor im Kanzleramt Simons hatte ihm dazu geraten und die Meldung an das Nachrichtenbüro Wolff geleitet. Das Telegramm lautete: »Der Kaiser hat als deutscher Kaiser und König von Preußen abgedankt, der Kronprinz auf seine Thronrechte verzichtet. Ebert ist zum Reichskanzler ernannt worden.«

In Spa schlug die Nachricht wie eine Bombe ein.

Der Reichskanzler hat später zugegeben, daß manche Leute seinen Schritt als Staatsstreich werten würden[370]. Es w a r ein Staatsstreich, aber sein Argument, daß er die Revolution verhindern wollte, wiegt schwer. Und man muß ihm auch zugute halten, daß er in Berlin den Forderungen der SPD und dem stündlich zunehmenden Druck der Straße allein ausgesetzt war, und daß er weder beim Kaiser noch beim Militär Unterstützung gefunden hatte. Ludendorff hatte ihm bereits am ersten Tage seiner Kanzlerschaft mit der ultimativen Forderung nach sofortigen Waffenstillstandsverhandlungen jeden politischen Handlungsspielraum genommen, und der Kaiser war einer Entscheidung durch die Flucht zur Armee ausgewichen. Vielleicht, so könnte man meinen, war der »Verrat« des Prinzen Max von Baden der Strohhalm, nach dem er greifen konnte, um sein Selbstgefühl zu bewahren. Die Mahner waren nicht gehört worden. Anfang September noch hatte Ballin den Kaiser vor der Revolution gewarnt, innerhalb von 14 Tagen müsse Frieden geschlossen werden. Er tat dies übrigens auf Veranlassung von Ludendorff, wie aus dem Tagebuch des Admirals Müller hervorgeht[371] – vergebens.

Der 9. November in Spa war ein Tag voller Ratlosigkeit, die Stimmung gedrückt – ein Drama ohne Helden.

Und der Kronprinz? Auch er traf im Laufe des Tages in Spa ein und unterstützte Schulenburg in seinen Bemühungen, den Kaiser beim Heer zu halten. Im Gegensatz zu Hindenburg und Groener bestritten sie, daß für seine Sicherheit dort nicht mehr garantiert werden könne, und luden ihn ein, zur Heeresgruppe »Deutscher Kronprinz« zu kommen. Allerdings waren sie seit Anfang des Monats ohne Nachrichten aus Deutschland, wie Schulenburg selber berichtet[372]. Über das Ausmaß der Revolution war die Truppe bis in die höchsten Stellen nur unzureichend, eher gar nicht unterrichtet.* Das erklärt wohl den Gegensatz der Meinungen zwischen ihnen und dem General Groener, welcher sich vom 6. auf den 7. November als Nachfolger von Ludendorff dem Kanzler und dem Kabinett in Berlin vorgestellt, und mit einer Reihe von Politikern, unter ihnen auch Ebert, gesprochen hatte. Groener allein wußte, daß sich in Deutschland inzwischen eine gut organisierte, bis dahin noch unblutige Revolution ausgebreitet hatte. Hunderttausende von Deserteuren im Land und hinter der Front zeichneten das Bild völliger Auflösung.

Bis in den Abend dieses schwarzen Novembertages noch ist der Kaiser hin und her gerissen – soll er nach Holland gehen, ins neutrale Ausland, wie Hindenburg

* *Im großen Hauptquartier hatte niemand mit einer Revolution gerechnet.*

Thaer, S. 276

und Groener ihm rieten – oder soll er bei der Truppe bleiben? Am Abend gegen acht Uhr noch sagt er dem General Gontard, er werde dem Rat der O.H.L., die Armee zu verlassen und außer Landes zu gehen, nicht folgen, vielmehr wolle er bei seinem Heere bis zum Äußersten ausharren und sein Leben einsetzen. Die Zumutung, die Armee zu verlassen, sei unerhört[373].

Aber in der Nacht schreibt er einen Abschiedsbrief an seinen Sohn:
»Lieber Junge, da der Feldmarschall mir meine Sicherheit hier nicht mehr gewährleisten kann und auch für die Zuverlässigkeit der Truppen keine Bürgschaft übernehmen will, so habe ich mich entschlossen, nach schwerem inneren Kampfe das zusammengebrochene Heer zu verlassen, Berlin ist total verloren in der Hand der Sozialisten, und sind dort schon zwei Regierungen gebildet, eine von Ebert als Reichskanzler, eine daneben von den Unabhängigen. Bis zum Abmarsch der Truppen in die Heimat empfehle ich, auf Deinem Posten auszuharren und die Truppen zusammenzuhalten! So Gott will auf Wiedersehen. General Marschall wird Dir weiteres mitteilen.

Dein tief gebeugter Vater, gez. Wilhelm[374]«

Um 5.00 Uhr morgens am 10. November setzt sich der Sonderzug des Kaisers in Bewegung und erreicht um 8.30 Uhr die holländische Grenze.
Der Kronprinz hat sich später Vorwürfe gemacht, den Kaiser nicht gleich mitgenommen zu haben, als er das Hauptquartier in Spa verließ. Allerdings – die Sicherheit, welche er zusammen mit seinem Chef Schulenburg dem Kaiser bei der Heeresgruppe versprochen hatte, gab es nicht. Schon am folgenden Tage meuterten das Wachbataillon (Bedeckungstruppe) sowie die Funker und Telefonisten[375].
Auf Empfehlung von Schulenburg übersiedelt der Kronprinz deswegen in das Hauptquartier der III. Armee zu dem General Einem. Am 10. November spät in der Nacht trifft er dort ein, und lange noch werden die dramatischen Ereignisse des Vortages besprochen. »Wir fanden es empörend«, so Einem, »daß wir von den revolutionären Ereignissen wenig oder gar nicht unterrichtet gewesen sind.« Empört war man auch darüber, daß nichts gegen den Aufruhr unternommen worden war. Der Kronprinz – so Einem – war von beispielhafter Haltung. Er beklagte sich bitter über die Form und Art, wie man mit seinem Vater umgegangen war, und auf seine Frage, was denn aus ihm werden solle, habe der Feldmarschall erwidert, er gehöre dorthin, wo sich der Kaiser befände[376].
Tatsächlich – Hindenburg hatte »keine Verwendung für ihn«. Und auch die Regierung Ebert hatte keine Verwendung für ihn, sie lehnte sein Angebot ab, die Truppen geordnet in die Heimat zurückzuführen. Dabei berief sie sich auf den neuernannten Kriegsminister Scheuch, der allerdings versicherte später, daß er gar nicht konsultiert worden sei. Möglicherweise stand Hindenburg hinter dem Regierungsbescheid. Erst jetzt beschließt der Kronprinz, seinem Vater ins neutrale Holland zu folgen. Er entsprach damit der Weisung des Generalfeldmarschalls

Hindenburg, der ihm gesagt hatte: »Sie gehören dahin, wo sich seine Majestät, der Kaiser, befindet.« Mit ein paar Worten wurde er aus der Armee hinausgestoßen ins Nichts. Hatte er keine Fürsprecher, niemand, der bezeugte, daß er diesen schrecklichen Krieg nicht zu verantworten, daß er alles versucht hatte, ihn zu beenden? Niemand rührte einen Finger für ihn, er war zur Unperson geworden.

Am 11. November schreibt der Kronprinz dem Feldmarschall:
»Lieber Herr Generalfeldmarschall!
In diesen für meinen Herrn Vater und mich schwersten Tagen unseres Lebens muß ich mich auch von E. E. (Euerer Exzellenz) verabschieden. Tiefbewegt habe ich mich entschließen müssen, von der von E. E. erteilten Genehmigung Gebrauch zu machen, meinen Posten als Oberbefehlshaber niederzulegen und meinen Aufenthalt zunächst im neutralen Ausland zu nehmen. Erst nach harten inneren Kämpfen habe ich mich zu diesem Schritt durchringen können, trotzdem es mir mit allen Fasern meines Herzens widerstrebt, meine Heeresgruppe und meine tapferen Truppen, denen das Vaterland so unendlich viel verdankt, nicht in die Heimat zurückführen zu können.
Ich lege Wert darauf, E. E. in dieser Stunde noch einmal meine Stellungnahme in kurzen Zügen zur Darstellung zu bringen und bitte E. E. von meinen Worten ganz nach Ihrem Gutdünken Gebrauch zu machen.
Im Gegensatz zu vielen unrechten Stimmen, die mich von jeher als Kriegshetzer und Reaktionär hinzustellen sich bemüht haben, habe ich von Anfang an den Standpunkt vertreten, daß dieser Krieg für uns ein Verteidigungskrieg war. Immer wieder habe ich in den Jahren 1916, 1917, 1918 den maßgebenden Persönlichkeiten gegenüber mündlich und schriftlich betont, daß Deutschland mit allen Mitteln das Ende des Krieges suchen und froh sein müsse, sich gegen die ganze Welt auf dem Status quo zu behaupten.
Seit Jahr und Tag habe ich in den vielen Unterredungen mit General Ludendorff einem weisen Verständigungsfrieden das Wort geredet und die Auffassung vertreten, daß die Gelegenheit hierfür die günstigste war, als wir vor und auch während der Frühjahrsoffensive macht- und kraftvoll dastanden. Innenpolitisch bin ich der Letzte gewesen, der sich einem freiheitlichen Ausbau unseres Staatswesens verschlossen hat. Diese meine Auffassung habe ich auch dem Reichskanzler, Prinz Max von Baden, noch vor einigen Tagen schriftlich dargetan. Trotzdem bin ich, als die Wucht der Ereignisse meinen Herrn Vater vom Thron stürzte, nicht nur nicht gehört worden, sondern man ist über mich als Kronprinz und Thronfolger einfach zur Tagesordnung übergegangen. Ein Verzicht ist von mir weder gefordert noch geleistet worden. Euere Exzellenz bitte ich daher, Kenntnis zu nehmen, daß ich gegen die Vergewaltigung meiner Person, meiner Rechte und Ansprüche Verwahrung einlegen muß.
Trotz dieser Tatsache blieb mein Standpunkt der, weiter auf meinem Posten zu verharren. Ich wollte der Armee eine neue Enttäuschung ersparen. Sie ist bereits durch

den Verlust ihres Kaisers und obersten Kriegsherrn und über die alles Erwarten harten Waffenstillstandsbedingungen aufs schwerste erschüttert worden. Dabei hat mich der Gedanke geleitet, durch den Zusammenhalt meiner Heeresgruppe für unser Vaterland, dem wir alle dienen, weitere schädigende und zersetzende Momente zu vermeiden, auch wenn meine Person unter Umständen peinlichsten Folgen und Konflikten ausgesetzt sein könnte. Ich hätte dieses getragen in dem Bewußtsein, dem Vaterland einen Dienst zu erweisen. Für mein weiteres Verbleiben auf meinem militärischen Posten mußte aber auch die Stellungnahme der jetzigen Regierung maßgebend sein. Von ihr ist mir der Bescheid geworden, daß die Regierung nicht mit einer weiteren militärischen Verwendung meinerseits rechne. Ich glaube daher, so lange auf meinem Posten geblieben zu sein, wie es meine Ehre als Offizier und Soldat mir vorschrieb. E. E. wollen gleichzeitig davon Kenntnis nehmen, daß Abschriften dieses Briefes an den Minister des Königlichen Hauses, das preußische Staatsministerium, den Herrn Vizepräsidenten des Abgeordnetenhauses, den Herrn Präsidenten des Herrenhauses, den Chef des Militärkabinetts und einige mir nahestehende militärische Führer gegangen ist.
Mit dem heißen Wunsche, daß unser geliebtes Vaterland aus diesen schweren Stürmen den Weg zur inneren Gesundung und einer neuen besseren Zukunft finden möge, verbleibe ich E. E.

gez. Wilhelm, Kronprinz[377].«

Am nächsten Morgen nimmt er Abschied von der III. Armee, deren Gast er für zwei Tage war. General Einem notiert in seinem Tagebuch: »Niemals vorher war mir der Kronprinz königlicher erschienen, als in dieser Abschiedsstunde. Aufgerichtet kam er die breite Treppe herunter. Alles stand still und machte wie immer die Ehrenbezeugung, innerlich tief ergriffen. Alles war in diesem Augenblick Haltung, die nicht zum wenigsten vom Kronprinz selber ausging[278].«

Am 11. November – dem Tage des Waffenstillstands – unterzeichnet der Kronprinz den letzten Befehl:

»An meine Armeen!

Nachdem seine Majestät der Kaiser den Oberbefehl niedergelegt hat, bin auch ich durch die Verhältnisse gezwungen, nun, da die Waffen ruhen, von der Führung meiner Heeresgruppe zurückzutreten.
Wie immer bisher, so kann auch heute ich meinen tapferen Armeen, jedem einzelnen Mann, nur aus tiefstem Herzen danken für ihren Heldenmut, für ihre Opferfreudigkeit und Entsagung mit der sie allen Gefahren ins Auge gesehen und alle Entbehrungen willig für das Vaterland ertragen haben in guten und in bösen Tagen.
Tief erschüttert scheide ich heute von ihnen und neige mich vor der gewaltigen Größe ihrer Taten, die die Geschichte einst in flammenden Worten den späteren Geschlechtern künden wird.

Nun steht zu Euren Führern treu wie bisher, bis ihr Befehl Euch freigeben kann für Weib und Kind, für Heimat und Herd: Gott mit Euch und unserem deutschen Vaterlande!

Der Oberbefehlshaber
gez. Wilhelm
Kronprinz des deutschen Reiches und von Preußen[379]«

Um auch von seiner geliebten V. Armee Abschied zu nehmen, fährt er am frühen Morgen des 12. Novembers in das Hauptquartier des Generals Eberhardt. Auch dieser versucht, den Kronprinzen zum Bleiben zu bewegen, aber Schulenburg, mit dem er das bespricht, meint, die Folgen seien bei der augenblicklichen Lage und der Haltung der Gegner, welche die Auslieferung des Kronprinzen als Kriegsverbrecher fordern würden, unberechenbar[380].

Eberhardt erinnert sich an die Zeit, als er unter dem Kommando des Kronprinzen gestanden hatte. Mehrfach hatte er ihn an die Front begleitet, wenn der Kronprinz sich persönlich von dem Zustand der Truppen überzeugen oder die Stellungen von Freund und Feind erkunden wollte. Immer war er sich gleichbleibend, von größter Herzensgüte, klarem politischem Urteil und vollem Verständnis für die militärischen Fragen und Bedürfnisse im Kriege gewesen. Schwierigkeiten hatte Eberhardt nur, wenn er den persönlichen Mut des Kronprinzen eindämmen und ihn veranlassen mußte, besonders gefährdete Punkte nicht aufzusuchen[381].

Ja, der Kronprinz hätte als Privatmann nach Deutschland zurückgehen können, aber für diese Rolle war er nicht geschaffen, und er hat sie auch nicht besonders gut gespielt, als er aus dem Exil dorthin zurückkehrte.

Er selbst schreibt in seinen Erinnerungen: »Sollte ich mich in Lüttich oder in Herbesthal in einen Heimatzug klemmen und nach Berlin fahren? Sollte ich als müßiger Privatmann mit ansehen, daß alles, was mir große und heilige Tradition war, in einem irren Rausch und Wahn geschändet wurde? Oder auch dort der Mann sein, um den Für und Wider sich erhitzen[382]?«

So folgte er seinem Vater ins Exil.

Epilog

Die holländische Regierung gewährt auch dem Kronprinzen Asyl, allerdings im Vergleich mit dem herrschaftlichen Besitz des Kaisers sehr bescheiden. Man weist ihm ein leerstehendes Pfarrhaus auf der Insel Wieringen in der Zuidersee zu – vier Zimmer, drei davon nicht beheizbar. Es gibt kein elektrisch Licht, nur eine Petroleumlampe im ganzen Haus – eine Demütigung, noch eine. Die Bevölkerung steht ihm abweisend, ja feindlich gegenüber, denn auch im neutralen Ausland hatte die alliierte Propaganda das letzte Dorf erreicht und ihre Wirkung getan. Doch der Kronprinz besaß die Gabe, welche den Deutschen anscheinend so selten in die Wiege gelegt wird: Er konnte Herzen gewinnen. Schon nach wenigen Monaten notiert die Gräfin Keller in ihrem Tagebuch: Der Bürgermeister (Peerebom) konnte nicht genug davon erzählen, wie beliebt der Kronprinz in Wieringen sei, und wie sehr er es verstanden hätte, durch sein schlichtes freundliches Wesen die Sympathie der Inselbewohner zu gewinnen[383]. Allerdings – das Herz seines Vaters konnte er nicht gewinnen. Erneut gab es Anlaß für väterliche Empörung: Im Vertrag von Versailles – die Deutschen haben ihn zu Recht stets als Diktat empfunden – wurde auch die Auslieferung des Kaisers, des Kronprinzen und weiterer 896 Personen verlangt, welche »wegen Verstoßes gegen die Gebräuche und Gesetze des Krieges« vor ein Militärgericht gestellt werden sollten. Der Haß der beiden Hauptakteure Clemenceau und Lloyd George hatte die ehemaligen Kriegsgegner zu Verbrechern gestempelt – Kriegsverbrechern. Mit großem Mut hat die holländische Regierung die Auslieferung der Hohenzollern verweigert, und auch im nun republikanischen Deutschland war man sich einig im Widerstand gegen die Kriminalisierung des Herrscherhauses und seiner Führungsmannschaft.*

Mehrere Monate lebte der Kaiser in der Furcht, die holländische Regierung werde ihn an das Siegertribunal ausliefern, aber vor dem geschlossenen Widerstand

** Nicht nur in Deutschland sondern vielfach auch im Ausland wurde der Versailler Vertrag als verhängnisvoll empfunden, weil er das Band, welches Europa trotz aller Gegensätzlichkeiten bis dahin verbunden hatte, endgültig zerschnitt. Der Franzose Jaques Bainville – gewiß kein Freund der Deutschen – meinte, daß er den ewigen Krieg organisiere (Bainville, S. 57) und der bekannte englische Nationalökonom John Maynard Keynes war so entsetzt über dieses Machwerk, daß er den Staatsdienst quittierte und im Juli 1919 die Friedenskonferenz verließ.*

E. Moggride: John Maynard Keynes DTV, S. 47

Das Domicil des Kronprinzen während der fünf Jahre im Exil.

Der Kronprinz in Wieringen mit seinem persönlichen Adjutanten, Major Müldner von Mülnheim, welcher ihn ins Exil begleitet hatte. Foto aus dem Jahre 1921. (Privatarchiv)

gaben die Kreuzritter für die Gerechtigkeit schließlich nach, die Sache verlief im Sande. Der Kronprinz – Wägen ist nicht seine Stärke, hatte Mackensen über ihn geschrieben – erklärte sich in einem Telegramm an die Siegermächte bereit, vor einem alliierten Gericht zu erscheinen. »Brauchen die alliierten und assoziierten Mächte ein Opfer, so nehmen sie mich anstelle der 900 Deutschen, die keine andere Verfehlung begingen, als ihrem Vaterland im Kriege gedient zu haben[384].«
Von den alliierten und assoziierten Mächten (bei Kriegsende waren es 29) hat er nie eine Antwort erhalten, aber umgehend kam ein vier Seiten langer Brief seines Vaters mit vielen Ausrufungszeichen und einem Postskriptum: »Ich bin entsetzt und empört! Ohne mir ein Wort mitzuteilen, oder die hiesige Regierung zu fragen, auf die wir ja nun einmal angewiesen sind, entgegen der Abmachung, die wir in (---- unleserlich) getroffen, daß Du keine selbständigen politischen Schritte unternehmen dürftest ohne meine Genehmigung und die der hiesigen Regierung, hast Du eine unerhörte Thorheit begangen.....Laß die Hände von der Politik, die du doch nicht übersehen kannst! Und frage mich vorher.

gez. Wilhelm[385]«

Auch Prinz Eitel Friedrich hatte sich zusammen mit seinen Brüdern in einem Telegramm an den englischen König bereit erklärt, stellvertretend für den Vater vor dem Gericht der Sieger zu erscheinen. Sein Biograph Bill schreibt dazu: Weder der Wortlaut, noch die Idee an sich war mit dem Kaiser abgesprochen worden. Er erfuhr erst durch die Zeitung von dem ehrenvollen Angebot seiner Söhne. In einem Brief bedankt der Kaiser sich bei ihnen:
»Nehmt eines tiefergriffenen alten Mannes Dank an, was ihr für ihn getan habt«[386].
– Es war eine wahrhaft kuriose Verteilung kaiserlicher Gnade und Ungnade.
Am 11. April 1921 stirbt in Doorn die Kaiserin. Mit ihr verliert der Kronprinz seine geliebte Mutter, seine Vertraute, welche stets Verständnis für ihn gehabt hatte, und mit der er besprechen konnte, was ihn bedrückte. Er war nun noch einsamer geworden, daran änderten auch die gelegentlichen Besuche von alten Freunden, Kriegskameraden und Cecile mit den Kindern nichts. Doch er nutzte die Zeit, er zeichnet wieder – die Landschaft und die einfachen Menschen auf dieser Insel. Mit seinem Motorrad besucht er neugewonnene Freunde, beim Dorfschmied fertigt er Hufeisen und vor allem: Er schreibt seine Erinnerungen. Das Buch, von seinem Freund Karl Rosner im Jahre 1922 herausgegeben, wurde ein Bestseller, wie man heute sagen würde.
Ein Jahr später erscheint sein Buch: »Meine Erinnerungen an Deutschlands Heldenkampf«. Er widmet es seinen Soldaten, mit denen er sich lebenslang verbunden gefühlt hat. Auch dieses Buch, verlegt bei Mittler und Sohn, ist erfolgreich. Schon im Jahre des Erscheinens erreicht es die dritte Auflage. Nüchtern und ausgewogen wirken die Schilderungen der Kämpfe, die hier und da geübte Kritik spart eigene Entscheidungen nicht aus.
Zwei Jahre später – der Kronprinz ist schon nach Deutschland zurück gekehrt – erscheint bei Cotta sein Buch zur Kriegsschuldfrage. Es trägt den Titel: »Ich su-

Ein Wieringer Fischer
Zeichnung des Kronprinzen 1923.
(Kronprinz Wilhelm »Von meiner Insel«)

che die Wahrheit«, und widerlegt überzeugend die im Versailler Vertrag behauptete Alleinschuld der Deutschen am Kriege. Herre meint, daß es zu den wertvollsten Arbeiten zu diesem Thema gehöre[387].
Kaum drei Wochen nach der Falschmeldung aus dem Kanzleramt vom 9. November unterschreibt der Kaiser im holländischen Exil seine Abdankungserklärung, und drei Tage später, am 1. Dezember 1918, unterzeichnet auch der Kronprinz die Urkunde, in welcher er seine Rechte als Anwärter auf den Thron aufgibt. Der Bürgerkrieg in Deutschland ist durch diese Verzichtserklärungen nicht verhindert worden. Bolschewistische Aufstände in zahlreichen Städten und im Ruhrgebiet, polnische Angriffe in Oberschlesien, die Besetzung des Rheinlandes durch die Franzosen sowie die rechtsgerichteten Putschversuche in Berlin und München erschüttern die junge Republik. Die Nationalversammlung zur Bildung einer Regierung muß unter dem Schutze des Freikorps Maercker in Weimar tagen, Berlin war zu unsicher geworden. Die deutsche Währung fällt ins Bodenlose, die Menschen hungern weiter, denn die englische Blockade, welche auch die Einfuhr von Lebensmitteln verhindert, wird erst am 12. Juli 1919 aufgehoben.
Der Kronprinz, das kann man wohl annehmen, war durch Zeitungen nur unzureichend über die Zustände in Deutschland unterrichtet. Immer mehr drängte es ihn in die Heimat, zu seiner Familie. Und schließlich, nach fast fünf Jahren, am 23. Oktober 1923, genehmigt das Berliner Kabinett einstimmig seine Rückkehr nach Deutschland. Stresemann, der Freund, hatte sich dafür eingesetzt.
Die Flucht mußte in aller Stille geplant und durchgeführt werden, das war die Bedingung der deutschen und auch der holländischen Regierung. In einem Brief verabschiedet sich der Kronprinz von den Wieringern, seinen unfreiwilligen Gastgebern:

»Es ist mir schmerzlich, daß ich nur schriftlich von Euch Abschied nehmen kann. Um keine unnötige Unruhe zu verursachen, mußte meine Heimreise nach Deutschland in der Stille erfolgen ... Ihr botet mir Gastfreundschaft in Euren Häusern und ließet mich teilnehmen an Euren Freuden und Leiden ... nun möchte ich Euch allen nochmal die Hand reichen und Euch danken für alles, was Ihr mir gegeben habt. Tot siens! (Auf Wiedersehn).

9. November 1923 gez. Wilhelm[388]«

Auch der Vater erhält einen Brief von ihm:

»Lieber Papa!

Die deutsche Regierung hat mein Gesuch, in die Heimat zurückzukehren, genehmigt und mich gemahnt, schnell zu handeln, bevor andere Einflüsse sich ungünstig für mich geltend machen können. Daher ist es mir leider unmöglich, mich persönlich bei Dir zu verabschieden, und ich bitte, das gütigst entschuldigen zu wollen. Du wirst meinen Entschluß um so mehr begreifen, als Du hier in Holland genau darüber orientiert bist, wie schrecklich das Leben auf Wieringen für mich war und was solche Weltabgeschiedenheit auf die Dauer bedeutet. Gewiß wirst Du Dich mit mir freuen, daß ich nun endlich zu Frau und Kindern zurückkehren kann. Ich danke Dir von Herzen für Deine vielen Freundlichkeiten, die Du hier immer für mich hattest. Viele Grüße für Dich und Hermo (die zweite Frau des Kaisers, Hermine).

Dein getreuer Sohn Wilhelm[389]«

Die Freude des Vaters über das Ende der Verbannung seines Sohnes hielt sich in Grenzen, genauer gesagt: er war entrüstet – . Den Brief ließ er sofort abschreiben und notiert...

»Dieser Schritt des Kronprinzen ist geschehen ohne jedes Wissen von mir. Ich mißbillige ihn scharf. Wilhelm. Bitte davon die Regierung in Kenntnis setzen[390].

Und zu Ilsemann sagt er: »Nun sagen Sie mir Ilsemann, wie ist so etwas möglich? Dies ist doch wieder mal der richtige Dummejungenstreich! Wie kann er es nur wagen, diesen Schritt zu unternehmen, ohne mich als Vater und Chef der Familie vorher um Erlaubnis zu fragen[391]?«*

** Das Hausgesetz der Hohenzollern, die sogenannte Hausobservanz, gab dem Chef des Hauses, also hier dem Kaiser große Vollmachten über sämtliche Familienangehörige: Sie entschied über die Wahl des Ehepartners, wobei die Ebenbürtigkeit eine entscheidende Rolle spielte. Die Übernahme öffentlicher Ämter war abhängig von der Genehmigung des Chefs des Hauses. Das Recht, öffentlich Stellung zu politischen Vorgängen zu nehmen sowie die Mitgliedschaft in politischen Parteien bedurfte der Genehmigung des Chefs des Hauses. Ererbte, bzw. übertragene Grundstücke, Güter, Gebäude durften nicht verkauft werden (Fideicomiß).*

(Quelle: Friedrich Wilhelm Prinz von Preußen: Das Haus Hohenzollern 1918 – 1945, Langen Müller Verlag, München/Wien 1985)

Am 10. November verläßt der unbotmäßige Sohn in aller Herrgottsfrühe die Insel und nach dreitägiger abenteuerlicher Fahrt ist er in Oels bei seiner Familie. Unterwegs war seine Begleitung, welche bemüht war, bei der rasanten Fahrt den Anschluß nicht zu verlieren, noch ins Schleudern geraten und im Straßengraben gelandet.

Es ist der 12. November. An diesem Tage erscheint in der holländischen Zeitung »Maandag Morgen« ein Gedicht »van een Wieringer, der nit produitsch is aan den vertrokken Kronprins«:

In meiner Zeitung stand heut kurz und trocken
Du fuhrst nach Deinem Vaterland
Und die Franzosen sind erschrocken...
Und jetzt, da wieder Noten abgesandt
Und Poincare möchts wütend hintertreiben
Nimmt flugs die Feder in die Hand
Ein Wieringer, an Dich zu schreiben
Wie gern will ich Dir Deine Reise gönnen
Verdrießlich bot sich unser Eiland dar
Doch – wolltet's Du's – Du weißt es ja
Du hätt'st, so lang Du möchtest
Bleiben können
Wir Wieringer, wir haben Dich gekannt
Wir, die Dich kühl und wartend aufgenommen
Als Du vom Spott geächtet und verdammt
Und doch ein Mann, schweigend zu uns gekommen
Du saßest in der stillen Pastorei
Im kleinen Zimmerchen und ließ'st sie rasen
Wortlos getrotzt hast Du dem blöden Wahn
Dem wüsten Lärm, der übers Meer gedrungen
Und wo Du helfen konntest, hast Du es getan
Gabst Freundschaft gern und hast sie Dir errungen
Drum wie die draußen, haßerfüllten Sinns
Begeifern Dich, wir können's anders lesen
Wir freu'n uns Deines Umgangs als Gewinns
Wir liebten Dich als Menschen, nicht als Prinz
Und wissen's gut: Du bist ein Mann gewesen
(Want je bent eent Man geweest)[392].*

Ein neuer Lebensabschnitt – man könnte sagen, eine neue Prüfung hatte begonnen.

* *Das Gedicht wurde leicht gekürzt.*

Das Versprechen an Stresemann, sich nicht politisch zu betätigen, hat der Kronprinz bis zu dessen Tode 1929 gehalten, wahrscheinlich ist es ihm nicht einmal schwer gefallen. Cecile meinte zwar, er hätte seine seelische Spannkraft im Exil nicht eingebüßt, aber das war mehr Wunsch als Wirklichkeit. Schloß Oels wurde ihm keine Heimat, kein Lebensinhalt, wie er ihn sich in der Verbannung vorgestellt hatte. Seiner Schwester Victoria Luise hatte er damals geschrieben: »Eine Krone ist nicht das einzig Erstrebenswerte. Eigener Herr auf eigenem Grund und Boden zu sein, bedeutet auch viel«[393], aber er war kein Landmann, der die 9000 Hektar Feld und Wald von Oels als Aufgabe für sich begriff[394].
Ja, er war wieder in der Heimat, aber sie war ihm nach vier Jahren Krieg und fünf Jahren im Exil fremd geworden. Es war das republikanische Deutschland, aber er war kein Republikaner. Hatte der Kaiser recht, als er zu Ilsemann sagte: »Ich fürchte, der Kronprinz wird diesen Schritt noch bereuen[395].«
Der monarchische Gedanke in Deutschland war noch lebendig, aber der Kampf um die Rückkehr der Hohenzollern auf den Thron wurde jetzt in erster Linie von den Frauen geführt. Hermine, die verwitwete Schönaich-Carolath, die frisch gebackene zweite Frau des Kaisers, machte sich falsche Hoffnungen auf den Thron, aber auch Cecile kämpfte für ihren Mann, und sie war eine gute Kämpferin.
Ja, der monarchische Gedanke lebte noch. Selbst Ebert, der verdienstvolle erste Präsident der Republik, hatte ursprünglich nicht daran gedacht, die Monarchie abzuschaffen[396]. Sein Staat, der soviel guten Willen und so wenig Erfolge hatte, geriet zunehmend in die Zange der Radikalen von links und rechts. Die Kommunisten gaben die Hoffnung nicht auf, Deutschland zur Basis ihrer Weltrevolution zu machen, aber auch ihre erbitterten Gegner, die Nationalsozialisten, wurden immer stärker. Die Zerstörung des Mittelstandes durch die Inflation, das Elend der hochverschuldeten Landwirtschaft, die Massenarbeitslosigkeit* trieb beiden Parteien die Menschen in Scharen zu.
Die Republik war ungeliebt, sie hatte keine Erfolge aufzuweisen, die Hypothek des Versailler Vertrages hing ihr wie ein Würgeisen um den Hals.
Die Reichspräsidentenwahl im Jahre 1932 zeigte, wie sehr die Lage sich zugespitzt hatte. Hindenburg, der 84-jährige, hatte sich erneut um das Amt beworben. Seine wichtigsten Gegenkandidaten waren der Kommunist Ernst Thälmann und der Nationalsozialist Adolf Hitler. Da Hindenburg die notwendige absolute Mehrheit verfehlte, mußte eine Stichwahl die Entscheidung bringen. In letzter Minute versuchte nun eine kleine Gruppe Konservativer den Kronprinzen als Kandidaten für diese Stichwahl (am 10. April) aufzustellen. Man hoffte, daß sowohl Hindenburg als auch Hitler ihre Kandidatur in diesem Falle zurückziehen würden.

* *Im Februar 1932 betrug die Zahl der Arbeitslosen 6,1 Millionen.*
Friedensburg, S. 302

Schloß Oels in Schlesien, in der 18 000 Einwohner zählenden Kreisstadt Oels gelegen. Zum Schloß gehörten 9000 Hektar Land und Wald. (Privatarchiv)

Dem Historiker Professor Stribrny verdanken wir einen präzisen Bericht über den Vorgang[397].
Demnach war der Kronprinz grundsätzlich zu einer Kandidatur bereit, er machte seine Zustimmung aber von der Genehmigung durch seinen Vater abhängig. Vergeblich hatte Cecile, die sich keine Illusionen über die Antwort des Kaisers machte, versucht, ihn umzustimmen.
Die kleine Delegation, die unmittelbar nach der Unterredung nach Doorn reiste – die Zeit drängte –, konnte weder dem Kaiser, noch Hermo (dieser schon gar nicht) die Einwilligung abringen. Mit einem schroffen NEIN im Gepäck kam sie zurück. Der Kronprinz hatte die Ablehnung bereits telegraphisch erhalten und beantwortet: »Weisung wird befolgt.« Stribrny meint, daß er diese Lösung vielleicht sogar begrüßt hätte, weil er ahnte, wie gering seine Chance war. Insbesondere – so Stribrny – zweifelte der Kronprinz an der Haltung Hindenburgs, welcher sich die Rückkehr der Hohenzollern auf den Thron – und darum ging es letzten Endes – nur mit der Person des Kaisers vorstellen konnte.
Wenige Wochen später, es ist der 6. Mai des Jahres 1932, notiert Ilsemann: »Auf Doorn weht heute die preußische Königsstandarte! Kronprinzens 50. Geburtstag! Außer diesem Zeichen ist von dem Festtag nichts zu merken. Die Stimmung gegen den ältesten Sohn ist schlimmer denn je[398].«
Der Weg für das revolutionäre Regime der Nationalsozialisten war nun frei. Eine Wiedereinführung der Monarchie in Deutschland hat Hitler nie ernsthaft erwogen[399].

Ja, der Kronprinz war ein gebrochener Mann, das entging auch seinem Sohn Louis Ferdinand nicht[400]. Victoria Luise berichtet, daß er Stunde für Stunde in Oels am Fenster sitzen und in den Park hinausstarren konnte[401]. Sein politischer Instinkt bewahrte ihn davor, sich allzu sehr mit den Nationalsozialisten einzulassen. Seinen Sohn Louis Ferdinand, welcher enge Kontakte zu dem Kreis der Verschwörer um den 20. Juli 1944 unterhielt, hat er (vergeblich) gewarnt[402], denn Meinungsverschiedenheiten der Verschwörer und ihre Entschlußlosigkeit hatten ihm den Glauben an die Kraft des Widerstandes genommen[403].
Ja, er vereinsamte. Nach dem Ende des Zweiten Weltkrieges wurde er für mehrere Monate interniert. Es war die Burg seiner Vorfahren in Schwaben, in welcher man ihm zwei ungeheizte Zimmer zuwies. Danach lebte er von der Besatzungsmacht gedemütigt, aber in Freundschaft mit dem französischen Ortskommandanten Brochu und dem katholischen Pfarrer in Hechingen, am Fuße der Hohenzollernburg. Hier starb er in der Nacht vom 20. auf den 21. Juli 1951, im Land seiner Vorfahren, in Schwaben, welches die Wiege auch zweier anderer großer deutscher Herrschergeschlechter, der Habsburger und der Hohenstauffer, gewesen ist. Im Offiziersgärtlein der Burg ist er begraben. Zwei Tage danach verstarb im Exil auch sein großer Gegner vor Verdun, der Marschall Petain, auch er ein Opfer der gnadenlosen Machtkämpfe dieses so blutigen Jahrhunderts.

Fürstenstraße 16 in Hechingen. (Privatarchiv)

Das zweite Deutsche Kaiserreich hat keine 50 Jahre Bestand gehabt. Die Frage nach den Ursachen des Untergangs beschäftigt auch heute noch die Gemüter. Historiker wie Fritz Fischer und John Röhl sahen nach 1945 den Grund in dem ihrer Meinung nach verwerflichen »Griff nach der Weltmacht«. Sie verschoben damit das Problem auf die moralische Ebene.

Aber das Moralische ist keine Maxime im rechtsfreien Raum der internationalen Beziehungen. Keine der europäischen Mächte, weder die Spanier noch die Holländer, nicht die Dänen und nicht die Engländer hatten ihren »Platz an der Sonne« auf friedlichem Wege und unter allgemein akzeptierten moralischen Bedingungen erworben. Von der Geschichte »bestraft« wurden sie deswegen nicht.

Zweimal aber wurde im letzten Jahrhundert das Drama »Der Nibelungen Not« auf der Deutschen Bühne gespielt. »There ist a suicid point in the german character«, wie der amerikanische Botschafter Gerald in seinem Buch »Face to face with Kaiserism« schreibt[404], und wenn man die deutsche Geschichte des letzten Jahrhunderts überblickt, möchte man ihm recht geben.

Landläufig wird der Militarismus für diese Katastrophen verantwortlich gemacht – die Lust der Deutschen und insbesondere ihrer militärischen Führung am Kriege. Aber es war nicht der Militarismus, der das Unheil herbeigeführt hat, es war die Politik. Die militärischen Aktionen und Niederlagen waren nur die Folge politischer Fehler, politischen Versagens.

In seinem Buch »Der falsche Krieg« sieht Niall Fergusan, der englische Historiker, den Grund für die deutsche Niederlage 1918 in dem zu hohen Risiko, welches das Reich eingegangen war. Einen Griff nach der Weltmacht gab es nicht[405], vielmehr war es die Angst der Deutschen vor der zunehmenden Stärke der Gegner in Ost und West, die Angst, den Rüstungswettlauf, der ganz Europa erfaßt hatte, zu verlieren[406].

Sein Leben lang hat der Kronprinz im Schatten seines so begabten, aber durch die Krankheit (das Hyperkinetische Syndrom) geprägten Vater gestanden. Starke väterliche Eifersucht ist nicht zu übersehen. Der Kaiser hat sich nie als Glied in der Kette der Generationen gesehen. Im Gegensatz zu seinem geliebten Patenonkel Eduard VII. aber hat der Kronprinz nicht zeigen können, daß er mehr war, als ein Bruder Leichtfuß. Zu seinen Eigenschaften gehörte Bescheidenheit, politischer Instinkt, gute Menschenkenntnis, Verantwortungsbewußtsein und Verhandlungsgeschick. Wie sein Vater besaß er eine schnelle Auffassungsgabe, allerdings auch – dies, so scheint es, ist eine in Deutschland weitverbreitete Eigenschaft – eine gewisse Naivität. Das letzte Wort über ihn gebührt seiner Frau. Sie schreibt: »Hätte der Kronprinz die Stelle erhalten, für die er geboren war, dem deutschen Volke wäre mit Sicherheit vieles erspart geblieben[407].«

Anhang

Erklärungen zu Personen und Begriffen

Bakunin: 1814–1876, russischer Revolutionär und Anarchist

Benedek: Österreichischer Feldherr im Krieg 1866 gegen Preußen. In der Schlacht von Königgrätz besiegt.

Chef: Chef des Stabes, Planungschef

Chauvinismus: fanatischer Nationalismus

Cowes: englischer Badeort, Regatta-Zentrum auf der Insel Wight

Defiliercour: Empfang von Gästen durch das Staatsoberhaupt (z. B. Neujahrsempfang)

Eris-Apfel: Die griechische Göttin der Zwietracht warf den (Zank)apfel mit der Aufschrift »der Schönsten« unter die Hochzeitsgäste.

Effeminierung: Verweichlichung

fact-finding: zur Orientierung

Faschoda: Handelsplatz am oberen (weissen) Nil, 1898 von dem französischen Major Marchand besetzt, von Kitchener beansprucht. Der diplomatisch geregelte Streit hinterließ bei den Franzosen viele Jahre lang Bitterkeit gegenüber England.

Geleitzugsystem: Konzentration von Handelsschiffen mit gleichem Zielhafen, welche zu ihrem Schutz von Kriegsschiffen begleitet werden.

Hubertusburger Friede: Er beendete 1763 den Siebenjährigen Krieg Preußens gegen die Koalition Österreichs, Rußlands und Frankreichs ohne Veränderung der Grenzen.

Kabinettchefs: Persönliche, dem Parlament nicht verantwortliche Berater des Kaisers.

Kronrat: Kabinettsitzung unter Vorsitz des Monarchen (Kaisers).

Latrinenparolen: Gerüchte, welche unter Soldaten auf den Latrinen (primitive Gemeinschaftstoiletten) verbreitet wurden.

Maercker, Georg, Generalmajor, 1865–1924, gründete am 8. Dezember 1918 das »Freiwillige Landesjägerkorps«, welches die Nationalversammlung in Weimar schützte (ab 6. Februar 1919).

navy scare: Angst(mache) vor der (deutschen) Flotte

newcomer: Neuling, Emporkömmling

Overprotection: übertriebene Fürsorge

postskriptum: Nachschrift

Rhodes, Cecil: englischer Abenteurer

Staatssekretär: Minister

savoir vivre : Lebensart

Status quo (ante): Zustand wie vorher

Übersetzung von Redensarten, Zitaten

Although Victoria entertained doubts about her ability to soothe her wildly active (doubtless hyperactive) infant: Obwohl Victoria (die Kaiserin Friedrich) ständig daran zweifelte, daß sie ihr wildes – zweifellos hyperaktives Kind beruhigen könnte.

Arbiter mundi: Welt-Schiedsrichter

Britannia rules the waves: England beherrscht die Meere (eigentlich: die Wellen).

confess and be hanged: frei: Wenn Du die Wahrheit sagst (bekennst) wird man Dich aufhängen.

cave adsum: Hüte Dich, Ich bin da.

cauchemar des coalitions: Der Albtraum der (feindlichen) Bündnisse.

Discretion ist the first and last quality requisite in a diplomatist: Verschwiegenheit ist die erste und wichtigste Eigenschaft für einen Diplomaten.

England has no permanent friends and no permanent enemies, England has permament interests: England hat weder bleibende Freunde noch bleibende Feinde, England hat bleibende Interessen.

Fin de siècle: Ende des Jahrhunderts, im Sinne von Untergang der (europäischen) Kultur.

Fatalité l'excuse des incapables et des maladroits: Schicksal – das ist die Ausrede der Unfähigen und Ungeschickten.

For the king was still incapable of living within his income: frei: Auch als König konnte er nicht mit seinem Geld auskommen.

Gouverner c'est prévoir: Regieren, das heißt, vorausschauen.
in a fools paradise: in einem Narrenparadies

L'état c'est moi: Der Staat, das bin ich.

La monarchie c'est moi: Die Monarchie, das bin (nur) ich.

La plus grande putain de paris: Die grösste Hure von Paris.

last not least (eigentlich: last but not least): frei: nicht zuletzt

live it down: im Sinne von aussitzen

One enemy is too many and a hundred friends are too few: Ein Feind ist zuviel, Hundert Freunde sind zu wenig.

ordre contreordre, desordre: Befehl, Widerruf, Wirrwarr

Quid quid delirant reges plectuntur Achivi: Die Tollheiten der Könige müssen die Völker (eigentlich die Griechen) büßen.
frei: Wenn sich die Könige raufen, müssen die Bauern Haare lassen.

Regis voluntas suprema lex: Der Wille des Königs (Herrschers) ist oberstes Gesetz.

Sensation seeking behaviour: das Suchen nach Aufregungen

Stimulus seeking behaviour: das Suchen nach Anregungen

Tell a lie and stick to it: frei: Wenn Du gelogen hast, widerruf es nicht.

Throw dirt enough and some will stick: frei: Verleumde nur, etwas wird hängen bleiben.

Travailler pour le roi de prusse: Für den König von Preußen arbeiten, d. h. für (zu) wenig Geld.

The tongue talks at the heads cost: frei: Sich um Kopf und Kragen reden.

Vos armées sont terrible, mais votre diplomatie c'est un éclat de rire: Eure Armeen sind zum Fürchten, aber Eure Diplomatie ist zum Schreien komisch.

Anmerkungen

1 Bismarck, Gedanken und Erinnerungen Band I, S. 175
2 Cecilie, Kronprinzessin: Erinnerungen an den deutschen Kronprinzen, S. 6
3 Jonas, S. 129
4 Jonas, S. 97
5 Jonas, S. 162
6 Herre, S. 70
7 Herre, S. VIII
8 Radziwill, S. 50
9 Karasek, S. 28-31
10 Karasek, S. 125
11 Armin Mohler, S. 24 pp.
12 Moeller van den Bruck, S. IX-X
13 Knaurs Weltgeschichte, S. 746
14 Knaurs Weltgeschichte, S. 745 pp.
15 Röhl, S. 362
16 Röhl, S. 362
17 Degn, Christian, S. 241
18 Victoria Luise I, S. 44
19 Ponsonby, S. 190
20 Röhl, S. 395
21 Zedlitz-Trützschler, S. 222
22 Herzogin Victoria Luise I, S. 149
23 Bülow I, S. 290
24 Die Aera der Corruption, S. 108
25 Die Geschichte Berlins II, S. 693
26 Die Aera der Corruption, S. 108
27 Kupisch: Anmerkungen, S. 70
28 Gundermann II, (Mirbach), S. 12
29 Bülow I, S. 585/586
30 Bülow I, S. 248 pp.
31 Schloßarchiv Glücksburg
32 Radziwill, S. 231
33 Herzogin Victoria Luise I, S. 117
34 Schloßarchiv Glücksburg
35 Bülow I, S. 459 cit.
36 Bülow I, S. 459 cit.
37 Schloßarchiv Glücksburg
38 Cecilie, S. 215
39 Herzogin Victoria Luise I, S. 201
40 Schloßarchiv Glücksburg
41 Herzogin Victoria Luise I, S. 222
42 Ilsemann I, S. 166
43 Kronprinz I, S. 99
44 Röhl I, S. 21 pp.
45 Röhl I, S. 45
46 Frau Diethelm, persönliche Mitteilung
47 cit. Röhl I, S. 94
48 Sethe, S. 10
49 Fürstin Radziwill, S. 38
50 cit. Röhl I, S. 222
51 cit. Röhl I, S. 170
52 v. Holstein, Bd. II, S. 391/395
53 cit. F. Hartau, S. 23/24
54 Ries, Helmut: Der Kinderarzt, 29 Jg., S. 820-822, 1998
55 cit. Röhl, S. 176/177
56 Ponsonby, S. 194
57 Bülow I Bd., S. 534
58 Knaurs Weltgeschichte, S. 745
59 Bülow I Bd., S. 15
60 v. Müller, cit. Bill, S. 18
61 Kronprinz I, S. 7
62 Zedlitz-Trütschler, S. 49
63 Klepper, S. 19
64 Zedlitz-Trütschler,S. 110
65 Zentner, Kurt S. 78
66 Bülow I, S. 262
67 Reiners I, S. 135
68 cit. Rogner & Bernhard, S. 87
69 Reventlow, S. 451
70 Groener, S. 451
71 Ilsemann II, S. 341
72 Schloßarchiv Glücksburg
73 Herzogin Victoria Luise I, S. 77
74 Festschrift Kaiser Wilhelm II. 1913, Hrsgb. Verein der Soldatenfreunde, S. 141
75 Festschrift Kaiser Wilhelm II. 1913, Hrsgb. Verein der Soldatenfreunde, S. 141
76 Holstein, 2. Bd., S. 401
77 Krpr. I, S. 5/6

78 Krpr. I, S. 6/7
79 Bill, S. 54
80 Keßler, S. 141
81 Keßler, S. 141
82 Keßler, S. 142
83 Geschichte Berlins I, S. 359
84 Festschrift Kaiser Wilhelm II. 1913, S. 150/151
85 Ilsemann I, S. 166
86 Schloßarchiv Glücksburg
87 Nachlaß Prof. Esternaux
88 Nachlaß Prof. Esternaux
89 Krpr. I, S. 29
90 Bill, S. 63
91 cit. Bill, S. 63
92 cit. Bill, S. 63
93 Isenburg, S. 40
94 Nachlaß Prof. Esternaux
95 Esternaux, Festschrift, S. 499
96 Festschrift Kaiser Wilhelm II. 1913, Jubiläumsfestschrift
97 Steinbömer, S. 108
98 Steinbömer, S. 109/110
99 Nachlaß Prof. Esternaux
100 Cecilie II, S. 110
101 Cecilie II, S. 124
102 Stein, Adolf (Rumpelstilzchen), S. 138
103 Kronprinz I, S. 37
104 Zedlitz-Trützschler, S. 68
105 Kronprinz I, S. 11/12
106 Jonas, S. 62
107 Thiel, Rudolf, S. 96/97
108 Schloßarchiv Glücksburg
109 Jonas, S. 15
110 Victoria Luise IV, S. 227
111 Victoria Luise I, S. 219
112 Victoria Luise I, S. 196/197
113 Kronprinzessin Cecilie II, S. 131
114 The Real Crownprince, S. 64
115 Jonas, S. 43
116 Cecilie II, S. 130
117 Zorn, S. 207
118 Jonas, S. 38
119 Spitzemberg, S. 409
120 Zedlitz-Trützschler, S. 49
121 The Real Crownprince, S. 63
122 The Real Crownprince, S. 62
123 Waldersee, cit. Jonas, S. 38
124 Meschtscherski, cit. Jonas S. 37
125 Pearson, S. 152
126 Geheimes Staatsarchiv
127 Pearson, S. 159
128 Maurois, S. 333
129 Röhl, cit. Seibt, FAZ 05.10.1993
130 Knaurs Weltgeschichte, S. 745
131 Reiners II, S. 461
132 Reiners II, S. 473
133 Hodges, S. 135
134 de Wet, S. 190/191
135 Maurois, S. 132
136 Maurois, S. 132
137 Pearson, S. 68
138 Pearson, S. 154
139 Pearson, S. 56
140 Pearson, S. 48
141 Kronprinz I, S. 87
142 Pearson, S. 152/153
143 cit. Reiners I, S. 186
144 Kronprinz I, S. 84/85
145 Kronprinz I, S. 88
146 Reiners, S. 114
147 Radziwill, S. 296
148 cit. Jonas, S. 64
149 Wilhelm II, S. 99
150 Wilhelm II, S. 98
151 Schüssler II, S. 15
152 Radziwill, S. 297
153 Spitzemberg, S. 489
154 Radziwill, S. 315
155 Reiners, S. 315
156 Oldenburg-Januschau, S. 97
157 Kronprinz I, S. 93
158 Jonas, S. 69
159 Harden, cit. Schüssler I, S. 80
160 Ludwig, S. 370
161 Bülow II, S. 382
162 Bülow II, S. 386
163 Bülow II, S. 387
164 Bülow II, S. 413/414
165 Schüßler II, S. 18
166 Kronprinz I, S. 94
167 Bülow II, S. 388

168 Kronprinz I, S. 97
169 Jonas, S. 71
170 Reiners, S. 121
171 Oldenburg-Januschau, S. 128
172 Thaer, S. 212
173 Clausewitz, S. 583
174 Krpr. I, S. 67
175 Krpr. I, S.68
176 Lange, S. 130
177 Krpr. I., S. 68
178 Krpr. I, S. 71
179 cit. Jonas, S. 72
180 Jonas, S. 73
181 Jonas, S. 73
182 Lloyd George I, S. 4
183 Wilhelm II, S. 90
184 Reden des Kaisers, S. 136/137
185 Sethe, S. 222/223
186 cit. Bülow II, 410/411
187 Bülow II, S. 410-412
188 Bülow II, S. 413
189 Krpr. I, S. 82/83
190 Reiners I, S.76
191 cit. Reiners I, S. 13/14
192 Kruck, S. 13 pp
193 Bethmann I, S. 24/25
194 Jonas, S. 97
195 Jonas, S. 98
196 Krpr. I, S. 106
197 Spitzemberg, S. 534
198 Krpr. I, S. 109
199 cit. Zedl. Tr., S. 195
200 Geheimes Staatsarchiv
201 Herre, S. 31
202 Herre, S. 32
203 Krpr. Deutschland in Waffen
204 v. Eckardstein, S. 178 pp
205 Lange, S. 124
206 Lange, S. 124 dito
207 Krpr. I, S. 77
208 Krpr. I, S. 137/138
209 Feldman, S. 95
210 Bülow III, S. 155
211 cit. v. Boetticher, S. 55
212 François, S. 100
213 Rauchensteiner, S. 53
214 Maurois, S. 167/168
215 Bülow II, S. 23
216 Radziwill, S. 297
217 Rauchensteiner, S. 15
218 Rauchensteiner, S. 44
219 Herre, S. 51
220 Herre, dito
221 Eppstein, S. 36
222 cit. Eppstein, dito
223 Jonas, S. 126
224 Anker, S. 23
225 Bauer, S. 214
226 Geheimes Staatsarchiv
227 Geheimes Staatsarchiv
228 Schwarzmüller, S. 84
229 cit. Jonas, S. 120
230 Geheimes Staatsarchiv
231 Ritter, Bd. IV, S. 20
232 Rauchensteiner, S. 205
233 Uhle-Wettler I, S. 89
234 Uhle-Wettler I, dito
235 Uhle-Wettler I, S. 89
236 Kronprinz II, S. 28
237 François, S. 44
238 Steinbömer/Hillard, S. 88
239 cit. v. Müller, S. 51
240 François, S. 131
241 François, S. 132
242 Kronprinz II, S. 81/82
243 Kronprinz II, S. 84
244 Kronprinz II, S. 85/86
245 Kronprinz II, S. 85/86
246 Kronprinz II, S. 85
247 Moltke, S. 384
248 Moltke, S. 385
249 Reiners I, S. 131
250 Moltke, S. 391/392
251 Zwehl, S. 106/110
252 Groener, S. 206
253 v. Müller, S. 68
254 François, S. 19
255 Afflerbach, S. 214
256 Afflerbach, S. 210
257 Afflerbach, S. 228
258 Riezler, S. 228
259 Afflerbach, S. 198

260 Werth, S. 38
261 François, S. 156
262 cit. Jonas, S. 129/130
263 cit. Jonas, S. 129/130
264 Jonas (ebenda)
265 cit. Eppstein, S. 275
266 Persönliche Mitteilung
267 Jonas, S. 132
268 Riebicke, S. 71
269 Riebicke, S. 150
270 Riebicke, S. 153
271 Stratz, S. 168/169
272 Kronprinz Rupprecht, cit. Naumann, S. 152
273 Steinbömer (Hillard), S. 135
274 Rechberg, cit. Jonas, S. 135
275 Kronprinz I, S. 157/158
276 cit. Wendt, S. 27
277 Groener, Die Mittwochsgesellschaft, S. 114
278 cit. Afflerbach, S. 365
279 Herre, S. 70
280 François, S. 156
281 Wendt, S. 33 pp
282 Wendt, S. 37/38 s.a. Kabisch, S. 211
283 Groener, S. 304
284 Groener, ebenda
285 Afflerbach, S. 368
286 Afflerbach, S. 369
287 Werth, S. 217
288 Afflerbach, S. 368
289 Rohde-Ostrovsky, S. 49
290 François, S. 156, Steinbömer, S. 88, Bauer, S. 101
291 Weltbühne 1920 Nr. 1, 13
292 Kronprinz II, S. 193/194
293 Kronprinz II, dito
294 v. Müller, S. 166
295 Kronprinz II, S. 193
296 Kronprinz II, S. 201
297 Werth, S. 235
298 Werth, S. 181
299 Werth, S. 279
300 François, S. 156
301 cit. Reiners I, S. 266
302 Kronprinz II, S. 240
303 Kronprinz II, S. 252
304 Uhle-Wettler I, S. 228
305 cit. Reiners
306 Riebicke, S. 186
307 Lloyd George I, S. 258
308 Lloyd George I, S. 255
309 Kronprinz I, S. 70
310 Eppstein, S. 112
311 Kürenberg, S. 168
312 François, S. 32
313 Steinbömer, S. 92
314 Wilhelm II, Reden, cit. Bülow I, S. 359
315 Mann, S. 621
316 Reiners I, S. 321
317 Eppstein, S. 266
318 Reiners I, S. 303
319 Reiners I, S. 301
320 Belgische Gesandschaftsberichte, S. 73/74
321 Steinbömer, S. 95
322 Steinbömer, S. 96
323 Czernin, S. 97
324 Bethmann-Hollweg II, S. 209
325 Czernin, S. 98
326 Czernin, S. 99
327 cit. Herre, S. 110
328 Herre, S. 111
329 François, S. 190/199
330 Bülow III, S. 264
331 Herre, S. 90
332 Bülow III, S. 265
333 Herre, S. 91
334 Valentini, S. 162/163
335 Herre, S. 97
336 Naumann I, S. 130/131
337 Naumann I, S. 136
338 Naumann I, S. 137
339 Kronprinz I, S 160 pp.
340 Kronprinz I, S. 157
341 Rauchensteiner, S. 436
342 Bülow III, S. 252
343 Caulaincourt, S. 16
344 Jung, S. 13
345 Reiners I, S. 292
346 Wilsons Reden

347 Jonas, S. 147
348 Herre, S. 129
349 Herre, S. 132
350 Herre, S. 138
351 Kronprinz I, S. 230
352 Kronprinz I, S. 230
353 Mittwochsgesellschaft, S. 145/307
354 Stutzenberger, S. 11
355 Vorgeschichte des Waffenstillstands, amtliche Urkunden, S. 16
356 Stutzenberger, S. 20
357 Stutzenberger, S. 46
358 Westarp, S. 36
359 Stutzenberger, S 109/110
360 Kürenberg, S. 364
361 Stutzenberger, S. 109
362 Bauer, S. 257
363 Stutzenberger, S. 135
364 v. Einem, S. 463
365 Prinz Max von Baden, S. 521
366 Prinz Max von Baden, S. 591
367 Groener, S. 454
368 Groener, S. 454
369 Prinz Max von Baden, S. 599
370 Prinz Max von Baden, S. 607
371 v. Müller, S. 407
372 cit. Kronprinz I, S. 294
373 Kronprinz I, S. 306
374 Kronprinz I, S. 303
375 v. Einem, S. 467
376 v. Einem, S. 457
377 cit. Jonas, S. 162
378 v. Einem, S. 469
379 Jonas, S. 165
380 cit. Eberhardt, S. 278
381 Eberhardt, dito
382 Kronprinz I, S. 318
383 Keller, S. 346
384 Geheimes Staatsarchiv
385 Geheimes Staatsarchiv
386 Bill, S. 184
387 Herre, S. 190
388 Jonas, S. 194
389 Ilsemann I, S. 298
390 Ilsemann I, S. 299
391 Ilsemann I, S. 299
392 Eppstein, S. 164-166
393 Victoria Luise IV, S. 212
394 Victoria Luise IV, S. 212-216
395 Ilsemann I, S. 301
396 Westarp, S. 191
397 Stribrny, S. 199 pp.
398 Ilsemann II, S. 192
399 Pickert, S. 418
400 Victoria Luise IV, S. 210
401 Victoria Luise IV, ebenda
402 Friedrich Wilhelm von Preußen, S. 273
403 Friedrich Wilhelm von Preußen, S. 275
404 cit. Bülow III, S. 288
405 Ferguson, S. 388
406 Ferguson, S. 199/200
407 Cecilie II, S. 6

Literaturverzeichnis

Aera der Corruption, die: Faksimilierter Sonderdruck, Euskirchen, Verlag für zeitgenössische Dokumentation, o. J.

Afflerbach, Holger, – Falkenhayn – München, R. Oldenbourg, 1994

Anker, Kurt: Kronprinz Wilhelm, Berlin, Mittler u. Sohn, 1919

Anker, Kurt: Kronprinz Wilhelm als Soldat und Politiker , Berlin, Deutsches Offiziersblatt XXV. Jahrgang 11. Februar 1921

Anker, Kurt: Unsere Stunde kommt! Leipzig, Leipziger Graphische Werke AG, 1923

Anonymus: The Real Crownprince, London 1915

Anonymus: Das alte Heer IX, Der Kronprinz, siehe Weltbühne

Bainville, Jacques: Frankreichs Kriegsziel, Hamburg, Hanseatische Verlagsanstalt, 1939

Ballin, Albert: siehe Huldermann

Bauer, Max: Der große Krieg in Feld und Heimat, 3. Auflage, Tübingen, Osiander'sche Buchhandlung, 1922

Bebel, August: siehe Hirsch

Belgische: Die belgischen Gesandtschaftsberichte aus den Jahren 1905-1914, München, C. H. Beck'sche Verlagsbuchhandlung, 1916

Bentinck, Lady Nora: Der Kaiser im Exil, Berlin, Ullstein, 1921

Berlin, Geschichte Berlins, C. H. Beck, München, 1987

Bethmann Hollweg, Theobald von: Betrachtungen zum Weltkriege, Reimar Hobbing, 1919/1922

Beyerlein, Franz-Adam: Zapfenstreich, Berlin, Deutsches Verlagshaus, 1903

Bill, Klaus Heinrich: Semper talis – Eitel Friedrich Prinz von Preußen: eine Biographie, 2. Auflage, Selbstverlag, 1995

Bismarck: Gedanken und Erinnerungen, Stuttgart, Cotta'sche Buchhandlung, 1898

Boetticher, Friedrich von: Schlieffen, Göttingen, Musterschmidt, 1957

Bülow, Bernhard von: Denkwürdigkeiten Bd. I, II, III, Hrsg. Franz v. Stockhammern, Berlin, Ullstein, 1931

Caulaincourt: Unter vier Augen mit Napoleon, Stuttgart, Koehler, 1956

Cecilie, Kronprinzessin I: Erinnerungen I, Leipzig, Koehler, 1930

Cecilie, Kronprinzessin II: Erinnerungen an den Deutschen Kronprinzen, Biberach, Koehlers Verlagsgesellschaft, 1952

Chamier, I. Daniel: Ein Fabeltier unserer Zeit, Zürich, Almathea, 1937

Class, Heinrich: Wider den Strom,Leipzig, Koehler, 1932

Clausewitz, Carl von: Vom Kriege, Berlin, Vier Falken, o. J.

Czernin, Graf Otto: Im Weltkriege, Ullstein & Co., 1919

Degn, Christian: Schleswig-Holstein, eine Landesgeschichte, Neumünster, Wachholtz, 1994

Deutschland in Waffen, Deutsche Verlags-Anstalt, 1913

Eberhardt, Magnus von: Kriegserinnerungen, Neudamm, Neumann, 1938

Eckardstein, Hermann von: Lebenserinnerungen und politische Denkwürdigkeiten I-III, Leipzig, Paul List, 1919

Einem, Karl von: Ein Armeeführer erlebt den Weltkrieg, Leipzig, Hase & Köhler, 1938

Elwen, Willy: Auguste Victoria: Deutschlands letzte Kaiserin, 2. Auflage, Sonderheft, Hamburg, Die Welt, o. J.
Eppstein, Georg von: Der Deutsche Kronprinz: Der Mensch, Der Staatsmann, Der Geschichtsschreiber, Leipzig, Max Koch, 1926
Feldman, Gerald-D: Armee, Industrie und Arbeiterschaft in Deutschland 1914-1918, Berlin/Bonn, J. H. W. Dietz Nachf., 1985
Ferguson, Niall: The Pity of War, London, Penguin Press, 1998
Ferguson, Niall: Der falsche Krieg, Stuttgart, DVA 1998
Fischer, Eugen: Holsteins Großes Nein 1898-1901, Berlin, Deutsche Verlagsgesellschaft, 1925
Fischer, Fritz: Griff nach der Weltmacht, Düsseldorf, Droste TB, 1984
Foerster, Wolfgang: Der Kronprinz als Führer im Weltkrieg, Deutscher Offiziersbund Nr. 13, 1932
Francois, Hermann: Der Deutsche Kronprinz: Der Soldat und Heerführer, Leipzig, Max Koch, 1926
Friedensburg, Ferdinand: Die Weimarer Republik, Berlin, Carl Habel Verlagsbuchhandlung, 1946
Gallwitz, Max von: Erleben im Westen 1916-1918, Berlin, Mittler & Sohn, 1932
Gerard, James W.: Face to Face with Kaiserism, New York, Georg H. Doran, 1918
Groener, Wilhelm: Lebenserinnerungen, Göttingen 1957
Gundermann, Iselin: Auguste Victoria: Ein Lebensbild, Zschr. f. Schleswig-Holsteinische Geschichte, Band 117, Neumünster, Karl Wachholtz, 1992
Gundermann, Iselin: Ernst Freiherr von Mirbach und die Kirchen der Kaiserin, Hefte des evangelischen Kirchenbauvereins Nr. 9, 1995
Haffner, Sebastian: Von Bismarck zu Hitler, München, Kindler, 1987
Hagen, Maximilian von: Bismarck und England, Stuttgart/Berlin, Deutsche Verlags-Anstalt, 1941
Hammann, Otto: Bilder aus der letzten Kaiserzeit, Berlin, Reimar Hobbing Verlag, 1922
Hartau, Friedrich: Wilhelm II, Reinbeck bei Hamburg, rororo, 1992
Hauptmann, Gerhard: Festspiel in deutschen Reimen, Berlin, Suhrkamp, ges. Werke, 1943
Heichen, Walter: Unseres Kronprinzen Fahrt nach Indien, Berlin, Phönix, 1911
Herre, Paul: Kronprinz Wilhelm, München, C. H. Beck, 1954
Hillard, Gustav (Steinbömer): Herren und Narren der Welt, 2. Auflage, Hamburg, Christians, 1985
Hindenburg, Paul von: Aus meinem Leben, Leipzig, S. Hirzel, 1934
Hirsch, Helmut: Bebel Reinbek bei Hamburg, rororo, 1979
Hodges, Arthur: Kitchener, Berlin, Deutsche Buchgemeinschaft, o. J.
Holstein, Friedrich von: Die Geheimen Papiere Friedrich von Holstein, Bd. 1 u. 2, Göttingen, Musterschmidt, 1956/57
Hopmann, A.: Das Kriegstagebuch eines deutschen Seeoffiziers, Berlin, August Scherl, 1925
Huldermann, Bernhard: Albert Ballin, 2. Auflage, Berlin, Gerhard Stalling, 1922
Hünefeld, E. G. Freiherr von: Der Kronprinz im Exil, 2. Auflage, Berlin, Carl Curtius, 1922

Ilsemann, Sigurd von: Der Kaiser in Holland, hrsg. von H. v. Königswald, München 1967/68
Isenburg, Friedrich Wilhelm: Kadettenleben, Hamburg, Meteor, 1958
Jonas, Klaus.-W.: Der Kronprinz Wilhelm, Frankfurt/Main, Heinrich Scheffler, 1962
Jung, Hermann A. K.: Krieg unter Wasser, Oldenburg, Stalling, 1939
Kabisch, E.: Streitfragen des Weltkrieges 1914-1918, Stuttgart, Bergers Literarisches Büro und Verlagsanstalt, 1924
Karasek, Horst: Belagerungszustand, Berlin, Wagenbach, 1978
Keller, Mathilde Gräfin von: 40 Jahre im Dienste der Kaiserin, Leipzig, Koehlert Amelang, 1935
Kessler, Johannes: Ich schwöre mir ewige Jugend, Leipzig, List, 1935
Klepper, Jochen: Der Vater, Stuttgart/Berlin, DVA, 1937
Kohut, Thomas A.: Wilhelm II and the Germans, Oxford, New York, 1991
Kreutzer, Guido: Der Deutsche Kronprinz und die Frauen in seinem Leben, Leipzig, Leipziger Graphische Werke, 1923
Kruck, Alfred: Geschichte des Alldeutschen Verbandes 1890-1939, Wiesbaden, Steiner, 1954
Krummacher, Theodor: Kaiserin Auguste Victoria, Verlag Velhagen und Klasing, Bielefeld, 1913
Kupisch, Karl: Adolf Stoecker Hofprediger und Volkstribun, Berlin, Haude & Spener'sche Verlagsbuchhandlung, 1970
Kürenberg, Joachim von: War alles falsch? Bonn, Athenäum, 1952
Laar, Clemens: Kavalkade, hrsg. von H.-J. von Killisch-Horn, Text von Cl. Laar, Köln, Westdeutscher Verlag- und Informationsdienst, 1950
Lange, Carl: Der Kronprinz und sein wahres Gesicht, 5. Auflage, Leipzig, Grunow, 1921
Liman, Paul Dr.: Der Kronprinz: Gedanken über Deutschlands Zukunft, Minden, Köhler, 1914
Lloyd, George, David: Mein Anteil am Weltkrieg, Berlin, Fischer, 1933
Loßberg, Fritz von: Meine Tätigkeit im Weltkriege 1914-1918, Mittler & Sohn, 1939
Louis Ferdinand, Prinz: Die Geschichte meines Lebens, 2. Auflage, Göttinger Verlagsanstalt, 1969
Ludwig, Emil: Wilhelm II., München/Berlin, Herbig, 1976
Mackensen: siehe Schwarzmüller
Mann, Golo: Deutsche Geschichte des 19. und 20. Jahrhunderts, Büchergilde Gutenberg, 1958
Massie, Robert K.: Die Schalen des Zorns, 2. Auflage, Fischer, 1993
Maurois, André: Eduard und seine Zeit, München, Piper, 1933
Max, Prinz von Baden: Erinnerungen und Dokumente, Stuttgart 1928
Metz, Ilse: Die Deutsche Flotte in der englischen Presse, (Navy scare) 1904/05, Ebering, 1936
Moggridge, Donald, E.: John Maynard Keynes, dtv., München 1977
Mohler, Armin: Die konservative Revolution in Deutschland 1918-1932: Ein Handbuch, 2. Auflage, Darmstadt, Wissenschaftliche Buchgesellschaft, 1972
Moltke, Helmuth von: Erinnerungen Briefe Dokumente 1877-1916, Stuttgart, Der Kommende Tag, 1922
Mommsen, Wolfgang I.: Das Zeitalter des Imperialismus, Fischer, 1972

Müller, Georg Alexander von: Regierte der Kaiser? Kriegstagebücher 1914-1918, Göttingen, Musterschmidt, 1959
Muschler, Reinhold C.: Philipp zu Eulenburg, Leipzig, Grunow, 1930
Naumann, Viktor: I Profile, München u. Leipzig, Duncker & Humblot, 1925
Naumann, Viktor: II Dokumente und Argumente, Berlin, Rowohlt, 1927
Niedurny, Max: Unser Kronprinz, Leipzig u. Kattowitz, Siwanna, 1906
Oldenburg-Januschau, Elard von: Erinnerungen, Leipzig 1936
O'Sullivan, Patrick: Die Lusitania, Hamburg, Mittler & Sohn, 1999
Pakula, Hannah: Victoria, München, Marion von Schröder, 1995
Pearson, John: Edward the Rake, London, Weidenfeld u. Nicolson, 1975
Pickert, Dr. Henry: Hitlers Tischgespräche im Führerhauptquartier, 3. Auflage, Stuttgart, Seewald, 1976
Ponsonby, Sir Frederick: Briefe der Kaiserin Friedrich, Hrsg. Frederick Ponsonby, Berlin, Verlag für Kulturpolitik, 1929
Presber, Rudolf: An die Front zum Deutschen Kronprinzen, Stuttgart und Berlin, Deutsche Verlagsanstalt, 1915
Presber, Rudolf: Notizen am Rande des Weltkrieges, Stuttgart und Berlin, DVA, 1917
Prittwitz-Gaffrow, Friedrich von: Zwischen Petersburg und Washington, München, Isar Verlag, 1952
Rauchensteiner, Manfried: Der Tod des Doppeladlers, 2. Auflage, Styria, 1994
Reiners, Ludwig I.: In Europa gehen die Lichter aus, München, Beck, 1954
Reiners, Ludwig II.:Roman der Staatskunst, Beck, 1955
Reischach, Hugo, Frh. v.: Unter Drei Kaisern, Berlin, Verlag für Kulturpolitik, 1925
Reismann-Grone, Theodor: Der Erden Krieg und die Alldeutschen, Mülheim Ruhr, Jul. Bagel , o. J.
Reventlow, Ernst Graf zu: Von Potsdam nach Doorn, Berlin, Klieber, 1940
Rhode, Horst und Ostrovsky, Robert: Militärgeschichtlicher Reiseführer Verdun, Hamburg, Mittler & Sohn, 1996
Riebicke, Otto: Was brauchte der Weltkrieg, Leipzig, Hase und Koehler, 1936
Ries, Helmut Dr.: Das hyperkinetische Syndrom Kaiser Wilhelm II., Nr. 7, Der Kinderarzt, 29. Jg., 1998
Riezler, Kurt: Tagebücher-Aufsätze-Dokumente, hrsg. v. Karl Dietrich Erdmann, Göttingen 1972
Ritter, Gerhard I: Staatskunst und Kriegshandwerk II-IV, München, Oldenbourg, 1968
Ritter, Gerhard II: Der Schlieffenplan, München, Oldenbourg, 1956
Ritter, Gerhard III: Die Dämonie der Macht, 6. Auflage, München, Leibniz, 1948
Röhl I, John C. G.: Wilhelm II.: Die Jugend, München, Beck, 1993
Röhl II, John C. G.: Kaiser, Hof und Staat, 2. Auflage, München, Verlag, 1988
Rußland: Russische Geschichte, Stuttgart, Alfred Kröner (siehe Stökl, Günther), 1965
Salis, Jean Rudolfphe von: Weltgeschichte der neuesten Zeit, Zürich 1955
Salzer, Marcell: Beim deutschen Kronprinzen und seiner Armee, Hamburg, Anton I. Benjamin, 1915
Schlieffen: siehe unter Boetticher
Scholder, Klaus (Hrsg.): Die Mittwochsgesellschaft, Severin und Siedler, 1982
Schüssler I, Wilhelm: Daily Telefgraph Affaire, Göttingen, Musterschmidt, 1952

Schüssler II, Wilhelm: Kaiser Wilhelm II: Schicksal und Schuld, 2. Auflage, Göttingen, Musterschmidt, 1962
Schwarzmüller, Theo: Zwischen Kaiser und Führer, Paderborn, Schöningh, 1995
Seibt: Frankfurter Allgemeine Zeitung, Oktober 1993
Sethe I, Paul: Deutsche Geschichte im letzten Jahrhundert,2. Auflage, Frankfurt/Main, Heinrich Scheffler, 1960
Sethe II, Paul: Europäische Fürstenhöfe – damals, Frankfurt a. M., Sozietätsverlag, 1937
Sombart, Nikolaus: Wilhelm II., Sündenbock und Herr der Mitte, Berlin, Volk und Welt, 1996
Spitzemberg, Hildegard von: Das Tagebuch, Hrsg. Rudolf Vierhaus, Göttingen, Vandenhoeck & Rupprecht, 1960
Stein (Rumpelstilzchen): Un det jloobste? Berlin, Brunnen, 1923
Steinbömer: siehe Hillard
Stökl, Günther: Russische Geschichte, Stuttgart, A. Kröner, 1965
Stratz, Rudolf: Der Weltkrieg, Berlin, Scherl, 1933
Stribrny, Wolfgang: Der Versuch einer Kandidatur des Kronprinzen Wilhelm bei der Reichspräsidentenwahl 1932
Geschichte der Gegenwart, Festschrift für Kurt Kluxen
Ferdinand Schöningh, Paderborn 1972
Stürgkh, Josef Graf: Im deutschen Großen Hauptquartier, Leipzig, List, 1921
Stutzenberger, Adolf: Die Abdankung Kaiser Wilhelm II., Berlin, Ebering, 1937
Thaer, Albrecht von: Generalstabsdienst an der Front und in der O.H.L., Göttingen, Kaehler, 1958
Thiel, Rudolf, Preußische Soldaten, Berlin, Neff, 1942
Thimme, Friedrich, Charakterbild des Deutschen Kronprinzen als Politiker, Berlin, Preußische Jahrbücher, 1920
Tirpitz, Alfred von: Erinnerungen, Leipzig, Koehler, 1919
Uhle-Wettler, Franz: Ludendorff, 2. Auflage, Hamburg, Mittler & Sohn, 1996
Uhle-Wettler, Franz: Tirpitz, 2. Auflage, Hamburg, Mittler & Sohn, 1998
Valentini, Rudolf von: Kaiser und Kabinettchef, Gerhard Stalling, dargestellt von Bernhard Schwertfeger, Oldenburg 1931
Victoria Luise, Herzogin I: Deutschlands letzte Kaiserin, Göttinger Verlagsanstalt, 1971
Victoria Luise, Herzogin II: Die Kronprinzessin, 2. Auflage, Göttinger Verlagsanstalt, 1977
Waffenstillstand, Vorgeschichte des, amtliche Urkunden, Berlin, Reimar Hobbing, 1919
Weltbühne XVI: Anonymus, Jg. 11, 1920, Nr. 1,13
Weltgeschichte, Knaurs: Hrsg. K. A. von Müller und P. R. Rohden, Berllin, Knaur, 1935
Wendt, Hermann: Verdun 1916, Berlin, Mittler & Sohn, 1931
Werth,German: Verdun, die Schlacht und der Mythos, Augsburg, Weltbild, 1990
Westarp, Kuno Graf von: Das Ende der Monarchie am 9. November, Berlin, Rauschenbusch, 1952
Wet, de: Der Kampf zwischen Bur und Brite, Kattowitz u. Leipzig, Carl Siwinna, o. J.
Wilhelm II.: Ereignisse und Gestalten, Leipzig, Koehler Verlag, 1922
Wilhelm II.: Reden cit. Schröder, Wilhelm: Das persönliche Regiment, München 1907
Wilhelm, Kronprinz I: Erinnerungen, Hrsg. Karl Rosner, Stuttgart/Berlin, Cotta'sche Buchhandlung, 1922

Wilhelm, Kronprinz II: Meine Erinnerungen an Deutschlands Heldenkampf, Berlin, Mittler & Sohn, 1923
Wilhelm, Kronprinz III: Aus meinem Jagd-Tagebuch, 29. Auflage (Moers Steinstr. 17), Steiger, 1976
Wilhelm, Kronprinz IV: Ich suche die Wahrheit, Stuttgart/Berlin,Cotta'sche Buchhandlung, 1925
Wilhelm, Kronprinz V: Von meiner Insel, Velhagen und Klasings Monatshefte, Jg. 38, 1923
Wilsons Reden – Wilsons Handeln, Berlin (W 35), Hrsg. Reichsbürgerrat, o. J.
Zedlitz-Trützschler, Robert Graf: Zwölf Jahre am deutschen Kaiserhof, Berlin und Stuttgart, Deutsche Verlagsanstalt, 1924
Zentner, Kurt: Kaiserliche Zeiten, München, Bruckmann, 1964
Zorn, Philipp: Erinnerungen an den Deutschen Kronprinzen, Deutsche Revue, Stuttgart, Jg. 46, 1921
Zwehl, H. von: Erich v. Falkenhayn, Eine biographische Studie, Berlin, Mittler & Sohn, 1926